羅光全書

冊廿一

牧廬文集（二）

臺灣學生書局印行

八十述往序

民國六十一年，幾位青年組織了先知出版社，要求我參加，以示鼓勵。我答應了，拿了錢出書，出版了《牧盧文集》。

那年，我滿了六十歲。六十爲一甲子，爲紀念一甲子的生命，把當時散佚的文章，收集起來，編輯了這部文集。文集分六冊；第一冊爲羅瑪四記，早已出版；第二冊爲台南五年，也已出版五年；下面四冊爲台北七年，又分爲述往，哲學，宗教，生活。文集出版不久，先知出版社因經營不良，即形倒閉。牧盧文集由我收藏，轉交學生書局，每冊改名出售，售書不多。

今年我滿了八十歲，在台北已住二十五年。二十五年內所寫的文章很多，或者是專書，或者編輯成集，都已陸續出版，祗有一些學術論文和演講稿，還存在篋子裡。到了八十，可以作一總結了；我把《牧盧文集》的原書重新編輯；前兩部仍舊，所改和所加不多；後面四冊完全改編，編爲兩冊，一冊爲牧靈編，追述在台北總教區的牧靈工作，一冊爲文化編，追述在輔仁大學的文化工作。前兩部記事，紀述羅瑪和台南的生活，文筆生動簡樸，頗能引人興趣，後兩部說理，則嫌枯燥。原本想摘錄台北二十五年的日記，然和全書體裁不合。每段又過短，故放棄不抄。但就幾項具有歷史價値的事，摘錄有關日記，不爲稱功，而是爲歷史保留資料。現在錄出有關日記，還有有關人士在世，可以作證，日記不能有僞。

我的八十年生活，分成三大段：衡陽十九年，羅瑪三十一年，台灣三十年。衡陽十九年，十二年在南鄉老家，七年在黃沙灣修院。羅瑪的三十一年，九年求學，廿五年教書，十八年在駐教廷使館任教務顧問。台灣的三十年，五年在台南任主教，十二年在台北任主教，十三年在輔仁大學任校長。八十以後的歲月，全在天主之中。

我在七十自述，獻身五十年，八十向天父自責自慶的三篇文章裡，通盤說出了我對生命的感想。在這篇序文，我不再重覆，因爲這三篇文章都收在本書的附錄裡，我現在要說的，是我的思想已經有定型，不會改變，在哲學裡，我的思想定型在生命哲學，宇宙爲天主所造，乃是一創生力，繼續進化，化生萬物，形成一生命洪流。在生活上，我的思想定型在基督結合一體，同基督負羞辱痛苦的十字架，補贖自身和人類罪惡，以崇拜天父的偉大，稱謝天父的慈愛，在這個思想的定型裡，我希望安渡餘年。

民國八十年三月十二日　　羅光序於天母牧盧

牧廬文集（二）

目錄

二、景仰先賢……四九

四、略有所思

附錄

臺南五年（一九六一——一九六六）

一、臺南生活

聖誕夕

上弦月懸在鏡明的天上，山上山谷的白雪閃閃地發亮。山坡樹林的雪已化了，樹叢合成了一團黑色。我眼所看見的天地，是一片白，一片靜。

今夜是我到瑞士後第一夜，天是這樣清明，沒有雲，沒有霧，而且還有顆顆的明星。山谷兩邊的山坡，稀稀有幾點燈火。附近的旅館，門窗緊閉，悄然無人跡。

我所住的修院，修女們已早就熄燈就寢了。昨夜聖誕夜，子夜唱經，她們已太倦，今夜便早睡。

我站在絕無人聲車聲的窗前，不敢啓開玻璃窗，窗外是零下十幾度的嚴寒，室內則有適身的溫度。

想想臺南，我只在臺南匆匆度過一次聖誕，不知今年公署內的神父們怎樣歡度聖節。

想想羅瑪，寓所內的女工，冷清一人，她必定想在外的兒子和女兒，也一定想著我。三年以前，女工的兒子女兒，每年常常同我在寓所度聖誕。佈置馬槽，同進晚餐。今天，女工只一人在寓所裡，冷清地怪可憐。

想想衡陽家鄉的妹妹和兩個弟弟。十年沒有消息，今天他們怎樣可以在共黨政權下度聖誕！

窗外園中的雪徑，我散步所印的靴跡，月下看得很分明。

我想想明年的工作：主教座堂、修院、外語中心、教義中心、現代學苑……腦中排著也很分明。

雪徑上的靴跡，明天或是太陽融化，或是天寒再下新雪，靴跡就不再見了。

我腦子裡的工作，後來是有是無呢？

在瑞士我沒有看見小孩堆雪人，只看見小孩跑著滑雪。我在衡陽家鄉裡小時曾堆過雪人，也看見雪人在太陽下漸漸融化。那時年輕，不曾生過感想，今天卻有很多雪人的感想。

我想我的工作，是不是在堆雪人呢？

小時候堆雪人時，很開心，很仔細，不會想雪人要融化而不下工夫做。那時，心裡很快活，很滿足。而且有時自己把雪人打翻，重新又來堆，又仔細下工夫。當太陽融化雪人時，我看著雪人慢慢沒有人像，心中仍舊喜歡。小孩子所喜的，是喜眼前所做的。

今天聖誕，我向小耶穌所求的，求恢復這種快活的童心。

靴跡要沒，雪人要化；人世的事跡，人世的建設，也要隱沒，也要散化。

靜寂的夜裡，清悅地響著聖誕的鐘聲，鐘報九點。

雪人一天兩天就化了，世上的事業十年百年也消失了。一天兩天，十年百年，在天主永遠的史乘上，有同樣的意義。

我眼前立著園籬旁的枯樹，月下只有黑條的枯林。春天樹林則再發芽。

世上事業，一件消失了，再有另一件建立起了。人世就如此繼續下去。

開亮屋裡的燈，看看案上小小聖誕樹，我心裡很平靜。旅途奔馳，在異鄉陌生生地度聖誕，計劃建設事業，不知可否看到成功，我心裡卻不傷感。

耶穌誕生在白冷時，他一眼看清楚了自己的生命，祂在馬槽裡就看到了加爾瓦略山的十字架。但是祂不悲傷，祂不喪氣，祂卻很積極地度過一生，很安靜地享有精神的愉快。祂知道自己由永遠而來，向著永遠而去，人世的生命，是祂聖父給祂的一種使命而已，使命要擔負的好。

我也是向著永遠而去的，我握的生命也是聖父給的使命。使命的工作，將來要隨人世而毀滅。然而我的使命也要擔負的好。

案上聖誕樹上的小天使對著我笑。天使的生活常是快活，常是喜笑。他們只有欣賞天主的美善，怎樣不快活喜笑呢！

聖誕夕！耶穌誕生了，就是為使我們向著永遠生命，為使我們欣賞天主的美善，我為什麼不安靜快活呢？

異鄉也好，工作忙也好，事業成敗也好，後人紀念不紀念也好，這都是我為向永遠生命所有的過渡使命。我向著永遠看，我心中欣賞著天主的美善，我就有天使的快活喜笑了。

一九六三年聖誕夕於 Jakobsbad

安居

修院以外，遍地白雪。小鳥都聚在窗前的枯樹上，不時飛到窗前階台上啄食。修院女工在階前撒些草種，拋些麵包屑，又放幾片蘋果。

聚在窗前的小鳥，有麻雀、有烏春、有黑頭鳥、有喜鵲、還有一種善鳴的綠色小雀。

小鳥啄食後，飛到樹上，常是瑟縮地棲著，似乎凍著，怪可憐。在屋內，有修女們養著的一隻黃鶯，隔著玻璃和窗外的小鳥對著，黃鶯跳著唱著，很是活潑可愛。

我因此想起羅瑪寓所裡的小鳥。

女工愛倫從羅瑪來信說：「小鳥常是一樣。」

普通她寫信，常說：「小鳥很好，唱得很好聽，牠們是我的好伴侶。」

今天她卻告訴我：小鳥常是一樣。一樣，是表示跟我在羅瑪時所看見的情況一樣。

在羅瑪時所看見寓中小鳥的情況，很有點蕭條的氣色。「慶慶」在半月以前病死了。「慶慶」是生在我寓所裡唯一的黃鶯，年歲最輕，毛色紅黃夾棕，美麗可愛，而且很響亮的喉嗓，又跟「霖霖」學得張口大唱的曲子。一個月以前，忽然患了腸胃病，排洩不良，以致有臭氣，我替牠每天洗刷。病了兩個多星期，最後不能跳動。我看牠那可憐的情形，不忍牠多吃苦，真希望牠早死。終於「慶慶」在一個夜晚悄悄地死在籠裡，愛倫把牠埋在陽台上的花盆內。

最蕭條的是「霖霖」和「芳芳」。「霖霖」原是寓中群鶯之冠，號稱小將軍，唱歌時，昂首伸頸，有不可一世的氣概，近來忽然變成了蓬首散髮的老鳥了。墜著翅膀，頭也不伸，既不歌唱，又不能飛。成天只坐在放草種的小盒邊，吃個不休。吃飽了，把頭藏在頸毛裡，打著瞌睡。睡了一會，又開始吃。連夜間也不跳到籠裡最高的木桿上去睡，卻睡在草種的小盒邊。夜間醒來，在黑暗裡也伸嘴到盒中，摸著吃東西。

「芳芳」也是一樣，「芳芳」原是最美麗最強悍的黃鶯，從來不能和「霖霖」相會，相會則打架。現在牠也老了，也是羽毛不整，成天只在小盒裡吃草種。愛倫把牠和「霖霖」放在一個籠裡，牠一聲不響。有時竟和「霖霖」同時在一個小盒裡吃。看來又可憐又可笑。愛倫說牠們倆真像兩個老人：吃了就睡，睡了又吃，連吵架的氣力也沒有了。

「霖霖」大約有十歲多了，「芳芳」也有九歲。牠倆是我在寓所裡開始養鳥時所買來的。小鶯活到十歲，算是壽命很長。半月前死去的「慶慶」，已經是第三代的「慶慶」。

其餘還有兩隻黃鶯，一隻是寓所中的第三代，年歲很輕，名叫「七巧」，種類很貴重，價錢也很高。這兩隻鶯都是母鶯，不會唱，只會叫，「七巧」看見我到籠邊，常要叫幾聲。

還有兩隻東方夜鶯，去年常是歌聲滿屋，今年九月十七日抵羅瑪，愛倫問我是否看到「蔦蘿」有什麽不對的地方。我仔細一看，「蔦蘿」的左眼，起了白翳。過了兩星期，右眼又滿了白翳。「蔦蘿」於是成了瞎子。但稍微還看見一點，不但是知道食物的地方，而且也看見洗澡的水盆，知道跳著洗澡。可是牠從此不唱了，也不跳動。整天坐在一定的地方，看起來怪可憐。

「烏絲」則很健全。牠是第二代的烏絲，聲音不下於第一代的烏絲鶯。然而第一代的烏絲喜歡單獨歌唱，於今的第二代烏絲，則要和「蔦蘿」一同唱，牠喜歡行歌互應。「蔦蘿」既因目盲不高興唱歌了，「烏絲」也常守默靜了。有時，中午和黃昏，牠也單調一唱，總是唱得不起勁。

所以寓所的小鳥，於今已經到了蕭條狀況。若是在往年，我必定增購別的小鶯，替換老的死的，寓所的小鳥，常活潑可愛。現在我不住在羅瑪了，只因開大小會議，我纔來羅瑪住幾個月。我無心再買小鳥。只讓現有的小鶯老死病死。也可能到了明年，我把年輕的小鶯，都送給朋友，寓所便更冷清了。

在臺南主教公署裡，去年也曾養了人家送給我的兩對小鳥。不幸，去年冬天，我在羅瑪開會時，署中兩隻小鳥都病死了。今年夏天，一隻小公鳥又飛跑了，剩下的一隻便被我放走了。

在羅瑪，在臺南，於今我都不能養鳥！這就表示我沒有安定的住所，常是東西奔走。想起來，當然傷心。

往年，我在羅瑪常用心裝飾寓所，養花養鳥，安居爲娛。於今在臺南尚不能安心定居，在羅瑪更不能安心定居了。房屋花鳥，都不掛在心上，只求可以暫住。這種情況，當然是種過渡的情況，然而我卻願意保持這種情況下的心境！爲天主傳教的人，本來是沒有安定居所的。

心無牽掛，常視世界爲過渡之地，隨時只求得其宜，小之於花鳥，大之於房屋，低之於名利，高之於愛情，俱無所牽掛。可有則有，可行則行，心如流雲，高於一切以上。心能高出事物，纔能升到天主。心既不拘於今日有昨日無的東西，纔能繫於永外不變的神明。

我目前沒有可以常常隨伴的人和花鳥，我的心便空虛了，我乃讓天主填滿我的心。在我東西奔走時，所遇的人，所住的房屋常常變換，我心裡的天主，則常常在，隨處都在。

我每天所談的事，每天所看的東西，天天不同；我心中的天主是一個，我爲祂而謀事，爲祂而奔走。天主既不變，天主既常在我心裡，我因此也更安定了。我不是定居在一座房屋裡，我是定居在我心內。

一九六三年十二月二十七日於 Jakobsbad

盡責

耶穌苦難修女院的周圍，空曠無人，前面臨著一條小澗，澗旁一大路，隔澗斜山坡上，半坡兩家農舍，舍後杪叢集。院後背依高山，山峰密密杪林，山腳有牧場數頃，白雪厚積。院右離三百步遠，有溫泉浴室一所，地因溫泉而得名，名「雅谷浴室」（Jakobsbad）。

女修院爲方濟會修女院，特敬耶穌苦難，因名耶穌苦難修院(Kloster Leiden Christi)。院內住修女三十餘人，修院設有客房，爲夏季來客休息之所。客房中有一主教室，室爲三間：書室、寢室、浴室。我於民國五十二年十二月中旬來院，寓於主教室內，小住三週。地靜氣清，精神舒適，爲三年來我惟一的休息期；且在期內自行退省五日。初來時，天上地下，一遍白雪，氣溫下到零下十七度。聖誕日，天忽晴明，陽光溫煦。聖誕後，每天常是太陽，夜間常見明月。修院對面山坡，白雪日日消融。過了三天，山坡已露青草，後來連雪花都不見了。院後牧場積雪，因面西北，積而不化，青年男女，滑雪馳行，笑聲滿山谷。入夜，明月懸中天，旁綴幾點星辰，山谷白雪，反映成光，谷中明如白晝。我嘆一生未曾見過這樣光明的月色。

每天午後，我在修院客房右側小園，散步半小時許，園中積雪五寸，足陷雪中，水浸靴襪。我用木鈀，掃淨園徑一段。次日客房一老女工，將園徑積雪全加掃除，讓我在園中，上下左右，隨意遨遊，但是在零度以下的寒氣裡，我所穿的羅瑪冬季服裝，都不足禦寒。修院的訓育司鐸特爲我購一雙厚靴，修院近處的本堂神父，將自己的重外套借給我穿，溫泉浴室主任司鐸又爲我送來毛絨衣褲。人情暖熱使我在雪地步行時，身上也暖熱了。

今天是新年元旦，又是我的五十三歲生辰。我不在臺南主教公署等著神父、教友來賀年賀生，我卻在距離雅各浴室十幾公里的本堂裡行彌撒、講道理。這座本堂處在山谷裡，本堂區三百多教友，散居在周圍的山坡上和樹林中，都以畜牧奶牛爲業。我在堂中講道時，所看見的面孔，都是飽經風霜，臉多皺紋的面孔，只有幾個青年男女，臉上紅暈光澤。我卻向這班教友操著中文講道，他們竟睜眼看我，穩坐不動。等到辛達謨神父把我所說的翻成德文時，他們都睁眼豎耳，靜聽我說臺灣和臺南的教務。我知道這班教友是家中沒有多少積蓄的人，我卻用耶穌的聖名，向他們勸捐。他們竟爲耶穌的聖名，拿錢送到募捐箱裡。

彌撒後，本堂神父在家中爲我設宴，盡情盡禮，還怕有所不週到。真是捐了錢還要捐人情。

這樣的募捐，從十二月十五日開始，到今天已經是第六次了。下星期日，還有一次，那一次將在這一州的都會的本堂勸募。別人告訴我說都會的人頗富有，捐款的數目必多。捐款的數目，爲到這裡來勸募的我，當然有很大的意義。數目太少，不是冒雪冒寒，而又不能使臺南教區有所建設嗎？可是這幾次勸募，我所滿意的，並不在於金錢數目，而是在於捐款人的誠心。畜牧的農家，竟願意拿出自家所需要的錢，捐給一位從不相識，又遠住臺灣的主教，農村的本堂竟先期勸教友捐獻，後又盡情盡禮招待這位從未見過面的募捐人。他們心中所想的，就是在於耶穌。募捐的主教是耶穌的代表，又是爲宣傳耶穌的聖名而募捐，這班信仰耶穌極誠懇的瑞士農人和本堂，盡量獻款。他們所能獻的雖然數目不大。他們的誠心則很大。拿著誠心所獻的款，我到臺南教區去建設，建設的事業不會很多，可是這些事業的成績，則可以很多。誠心而做事，將能感動天心。

傍晚，修院背後牧場上今天滑雪的少男少女，較比上星期日更多。我去園中散步獨行，聽見他們的歡笑，我心中爲他們祝福，祝福他們今年一年內，常保全心中的快樂。

我在青年和壯年時，住在羅瑪，心中既不愁衣食，也不忙於職務。靜心研究學術，埋首寫作。有時逢人敲門，求助金錢。另外在聖誕和復活節期，來勸募的人特別多。雖然我沒有惡聲拒人，但總覺得麻煩。沒有想到於今我自己卻四處勸募了。心裡常想到別人將有的感覺，常怕別人的冷笑，不敢開口直說。

我唯一的勇氣就是爲耶穌的聖名而募捐。別人獻金，是獻給耶穌，我乃受之無愧。獻金多，我接到時喜歡；獻金少，我接到也喜歡。獻金的人，誠心而有禮，我更喜歡；獻金的人，面帶勉強的神氣，我的面上仍舊是微笑。我是耶穌的工人，我是代耶穌去收錢，我的心於是輕鬆多了。

我爲耶穌做工，耶穌決不會虧我。若是我尚在羅瑪，必定不能來瑞士休息。瑞士生活這樣高，羅瑪冬天又沒有假期，夏天來瑞士的旅客又太多。我於今爲耶穌募捐，耶穌便賞賜我兩次在瑞士休息了，享一享瑞士的安靜福，看一看瑞士的山水美。

不過這是一種附帶的享受，我心裡所真享受的安樂，是自己盡了責的快樂。耶穌給我一個教區，我爲教區盡一切的責任。假使沒有這一肩的責任，我是更寧願不享受瑞士的清福，不必開口向人乞助。

今夜月亮很圓，清光更亮。「雅各浴室」旅舍窗戶多有燈光，滑雪的少年，寓居旅舍度年，昨晚除夕半夜，我聽見紙炮響，必是這輩少年的娛樂。今夜，我是過年過生；我不能不想陷沒在大陸的妹妹弟弟。對著月亮獨念玫瑰經，懇求聖母，照顧弟妹的家庭。

一九六四年正月一日於 Jakobsbad

住所

民國五十年九月五日，杜寶縉主教和我，從羅瑪繞道美國，飛抵臺北。臺北上空是密雲，下空是驟雨，飛機在天上繞飛了一刻鐘，終於衝破密雲，安然降落松山機場。機場裡站立成千的教友，一百餘位神父，田樞機、高公使、于總主教、郭總主教、成主教、藍總主教等都在機場相迎，還有靜修女中的樂隊，站在驟雨之下，吹號擂鼓，杜主教和我，又感又愧。

九月八日，高公使陪我乘汽車往臺南就職，中午抵臺南縣新營鎮，鄭天祥主教在方濟會院相候。飯後，稍事休息，三點，動身赴臺南。就職典禮在成功大學禮堂舉行。我當時除認識來參禮的主教和神父外，臺南教區的神父和教友我都不認識。車抵成功大學時，一位身材高大的神父來歡迎我，他自稱是華克施神父，我乃知道他是美國遣使會在臺南的主任，就職典禮是由他負責籌備的。在成功大學的校園裡，四處都是教友，禮堂裡更是地無空隙。典禮畢，在成大餐廳聚餐，來賓陸續散去。

高公使和華克施神父陪我到遣使會會所，鄭主教請我去看臺南教務以前負責的道明會神父爲我預備的住所。高公使和十多位中國神父陪我到臺南復興路的一處小屋前，我下車，進門，看房間是上下兩間臥室的小房，上爲我住，下爲秘書神父住，樓上尙有小廳一間。房間簡陋，上下緊靠鄰家。我出門觀看鄰居，門側，豎著一塊招牌，牌上大書「基督教東門佈道所」，抬頭一看，樓上在兩房之間又掛著一塊很長的招牌，牌上又寫著「基督教東門佈道所」，招牌周圍虹霓燈甚亮。我乃進房向高公使及鄭主教說明，我不能住在這間房裡，不然臺南市民要以爲我是基督教的主教了。我雖可以不嫌房屋的簡陋，臺南的教民們都將表示不滿意。陪我來看房子的中國神父們（不是臺南教區的神父），也都說絕對不能住在那間房裡。我們又都回到遣使會會所，我遂決定臨時住在會所內。

夜間已快十點了，藍總主教、蔡文興主教、費濟時主教等，因等候十一點半的夜車北返，還在遣使會會所閒談。天氣很熱，大家喝著啤酒和汽水。送客以後，我回到房裡，吩咐秘書郭潔麟神父收拾行禮時所用的禮服。午夜，我獨自誦玫瑰經，心裡漸覺清涼。熄了燈，登床就寢。

心中的氣早就平了，我在黑暗中反而自己笑說：「你看，你就職了，你是臺南的主教，第一天就連住所都沒有，真像耶穌降生在白冷時，在白冷城找不到住所。」

我又答應我自己說：「我比耶穌還強得多哩！我還有人收留，而且所住的還是會所裡最好的兩間房子。」

我遂沉沉入睡了。

次早起來，行了彌撒，許多教友在小堂外等候，他們都問：「主教好嗎？一定很辛苦了！」

華克施神父給我介紹遣使會會所內的神父，美國會士神父四位，中國神父兩位。他們都很親熱，又很有禮貌。

第三天，八月十日，星期日，我北上往新竹，參加杜主教就職典禮。下車後，就望見北大路的聖堂，雙塔高聳。沿路懸燈結綵，堂前搭有牌坊。進了主教公署，又見樓房高敞，門窗整潔。杜主教乘坐花車，前有數十輛汽車開路，就職時，幾乎有兩百位神父，到教座前叩見，表示服從。

禮畢出堂，高公使一半帶笑一半認真地向我說：「不要怕！」「有什麼可怕！」我也一半笑一半認真地答說。

在兩次就職典禮相形之下，臺南是相形見拙。臺南沒有行禮的聖堂，沒有主教的住所。新竹有主教大堂，有主教公署，新竹神父的數目高於臺南不知多少倍了。

高公使心裡有點過意不去，也有點對不起我的感覺，因此鼓勵我說：「不要怕！」

那天夜晚我到楊梅看修女們，在甘主教住所過夜。忽然整夜大風大雨。我是沒有經過颱風的，不知道夜間就是各處拔倒屋的大颱風，早晨起來一看，園子裡的木瓜樹都拔出來了。修女們住房相連的農會會所，周圍的圍牆都坍塌了。當天南下的火車不通。第三天回臺南，路過新竹，我看見主教座堂的瓦三分之一被吹掉。

在臺南，隨即視察縣市的各本堂，又赴澎湖視察。一有餘暇，就同華神父在市內各處看房子。在一個月內，找到了西華街一巷，有一棟新式樓房。房子落成後，尚沒有人住過。上下兩層，上層可由牆外石梯登樓，樓外有些許隙地，可供散步。屋有圍牆，自成一家。我就租定這棟小樓，租期六個月。華神父和郭神父備辦傢俱，力求樸素。十月十八日，我遷入小樓內，我住樓上，郭秘書神父住樓下，日間有兩個太太（楊太太、陳太太）來掃房煮飯。圍牆門上，釘著一牌，上書「臺南主教公署」。神父們來看，都稱讚住房甚合體統。

華神父又陪著我在市內市郊看屋看地，預備購定一處作長久的公署，免付每月很高的租金。在十一月初，看定了東門路四巷和博愛路的兩所樓房。博愛路是臺南市內的大路，直通火車站。路邊四十五號有一高樓，圍牆堅厚，牆內樹木青綠。樓為三層，房間不多，灰塵滿屋，久無人居。房東不肯出賣，卻很願出租。十餘年來，沒有人敢進門，傳說日本戰敗時，有日軍軍官在樓上自殺，樓中乃鬧鬼。我看這樓很適合做神父們的住宅。當年十二月，將有五位中國神父，從羅瑪來臺南服務。我於是便請華神父與房東規定租約。

東門路四巷五號的房子，院落很大。房東在七年前遷居臺北，樓內空寂無人。我進屋看房時，有地政所的測量人員臨時住在一間房內，其餘樓上樓下的房間都是紙屑狼籍，蛛絲滿壁。院內樹木參天，藤蔓蔽路，草沒人徑，一片荒涼氣象，發人浩嘆。我深愛此樓房，既在城中，又不在鬧區；既有高樓，又多大樹；庭院既廣，氣象雅緻而莊嚴。便囑咐郭秘書神父，進行購置。得龔偉英女士的斡旋，兩方價值已相當接近。

十一月十二日，我離開臺南，動身赴羅瑪參加大公會議的傳教籌備委員會。十三日，在臺北將購房簽約的全權，委託龔女士。在羅瑪時，得郭秘書神父函報，東門路四巷五號樓房購買契約已簽字。我不禁感謝天主大恩。

十二月廿三日晚，我由羅瑪回到臺南，次日聖誕，往博愛路看神父們。他們的住屋收拾得很清潔，園中雜草已除，房中傢俱各得其處。他們的心境很好，我也因此心喜。

民國五十一年正月底，東門路四巷五號的原有房東，把舊傢俱搬走，臨時住著的測量人員也遷出，房東把樓房庭院一併交出，我就動工修理。樓上樓下，從屋頂到屋腳，內外都加以粉刷。在正樓西側，添建浴室，增設客房。院內則剪修樹木，我和工友拔藤斬草。已經枯乾的水池，重加水泥，池旁建一聖母洞。

三月廿一日，臺南教區設立第一週年，遂舉行主教公署落成禮。

五月，再興工，在正樓東側建築神父住宅。八月中，工竣，神父由博愛路遷入新樓，博愛路的樓房，改爲臨時修院。

九月八日，我來臺南就職第一週年，高公使總主教南來降福司鐸住宅，臺南天主教大專學生活動中心，和玉井聖母堂。

當晚，在園中散步，高公使對我說：「我心中有些妒嫉了！你有了公署，我則還沒有使館。」

別的主教大約也有這種心情。一時，臺灣教會同仁，都傳說臺南主教公署最漂亮，氣態大。

然而，臺南主教公署並不是富麗堂皇，更不是高樓大廈；所可說的，就是雅緻美觀。正樓是略帶日本式的兩層樓房，樓下爲秘書室、客廳和飯廳。樓上爲主教住房，有正廳、會議室、辦公室、寢室及小聖堂。正廳高敞，陳列古雅，壁間多名畫。會議室和辦公室則多書架，架上多書。小聖堂祭壇，木刻龕桌，純粹中國宗教藝術氣色。

東側神父住宅，與正樓毗連，門戶相通，住宅爲二樓，地下爲聖堂、客廳、會議廳，樓上爲住宅。神父每人一房，房間書籍充斥。

西側客室，有客房四，首爲主教客室，共內外兩間，其餘三房各一間，可住來客四。客室樓下爲廚房和工友室。

正樓與東西兩側新建之樓，上下相通，外面形式和顏色，調和一致。驟見以爲同一建築，饒有東方風味。院中水池已有水，水中畜魚。池分三段，中設兩橋。池旁多巨石，多古榕。我種植聖誕紅於聖母洞側，葉紅時，在榕樹綠葉中，鮮艷奪目。

正樓大門右側有古榕一株，垂根成幹，一株三幹，狀甚古雅。一枝橫貫大門前，達門左側，一根下垂。

樓房前後週圍，大樹參天，樹多果木。芒果四株，葉深綠，蓮霧十餘株，葉密如蓋，陰覆十乘。盛暑，樹大亦有涼意。由外門進內門，兩旁大樹拱護，夾竹桃陪步，來客立覺已身入幽境，胸懷清通。

我常向來客說：「這座樓房是天主的恩惠。我來時沒有下塌之所，心中不亂，天主乃賜我一座雅緻的公署。」然而我心中，則常懷著聖保祿的心情：「我已學會了在所處的環境中自足。我也知道受窮，也知道享受；在各樣事和各種環境中，或飽飫，或饑餓，或困窮，或富裕，我都得了秘訣。在那加強我者內，我一切都能。」（斐里伯書　第四章第十一—十三節）。

一九六四年正月三日於 Jakobsbad

主教公署生活

民國五十一年三月十九日，聖若瑟瞻禮，我遷入臺南主教公署居住。二十一日，臺南教區建立週年，我在公署設酒會，招待臺南市各界人士，又爲臺南高等法院龔偉英女推事，贈送教宗獎章。

公署的房屋，不大不壯麗，但是很雅緻，園中的樹木格外令人愛。園門有兩層：走進第一門，有一條樹木掩蔭的大道；進第二門，迎面一株鐵樹岸然獨立。園牆周圍，樹木相接，綠葉滿天。公署正門前，榕樹一株，一枝橫過大門，分根下土，再成枝幹。正幹旁，根由樹枝下垂入土而成粗幹者，已有兩枝，樹形奇特，遊者嘆爲奇觀。

我所喜歡的也是公署的樹木，綠蔭成林，能減暑熱，能清空氣。高枝掩蔭樓房，不示奢華，不示塵俗。臺南主教公署，是一座適合中國民情的住宅。來見的人，不是走進辦公的大樓，也不是走進或長或方的洋房，乃是走進一座幽雅的中國人家庭，心裏覺得親切。

在臺南公署裏，我自己真覺得一切都很親切。同居同食的神父們，常是有說有笑。我住在正樓上，神父們無事不上樓，有事隨便可以上來。到了吃飯的時候，留在公署一同吃飯；

願意寄宿的，便引到客房休息。過往的客人，常常向女工說，臺南主教公署的客房，算是臺灣天主教會最幽靜清潔的客人房間，我聽了心中很高興。

在公署裏，我的生活，除了祈禱以外，就是見客寫信。每天的生活，大致都很規律。祈禱是在我的私人聖堂中。聖堂毗連臥室，中間一門相通，晚晌，小堂只有聖體前的小紅電燈，堂中靜穆異常，最宜於默禱。我的辦公室，通於會議室，會議室通於大客廳，各室的門常開。客人上樓，脫鞋而上，工友也是一樣，他們步履很輕，常有時進了辦公室內，我埋頭寫字，並不理會。相見，不覺一笑。

晚飯後，沒有客人來，我可以看看書。星期日，午後，若不出門行禮節，則磨墨作畫，畫竹畫馬。但是不能寫作，寫書是要繼續寫稿，思想纔可以一貫；我則沒有可以中斷的機會。每天我讀幾分鐘的臺灣話，一個臺灣本省女工楊太太給我指點。學習幾分鐘，馬上就忘，總不能有進步。我樓上的女工，爲一日本籍的陳太太，有時她講講中日戰後流落東北，乃嫁給中國軍人，以及遷徙來臺的歷史，我憐惜她的境遇。楊、陳兩太太，晚上回家，早上來署，男工都宿在公署內，我看工友如同家人，普通我不管他們的事。

公署的一隻狼狗，名叫「莉莉」，我很喜歡牠。我到臺南後四十天，搬到西華街所租的房子裏，一位養雞的陳先生送我一隻狼狗，狗剛五個月大。起初幾天，我不大理牠，後來看見牠不吃飯，又看見牠打顫，於是特加注意。我在羅瑪，本是喜歡養鳥養魚的，一注意狗，也就喜歡「莉莉」了。在西華街時，清晨起床，打開向外的樓門，「莉莉」馬上由梯子跑上樓，搖尾請安，跟隨入內。晚上，我門開向陽臺，「莉莉」又跑上來，跟在腿邊走來走去。搬進公署後，「莉莉」在午飯、晚飯後，陪我在園中散步。晚飯後我登樓，「莉莉」也上來躺在書桌下。女工奉茶下樓時，「莉莉」乃跟著下樓吃飯。吃了飯，獨自又跑上來，到我就寢時纔下到園子裏守夜。「莉莉」最不喜歡公署有第二隻狗，好幾次，有人送狗來，「莉莉」毫不客氣的咬，我們只好把送來的狗又送回去。「莉莉」最怕的是爆竹響。農曆年節時，每晚便要躲在我樓上，怎樣趕也不下去。

公署園內一個日本式的水池，池內養魚。第一年，公署王先生買了一百條紅金魚，放在池裏。一次颱風大雨，街水湧進園內，這時水深一尺許，池裏的金魚隨水而逃。德光校長李神父乃買幾條大魚放在池內。大魚生卵，卵生小魚。池內的小魚成群。我因閒時不多，沒有常到池邊看魚。後來，在中飯後，我拿一個饅頭，分塊拋入池內，小魚大魚蜂踴而上，圍著饅頭吞食。每年春夏，池內的青蛙，生卵很多，小蝌蚪成百成千伏在池邊。我用小網，把牠們撈走。夏夜，青蛙哇哇，又響又鬧。公署張先生拿著電筒，到池邊捉蛙。園內原先有蛇，蛇是吃青蛙的，後來蛇被人打盡了。

公署還有一種鬧聲，那是背後勝利小學學生的念書和吵鬧。我們習慣了，倒不以為煩。

午飯後，我照常可以睡。所不能習慣的，是學校放大播音機，播送歌曲或是訓話，聲音刺耳，使人不安。若逢附近人家有喜喪，喜喪人家放播喜劇悲劇，更使人心煩。

夜間，祈禱畢，我常到陽臺上看星辰，觀月亮。一片藍天，皓光滿園，心中多有所思。可惜很久不再寫詩，此時的感思，就常停滯心頭。

臺南主教公署是我的一座可愛的家。在初搬進來時，魔鬼有點妒嫉，故意給我開玩笑。一晚，我關窗就寢，忽然一隻壁虎掉在左額上，我只吃了一驚，若無其事。過了幾天，左眼忽腫，左額忽爛，全身發燒。請西班牙醫生來看，看不出病症，他給我一付退熱的藥，熱退了，左眼左額的腫不消。我常笑向臥室門外聖堂裏的聖體說：「將來公署一定很好，魔鬼不服氣，要報復。」過了一星期，腫退了，傷口合了，只是左額一片青黑，西班牙醫生說，黑斑不會消失。我也就慢慢習慣看相片上，我是黑額花面了。一次，遇到一位湖南同鄉，尙標準局長。尙先生的小姐看到我的黑斑，問知是壁虎所造，便陪我去看一位中醫。中醫配了一小瓶藥水，塗了幾天，黑斑竟退了，不留痕跡。魔鬼的玩笑，也就失敗。

民國五十五年四月八日於羅瑪

臺南一家

來到臺南主教公署吃飯的客人，都覺得那頓吃得很好。飯菜本是很平常，廚子也不是以煮菜爲業的大師傅；可是飯廳裡的空氣真輕鬆，真愉快，大家有說有笑，真是一團和氣。今年還有兩次，修女也參加了這種家常便飯，一次是盧森堡修女總會長，一次是聖心修女區會長，她們兩位，又驚訝，又高興，說是平生第一次和主教同桌而坐。

我素常不喜歡聊天；接見客人時，爲使客人輕鬆，便常有說有笑；不見客時，則常是對案獨坐。我雖不覺得孤寂，但是也喜歡有散開心思的時候，我開心的時候，就是在飯廳裡和神父們同桌吃飯，沒有一頓飯不因著笑話而開心大笑。

同桌吃飯的神父，常是十幾人，中國南北東西的神父都有。北方有河北人，南方有湖南人，東方有江浙人，西方有山西人。天津人取笑山西人，山西人還笑天津人；北方人笑浙江話難懂，大家更挖苦湖南的土音。意大利留學的人稱呼德國留學的人爲日爾曼，被稱爲日爾曼的也稱留學意大利的人爲想念意大利本堂的思家者。你一句，我一句，吃飯的時間就過去了。我從來沒有聽見說菜好吃不好吃，只是看見北方神父不大吃魚。

吃了飯，我獨自牽著狗，在園中散步。走了十幾分鐘，我就登樓，散心的時間便結束了。可是在每天兩頓飯的一小時裡，我覺得臺南這一家人真可愛。

民國五十年九月，我抵臺南，跟隨我的只有秘書郭潔麟神父，那時臺南教區裡只有倪幼民一位神父，屬主教直接管理，住在新化，其餘的七位中國神父，董、高兩位屬味增爵會，方、蘭、宗、元四位屬方濟會，李恩導神父則屬靈醫會。那年冬天。第一批從歐洲回來的中國神父抵臺南，共五位：賈彥文、賀紹欽、楊成斌、逯寶瑛、李震。他們住在臺南市博愛路四十五號，我則住在西華街。兩處相近，晚飯後，我常去看他們，看見他們五個人就像一家人。民國五十一年八月，主教公署司鐸住宅落成，他們中四人遷入公署，和我同住；楊成斌神父留博愛路任成人修院院長。

道明會神父離開臺南縣後，四處本堂沒有神父。幸而李惟添、郭欽三、郭飛三位神父由花蓮和嘉義轉入臺南教區，立時填補了空缺。民國五十一年冬第二批由歐洲回來的神父石俊德、劉俊餘、鄭再發三位，來到主教公署，同時項退結神父也由德國來臺南。王玉川神父由澳洲轉入我的教區，主教公署的司鐸住宅便住滿了。

碧岳神哲學院院既成，院內有司鐸住樓，項神父、鄭神父，和由臺北轉來的傅神父都住入樓內。後來又來了李鴻皋神父，章齊安神父和德國籍道明會士的溫神父。碧岳修院的神父，也成了一個小家庭。每當往修院授課時，常留在修院，和院內的神父同進午餐。

最後來至臺南的則有郭先廣神父、陳金星神父、高旭東神父和雷震遠神父，他們也住在主教公署裡，賈副主教和劉神父則已遷入大專學生中心，逯、王、賀三位神父，搬往各自的本堂。但是在用飯的時候，在大專中心和本堂的五位神父，都來主教公署共餐，寒暑風雨無阻。我很佩服他們的精神，他們並不是不能在所住地開火造飯，乃是爲保持彼此如一家人的感情，甘願犧牲。就是因爲有這種犧牲的精神，臺南一家的氣象纔是一團和氣。

中國神父成了一家人，修會神父也同我們和好，如一家人。南寧街味增爵士，勝利路耶穌會士，後甲慈幼會士，中山路道明會士，影劇三村的聖言會士，還有新營總鐸區的方濟會士，以及遠在澎湖的靈醫會士，莫不是親親熱熱的，有事大家做；能幫忙大家爭著幫忙。臺南教區的修女，聖家會、無染原罪會、道明會、仁愛會、玫瑰會、寶血會、聖心會、和德蘭文教團都和我合作。

沒有料到我離別臺南這樣快！但是在離開臺南以前，天主賞賜我親身體驗到臺南教區真是一家。今年二月八日到十日，臺南舉行了第一屆教區傳教會議；二月十一日到十三日，臺南又舉行了教區第一屆聖體大會。在傳教會議裡，全教區的神父聚齊一堂，堂內還有教區修女院長，有教友的代表，大家都感到是討論自己的事，別的教區來的觀察員，都很羨慕那種和樂的氣氛。舉行聖體大會時，全教區兩萬一千多教友中，八千人出席大會。全教區的神父、修女和教友，確實把聖體大會，作爲教區奉揚耶穌的大事，大家盡力往好處做。在聖體大會閉幕後的晚晌，我獨自跪在公署樓上小堂裡感謝天主。

臺南教區親如一家，不能說是我的功績，乃是天主賞賜的大恩。我到臺南就任時，曾自己規定奉耶穌爲教區之主，奉聖母爲教區之母。我只是一個管家的人，諸事聽耶穌和聖母的吩咐。

不把教區作爲我自己的私有物，教區的人都願意變成我所有的和我合成一體。主教不以教區爲自己的私有物，本堂神父也不以本堂爲私有物，辦教友組織的神父也不以組織爲私有物，一切爲教區而屬於教區，教區屬於基督，大家在基督以內相親，相合作，教區乃成爲一家。

民國五十五年三月廿十九日於羅瑪

主教座堂—中華聖母堂

臺南是臺灣的故鄉，所可以自豪的是歷史古蹟。臺灣的歷史古蹟以鄭成功爲中心，延平郡王祠便是臺南古蹟的第一名勝地。第一名勝地經久未修，古陋簡樸，不配今日臺灣的新興氣象。政府在前年改建了 延平郡王祠，今日延平郡王祠的綠瓦紅牆，氣概宏偉。

在延平郡王祠的斜對面，我竟能買得一座院落，爲建立臺南教區的主教座堂。臺南的主教座堂建築在鄭成功紀念祠的同一路上，而且對面相望，可以說是得其所哉！

民國五十二年五月三十一日，舉行了座堂基石祝聖禮，院內有三棟小屋，庭前花草叢生，沒有人可以想像到將來座堂的形像究竟怎樣。

座堂依照地形，將是六角形。建築的式樣，將是中國宮殿式。內部的佈置，則是羅瑪大殿的佈置式，主教教座靠於正中牆壁，祭壇居於中央。祭壇四週四根大柱，柱上有一高塔，塔爲中國宮塔形，聖體供於殿側一小堂內。天花板將爲彩畫板，顏色淡而雅。樑棟也將爲畫棟，象徵教會禮儀。窗戶爲綠磚花窗，大門爲朱紅玻璃門。

過了兩個月，院落裡的房屋拆完了。營造廠老闆顧卓庭先生和范紀明工程師親自督促工人平地，挖地下室，主座堂本堂神父逯寶瑛司鐸也每天在場監工。

地基平了，地下室挖了，我看他安置鋼筋和水泥，又看見他們豎立鋼筋，圍作大柱。

九月中，我動身往羅瑪參加第二期大公會議。在羅瑪我常接到賈彥文副主教、郭潔麟神父和逯寶瑛神父來信，報告座堂建築的情形。

五十三年正月底，我由瑞士回臺南，座堂的建築已經完成了，只有內部的細工，和棟樑的彩畫尙沒有做完。三月十九日的前幾天，趕了幾次夜工。到了祝聖的一日，一座宮殿式的聖堂，矗立在開山路側，黃褫綠瓦，紅柱青窗，遊者都嘆爲前所未見。三月十九日，聖若瑟瞻禮日，舉行了座堂祝聖大典。

進了聖堂，迎面是一座白色大理石的祭壇，壇後有主教的教座，座上不置華蓋，只有座背靠牆豎立的主教教徽。祭壇四週，紅柱鮮卉。壇上層塔彩畫，艷麗奪目。登教座，自居全堂中央高位，一目看到全堂信眾，我自覺身爲禮儀的主持人。下祭壇，面對信友，經韻互相應對，知是全堂人一同參與祭禮。捧聖體，舉聖爵，下視高塔的穹空，心有祭祀在天大父之感。我行彌撒已經三十年，只有在臺南主教座堂行祭，我纔體驗了彌撒祭祀的意義。

出聖堂，由側門上登堂頂，平台寬闊，可眺望臺南市景。前爲延平郡王祠，綠瓦綠樹，青青一色。左望臺南市郊，飛機場機房、跑道，隱約在望。右有古城市街，樓房鱗次櫛列。

背後，擠有法院住宅，兩三椰樹，遙相點綴。平臺中央為高塔，塔兩層，瑠瓦瓷甍，塔巔高豎白色十字。

座堂正壁，有彩石鑲嵌中華聖母像，係由新營德國樂根修士所造。仿東閭中華聖母像形。聖母端坐寶座，左手抱耶穌，右手持權杖，衣飾有似慈禧太后，形態則肅靜幽閑，令人愛。

民國五十五元旦，我在座堂行祭。祭畢，降福彩石鑲畫。面對座綢升壁的大幅中華聖母像，我覺得在臺南的工作算是完成了，我的心願已經滿了。

民國五十五年三月廿六日於羅瑪

玉井聖母堂

民國五十年九月中旬，我到任臺南後的幾天，往臺南縣視察道明會移升的幾處本堂，車到左鎮附近，路被水衝斷，不能通過。乃由玉井叫來一部計程車，由被衝斷的路的那一端，把我接到玉井本堂視察。

玉井的本堂，有一座平房。平房有房六間，最大一間爲聖堂。平房屋頂爲平台。登台繞行一週，見平台已開始裂縫，不能再經一次雨季。陪我的杜、盧兩位神父告訴我，這座平房是道明會一位神父所建，原定建築兩層，下層爲神父住所，上層爲聖堂。建了下層，那位神父因病在菲律賓去世，上層聖堂便沒法再建，平頂本不是屋頂，經過幾年的日曬雨淋，便漸漸破裂了。

我看本堂週圍風景很好，又看下層平房建築的很堅固，便決定建築上層聖堂。

民國五十年十一月十二日，我離臺南到羅瑪，參加大公會議傳教籌備委員會。到了羅瑪，朋友們立刻請我到吾樂之緣聖母堂行祭。

羅瑪的吾樂之緣聖母堂，爲古羅瑪街道的一處街角改建而成的，面積不過兩丈見方。在這一處街角，原供一張吾樂之緣聖母像，像前有一路燈，當拿破崙轉戰歐洲的時候，歐洲惶惶不安。一夜，燃燈的燈夫，忽見聖母的眼睛轉動，大呼奇蹟，羅瑪市民群來朝拜，乃改街角爲小堂，供奉聖母。

吾樂之緣小堂，有一善會，爲維持小堂恭敬聖母的儀禮，又爲推行各種慈善工作。我在羅瑪時，爲這種善會的會員，常到小堂敬禮吾樂之緣。民國五十年十一月，由臺灣第一次回羅瑪，又到吾樂緣小堂行祭。彌撒中講道，我便說明將在臺南玉井建造聖堂，這座聖堂將是我就職後所造的第一座堂，我願奉獻於聖母，稱爲吾樂之緣堂，以紀念我寓居羅瑪三十年的生活。善會會友聽我的話，非常興奮，便許下請人倣效吾樂之緣聖像繪一聖像，寄送臺南，供玉井新堂內。

玉井聖堂的工程，在民國五十一年春季動工，范紀明工程師繪圖，圖宥中國式。上下兩層增建遊廊，廊柱倣宮殿廊柱，門前一塔，原爲西班牙式鐘樓，改爲中國宮塔形。新任玉井本堂元秉恆神父，住在下層平房，監督工作。

五十一年八月教廷國務院寄來吾樂之緣聖母像，像由教宗若望第二十三世親自降福，交教廷國務院航寄駐華公使館轉交。

吾樂之緣聖像送到臺南後，先供在主教公署小堂。八月十五日，我偕數位神父蒞送聖像往玉井，玉井教友列隊在鎮口橋端恭迎。九月六日聖堂落成。

玉井吾樂之緣聖母堂，成了臺南教區的朝聖地，每年聖母月和玫瑰月，臺南的本堂和大專學生活動中心，常組織朝聖隊往玉井朝聖。

我自己每年至少往朝聖母兩次：一次二月二日，我率領聖碧岳修院的修士去朝玉井聖母；因爲是在民國五十一年二月二日，聖母取潔瞻禮，我決定辦碧岳成人修院；另一次是五月廿一日，我受聖主教的週年紀念日。在這一天我偕臺南的神父、修女、修士往玉井，向聖母謝恩又求恩。

今年，我從正月五日，開始視察臺南縣、市的本堂，日無間斷，最後四天，從早到晚，視察三個或七個本堂區，拜訪百數教友家庭。二月二日，視察玉井本堂，在吾樂之緣聖母堂內，結束視察的任務。碧岳修院的神父和修士，也來到堂內，舉行彌撒。

今年五月廿一日，臺南市縣的神父和教友，將組織一個盛大的朝聖隊，陪我到玉井朝聖，作爲我的送別典禮。

聖母爲吾樂之緣，五年在臺南主教任內，我親身日常有這種經驗，我到臺南就職的第一天晚晌，無家可宿，客人都替我不堪其憂的時候，我心裡坦然，「不怨天，不尤人」。以後見了人，我常保持原先的笑容，人以爲我是樂天主義者。我固然是樂天主義者，然而我的樂天，是有可靠的把握，我所有的把握，就是聖母，聖母不虛我所望，臺南教區的建設，一樁一樁的繼續成立。人家又以爲我對於金錢很有辦法。實際上我只有一個辦法：我所有的辦法，就是求聖母。求了聖母，聖母便指示我募捐求助之道。

主教的快樂，是在於看見教區的神父，一心一意，共同合作。有憂大家分憂，有難大家共難，有喜大家同喜；教區便成了一家。臺南教區是一個很和樂的家庭，我在臺南常有了家庭之樂。這種快樂，也是聖母賞賜的；因爲家中的快樂，常由母親培養。我奉聖母爲台南教區的母親，所修主教座堂爲中華聖母堂，聖母怎麼不使臺南教區「和樂且泱」呢！

我因此很愛玉井吾樂之緣聖母堂。

民國五五年三月廿七日於羅瑪。

臺南天主教大專學生活動中心

民國五十年八月下旬，我由羅瑪赴美，繞道日本往臺灣，就任臺南主教，道經美國中部聖路易城，宿於聖文生會院，聖路易城的聖文生會士，在臺南市傳教，攝取了他們傳教工作的影片，製成了一套幻燈片。我抵聖路易城會院，省會長和傳教秘書；請我欣賞他們的傳教幻燈美景。在幻燈片中，有一片是一塊長草空地，空地上站著一位年輕體胖的美國神父，臉上有一半笑容，一半無可如何的神氣。幻燈附有聲帶，解釋這張影片說：「我們年輕的卡神父，等著一座大學生活動中心，可是到如今還只有一塊空地。」我當時拍手大笑。

九月五日，我同杜主教由東京乘飛機到了臺北。臺北飛機場擠滿許多歡迎的人，田樞機、高公使、于總主教、成主教等到了。不幸，天下大雨。靜修女中的學生，站在大雨下面表演。當我要出機場時，人群擠來一個青年，捧著一個醬色小冊子對我說：「主教，我是臺南成功大學天主教同學會的代表，特來歡迎主教，這個冊子，是我們同學會的會員名冊，獻給主教作紀念。」我看會員名冊上，寫著獻者的名字，知道那位青年是謝國權君。

九月八日，我到臺南就職，就職典禮在成功大學的禮堂舉行。就職後，我寓宿在聖文生會傳教士的會院裡。會院的院長爲華克施神父，他駕汽車陪我去拜會臺南市各機關首長，又引我視察臺南市聖文生會神父的聖堂。聖文生會神父所建的小堂，共有八所，每到一所，都看見小孩前呼後擁，大家歡叫「華神父，華神父。」華神父向他們說：「你們該叫主教好！」看了八所小堂，最後到了成功大學的校園內，看到在聖路易幻燈片上所見到的那塊空地，華神父說這塊地要做成功大學天主教學生活動中心，可是聖文會士不會幹學術工作，管理大學生的事，還是請主教派中國神父去做。

成功大學開學後，聖文生會舉行第一次迎新會，歡迎新來的同學。迎新會在南寧街聖文生會院舉行，華神父請我去參加。開會後，同學會發言的人，都向我請求建築一座大學生活動中心，作爲他們同學會的會所。我看見那一群青年很可愛；又想起我從歐洲請來的第一批五位中國神父裡，有賈彥文神父，他曾在比國魯汶專管中國學生的。我便一口答應了學生們的要求，建造臺南天主教大專學生活動中心。

十一月十二日，我離臺南赴羅瑪。十二月廿四傍晚回臺南，下車急往臺南社教館，參加天主教大專學生聖誕聯歡會，臺南天主教大專學生同學會已經正式成立了，賈神父任指導司鐸。

民國五十一年元旦後，我開始計劃建築大專學生活動中心。華神父把他所買的那塊空地讓給我。空地共兩百坪，成正角的長方形。賈神父介紹成大建築系四年級的兩位天主教同學：朱均、陳邁，擔任繪畫工程圖樣並負責施工，有地有圖，卻短建築費。我乃寫信向留美的周幼偉神父求援，他慨然把自己兄弟的蓄積，都無息借給我，又承臺北錢公博神父無息借款，於是學生活動中心就動工了。

九月八日，我就職臺南的第一週年，大專學生活動中心落成。

臺南的天主教大專學生活動中心，樓房兩層，紅磚木窗。樓不高而雅，窗雖多而美。下層，一聖堂，一會廳；懸藤爲燈，編竹爲椅。上層，教室連客廳，寢室帶廚房，小巧玲瓏。成功大學的天主教同學，都喜歡聚於中心了，他們不以中心爲會所，而以中心爲家。上午，家中寂靜無聲，晚晌家中多景多彩。外語班、教義班、談話會、遊藝會，層出不窮。賈副主教一個應付困難，我又派劉俊餘神父爲助。過了兩年，樓房不足用了，中心顯得過狹，家中人多，幾無地可容。我於是向瑞士求助，想在中心側旁購地加建房屋，未成。又向德國求援，也不成。轉向荷蘭乞捐，我正等著好音，乃被調往臺北，要離開這座大專學生活動中心之家，調任消息發表時，我已來羅瑪參加傳教委員會。臺南大專活動中心之家，給我來信說：

「親愛的主教：在您的護翼下，我們成長茁壯，大專同學會有了今天。我們記得──您到臺南第一件事，是為我們建立起『中心』。今天，這裡已成為我們共同祈禱、工作、快樂的家庭。我們記得──許多大的活動，聖誕節，送舊會，您和我們一起。五年來，給予了寶貴的訓示、鼓勵與力量。您，一次次在會刊上給我們寫的忠言，一次次在彌撒中給我們講的道理，都還正縈繞於心；但，今天，您卻要離開我們了。我們為您的重任祈禱、祝賀；可是，實在說，在我們內心深處，滿是依依之情。敬愛的主教；我們寄上這一紙；帶著至誠的心，以及孺子思慕之情，不論時間或空間的隔離，我們會想念您，也需要您永恆的照顧。祈主祐。臺南天主教大專同學會總幹事、副總幹事、股長及同學代表三十九人簽名，五五年三月十二日臺南」。

我捧讀這封信時，熱淚盈眶。我馬上答覆了他們，降福、鼓勵這一群可愛的青年，人家說我在大學教書二十五年，自己愛讀書，所以特別喜歡天主教大學生。性之所好，見於行動；這是事所不可免的。可是我也因爲大學生是將來社會的主腦，我便特別注意他們。在成大的天主教同學裡，很少是臺南教區的青年，多數是其他縣市來的，還有許多是僑生。我和中心負責人賈副主教、劉俊餘神父，從來不問他們的籍貫，常是一視同仁。因此，我到臺北，到香港、到歐洲，成大的天主教舊同學，常是以歡迎家長的熱情歡迎我。這是最使我高興的事。

民國五十五年三月廿八日於羅瑪

聖碧岳神哲學院

由臺南市天仁兒童樂園側，轉入開元路十三巷，兩旁旱田，或種高粱，或種芝麻。華成食品罐頭廠的煙囪矗立雲表。沿華成廠圍牆右行，見黑瓦白牆的樓房數棟。由旱田小道再前行，抵所見樓房門首，門側懸兩牌：一書「聖碧岳神哲學院」，一書「徵祥學社」。過鐵欄，渡月門，見一行白柱白棚的遊廊，廊端有瑠瓦紅磚的聖堂。遊廊左右連接四道遊廊，右通兩棟樓房，左通四棟。右樓兩棟，前為教室，後為司鐸住樓，左樓四棟，兩為修生宿舍，一為餐廳，一為禮堂。每棟分立，連以遊廊，中間多青草花圃。遊者步行廊上，清風習習，小雀吱吱，周圍幽靜清潔。聖堂牆根，週以深水，水中荷花迎人，魚兒成群游泳。

碧岳神哲學院的修生，看來面貌都是年輕的青年。察看他們的履歷，則知道都是三十而立以上的壯丁，還有一兩個四十歲的中年男子。壯丁和中年人，離開書桌都已經多年了，於今再回到課室裡去，熟讀文規複雜的拉丁文，研究文理精密的哲學，講習義理深奧的神學，他們感覺記憶力太薄弱，理解力太遲鈍了！

他們明知壯年讀書可以遇到的困難，又明知壯年修道為遵守院規可以有的煩惱；可是他們來了，一心要成司鐸；他們是有志向的人。

我看重他們的志向，也看重他們的努力，所以纔創立成人修院，建築了聖碧岳神哲學院幽雅美觀的樓房。

民國五十年九月八日，我抵臺南就職。次年二月二日我上書傳信部長雅靜安樞機，建議在臺南設立成人修院。九月二日，聖庇護第十瞻禮，六個青年壯丁，由楊成斌神父引導，來到臺南主教公署小堂，參與彌撒。我爲他們行祭，彌撒中我向他們講道，說明他們是成人修院的第一批修生。

第一批修生，住在臺南博愛路四十五號的小樓中。小樓是上年我租的，第一批來臺南教區的五位中國神父住的，五位神父這時已經搬入主教公署了，小樓便改租爲修生住。

次年正月下旬，我由羅瑪回臺南，有暇便去博愛路看修生，常常鼓勵他們，要快樂要輕鬆，莫緊張，莫愁悶。神父們都說，壯丁修生們的精神不錯，讀書也很下工夫。我聽了心裡很高興。

牛主教曾經警戒我說：「你收退伍軍人進修院，要多加小心。」于總主教也指示我說：「我們不要修生速成班。」

辦理了一年，我已經有了把握：成年修院可以正式成立。壯丁進修院，真有預備成司鐸的志向，可以養成良好的品格。成年男子讀書，記憶力雖差，理解力則強。成年修院的課程，可以是七年：三年哲學兼拉丁文，四年神學兼傳教學。我於是定名成年修院爲「聖碧岳神哲學院」。

第二年成年修生加多了，耀漢兄弟會的修士也來讀書，博愛路的小樓住不下了，便在附近的青年路口再租樓房一間。同時，我在開元路十三巷裡面，購買旱田四千坪，建築修院，民國五十二年五月卅一日，我祝聖主教座堂基石，同日也祝聖了聖碧岳神哲學院的基石。次年，建築了樓房四棟，修生於二月二日選入。八月二十二日，聖母聖心節，院內聖堂落成。是年冬，第二宿舍啓用。去年，建築禮堂，全部院舍完工。

碧岳神哲學院的建築圖樣，爲成大教授衡陽同鄉賀陳詞先生所繪，爲中國新式書院式，圖樣上本有樓房九棟，最左兩樓爲中學生小修生用。但因壯年和青年，不便同院，於是在碧岳修院外左角，興建兩樓，自成獨立小修院，取名「聖達義修院」，於去年八月底落成。

每當我在羅瑪聖伯多祿殿內，出席大公會議，每天常到聖庇護（比約）第十遺體前，長跪祈禱，求聖庇護教宗助佑碧岳修院。碧岳本是「比約」兩字的同音字，看來更文雅。實則成人修院即是奉聖庇護第十爲主保。

創院時，我曾想以徵祥學社稱呼成人修院，因陸徵祥院長，年半百，入院修道，可爲成人修生的模範。但是徵祥學社成立時，我規定爲文化工作的組織，不便又以修院稱呼，乃以聖碧岳爲修院的院名。

碧岳修院的第一批修生中，有兩人，去年被我送入羅瑪傳信大學。近日他們來看我，說拉丁文不大懂，神學課程跟不上。我囑咐他們要輕鬆愉快，莫緊張愁悶。

在傳信大學我送七名修生：五名是由其他小修院來的，兩名是成人修院來的。我明知道成人修生留學，在求學上有許多痛苦；但是他們受點苦，使人家知道聖碧岳神哲學院是一座正式的修院，修生的品格學識，不下於別的修院的修生。

民國五十五年三月二十八日於羅瑪

二、景仰先賢

物我同胞——聖五傷方濟

「莞爾納」山巔的樹葉已轉黃了，百年的古樹則更蒼綠。夜間，石巖對著明淨的月色，屹立千尺，嚴肅的氣色，越增加了秋深的寒意。聖方濟兩腳兩手和左肋，相似耶穌在十字架上所受的五傷，已開始流血，開始遽痛。他的徒弟「良羊」替他洗創，用白布包纏。他覺得自己的精力一天不如一天，兩眼的白翳越來越厚。他很希望回到「亞細細城」，再見自己的徒弟。

「何朗多」伯爵（Conte Orlando）打發僕人牽來一匹驢子，請聖方濟騎著驢子下山。聖方濟召集住在山上的門徒，向他們告別：

「我的身體要走了，我的心是留在你們當中。我和良羊一同往亞細細去，這裡，我不會再回來了，我和你們告別。告別了，莞爾納山！告別了，老鷹弟弟，多謝你的照拂！告別了，巖石，我不再來看你了！告別了，天使母后山堂，我在這裡的徒弟，託付天使母后。」

聖方濟騎驢下山，徒弟「良羊」在後跟著步行。走到「加色拉小山」(Monte Casella)聖方濟下驢，對著莞爾納高峰，頂禮瞻拜，口誦聖詠：「屹立尖峰兮林木茂，悅樂主心兮居山拗。」「莞爾納山，告別了！天主聖父及聖子及聖神降福你。你安靜地立著罷！我們再不能會面了。」

附近村莊的居民，聽說聖人下山了，又聽說聖人在山上，手腳都有了神秘的創傷，大家都出來迎接。男女老少向聖方濟請安，都來口親他的衣裳，聖方濟很謙和地向他們微笑。

回到了亞細細，先去看聖達彌盎小堂。在小堂裡，他年輕時，聽從十字架上耶穌的指導，開始了苦修的生活。在去世以前，他高興再去朝拜這座小堂。在小堂側，於今已有他的女門徒所立的女修院，院長聖加拉，是他親自所剃度的。聖加拉聽說教師回來了，連忙召集全院修女，迎接聽訓。可是她一見聖方濟的頹弱神色，不禁黯然神傷。她於是替聖方濟用蘆葦編成一間小房，房內陽光不強，適於他的眼睛。又用羊毛替他織成軟鞋和半截手套，保護手腳上的血傷。

眼睛的光明，逐漸減小，小物變成了憧憧的黑影。手腳和骨肋的血，時流時止，痛入五臟。四十二歲的聖方濟，衰老已像八十歲的老翁了。他內心卻明靜如秋水，安樂和悅。他在蘆房中靜默長禱，獨對天主。一夜，手腳和肋骨的五傷，痛不可言。他乃求天主賜他勇氣，無聲地忍受著苦痛。他的內心忽然有聲音說：「你忍受苦痛，我將給你一種很貴重的寶藏。天下的金寶比起我所給的寶藏，祗不過是灰塵罷了。」聖方濟還是振不起精神。內心的聲音又說：「方濟，於今你身體弱，又生著病，你應當快樂，應當唱歌，這樣你便可爭取天國。」

聖方濟於是吩咐聖加拉找來一支小弦琴，他效法當時青年人向美女彈琴唱詩的心情，一面用手指調撥琴弦，一面口中悠然唱著自己編的詩詞。

讚美天主兮，至上至高，全能全善。
光榮天主兮，讚頌稱崇，應歸於主。
讚美天主兮，創造萬物，創造太陽。

太陽我弟兮，白日照我，光耀美麗，有主之美。
讚美天主兮，造我月妹，造眾星辰，明麗光輝。
讚美天主兮，造我風弟，佈雲佈晦，萬物受惠。
讚美天主兮，造我水妹，清潔謙虛，利人至貴。
讚美天主兮，造我火弟，暗中放光，活躍勇銳。
讚美天主兮，造我土母，載人載物，生草生卉。
讚美天主兮，愛仇忍苦，不怨不尤，主將敎惠。
讚美天主兮，死亡如妹，無人能逃，只怕死時負罪。
遵行主旨兮，雖死猶生，死不能危。
讚美天主兮，稱揚稱謝，謹愼追隨。

聖方濟一面彈琴，一面口唱，忘記病痛。忘記了創傷。唱了一遍，又彈一遍。聖加拉修女們站在修院窗前靜聽，他們也忘記了對於教師病痛的憂急，也忘記了對於教師死亡的恐懼。

聖方濟的目光快要失明了，便唱歌讚美光明，讚美世上花草的顏色。這些乃是天主所造的物件，樣樣都是美麗可愛的。聖方濟有病有傷，距離死亡已經很近了。他唱歌讚美忍苦忍難的快樂，讚美病亡有如兄妹的親切。

聖加拉聽著，感動的流下淚。她要求教師把歌詞念給她聽，她用羊皮紙把歌詞寫了下來。她知道聖方濟喜愛各色各樣的動物，「古比阿城」（Gubbio）外的一隻凶狼，曾跟在他後面走，變成了一條馴犬。「亞細細」天使母堂側的一隻秋蟬，從無花果樹上飛到他的掌上，振翅鼓嗎，「先納城」（Siena）的一隻錦雞，放了又回來，送給人就絕食，只願意跟聖方濟。在亞細細城外的山上，聖方濟祈禱以後，常和小雀們細談。

這位心無片塵的聖人，心中眼中常有天主。一切受造之物，都是天主所造的，他便看牠們是自己的兄弟姐妹。

徒弟們和朋友們都勸他醫治眼睛。聖方濟方從來是克己苦身的，不喜歡用醫藥。眼睛是爲觀看天地的美妙，引人舉心向天主。聖方濟乃聽從徒弟和朋友的勸告，往「里厄提城」（Rieti）的一位名醫，醫治眼睛。

名醫檢視以後，立刻施行手術，用火針炎燒。陪伴的門徒心驚肉跳，轉目不敢逼視。聖方濟很客氣地對著火說：「我的火弟，至上天主創造了你，多能多用。現在請你待我客氣一點，我愛天主我也愛你，我求偉大的天主稍爲減少你的熱力，使你炎燒時燒得柔和，我可以忍受疼痛。」

他舉手向火畫一十字聖號，安然等待火針由眼角鑽入眉稍，聖方濟不動不作聲。燒完了，他對醫生說：「若要再燒一次，可以再燒一次。火弟很好，牠快活，有勁，而且很剛強。」

一九六四年正月十五日於羅瑪

聖賈彌祿

「神父，你創立了靈醫會，你終身是會長，你不能整天整夜在聖神醫院服侍病人！」會士們常向「聖賈彌祿」進勸。

「好哪！我就辭職不當會長。」聖賈彌祿自己也看到一身不能分兼幾種職務，若是盡心管理所創的修會，就不能盡心照顧病人；若是盡心照顧病人，就不能盡心管理修會，他最後便上書教宗，懇准辭去會長職務。一次不准，再一次上書，終歸於得了准予辭職的大恩。

歐洲十六世紀的醫學尚不發達，醫院的制度也很幼稚。羅瑪那時有兩座大醫院：聖神醫院和聖雅各伯醫院，我們於今去參觀這兩座平民醫院，看到裡面的設備都很新式，病房清潔。但是在十六世紀時，羅瑪醫院的設備還很簡陋，能容數十病人的通房，窗戶緊緊閉著，房裡的藥味臭氣，蒸薰如霧，刺人鼻胃。進到醫院的病人，都是重病的窮苦人，倒在床上以後，照顧病人的工友，一日三餐時，進來遞湯遞水。以後，讓病人躺在床上叫水叫藥。不能起床的病人，溲溺橫流，工友又不給他們換衣換褥。

聖賈彌祿召集了十幾個同志青年，創立了靈醫會，獻身爲服侍病人。他是由意大利南方的一個貴族出身，自己當過軍官。

病人一進聖神醫院，聖賈彌祿就先替他剃頭髮、洗頭、梳鬍鬚、剪指甲、漱口。可以洗澡的，還替他洗澡，換穿醫院睡衣，然後安置在一張清潔的床上。

每天清早，他舉行彌撒聖祭，念了祈禱經文，立刻到通房裡照顧病人，替他們洗臉，替他們換床褥，扶著他們小便大便。中午，他回修院吃飯。吃了飯，馬上又回聖神醫院。他的腿，在青年時受傷，傷口時開時閉，走路很不方便。但是他每天往醫院去，步伐很快，常怕到得太晚。風雨和太陽，絕對不能阻擋。

一天，他清早進到醫院的通房裡，一個滿腮鬍鬚，年約六十歲的病人，舉手招呼。賈彌祿連忙過去，可是病人滿口土話，他不知道病人要什麼。別的會士來聽，也聽不懂。賈彌祿跑去拿水來，病人搖頭。扶起病人小便，病人把手一揮，不要他扶。賈彌祿急得滿頭流汗，病人卻氣的破口大罵：「畜生！畜生！」罵了幾分鐘。賈彌祿終歸猜到了病人要寫幾句話給自己的兒子。他就跪在病人的床邊，當著病人寫了紙條。然後，又向病人道歉，沒有早點懂得他的話，叫他生了氣。相隔幾間床的另一個中年病人，臉很瘦，鬍鬚清秀。他看見賈彌祿走到床前，輕聲向他說：「神父，求你替我鋪鋪床，這間床真太硬了！」「你求我做什麼？你不要求──賈彌祿很認真地答應說──你只要吩咐就夠了。我是爲服侍你的。我是你的僕人，你是我的主人。」

耶穌曾經訓告自己的門徒，無論對於誰做點好事，就是對他做的。耶穌說：「我實在告訴你們，凡你們對我這些最小兄弟中一個所做的，就是對我做的。」又說：「凡你們不給這些最小中的一個做的，便是沒有給我做。」（瑪竇福音 第二十五章第四十—四五節）

賈彌祿徹底實行耶穌的訓言，病人代表耶穌，是耶穌的手足。服侍病人，便是服侍耶穌，豈敢怠慢。服侍耶穌又怎麼不覺快樂！

旁邊又有一個病人，願意說話似乎又不願說話，賈彌祿看著，病人還是猶說不說，賈彌祿看出了他的苦衷，他是要馬桶，要人扶他大便。就爽快地向病人說：「兄弟，你不必客氣，不必怕吩咐我做這些事，你是耶穌的手足。我是為服侍你的，你是我的主人。」

「賈彌祿！」通房監頭一個病人喊著。

「馬上來。」賈彌祿答應了。

走到病人床前，病人抱怨床硬骨痛。賈彌祿扶起他，把草褥和床單整理清楚，把枕頭墊得更高，棉被鬆一鬆。病人仍舊怨不絕口。用手扶起病人的頭，輕輕替他搥背，病人總是抱怨不止。

「親愛的兄弟，我請你看天主的面上不要抱怨了。我在這裡用心服侍你，必定叫你滿意。你不滿意，我就不走。」

病人竟笑了。

中午，賈彌祿換了衣服，走出醫院，回修院吃飯。到了天使堡壘前面，向右轉，走過天使橋。橋頭遇見教宗宮裡的一位侍郎蒙席，倆人問了安，侍郎說：

「賈彌祿神父，你怎麼整天在醫院通房裡，可以站得住？」

「不但是整天，整年整月我都願意在裡面！」

「通房裡那麼臭，一進去簡直就要作嘔！你怎麼不覺到？」

「我不覺得臭，我覺得很香。」賈彌祿很認真地說。

「你這樣跑來跑去，一天跑幾趟，你的腿不痛？」

「爲到醫院去服侍病人，再多跑幾趟，我也高興。」

「你年歲也不輕了，不稍微休息休息！」

「多謝『蒙席』關心，我只要進了醫院，替耶穌的手足做點事，心裡就爽快舒服。若是坐在家裡，我可就要老了。」

侍郎蒙席笑了一笑，說了一聲再見，看賈彌祿蹩著腿一步一步地走過橋去，心裡很羨慕他的精神，也羨慕他在自願操作的勞苦所感覺的快樂。

一九六四年正月十七日於羅瑪

氣節——聖鮑思高

賈勞疏神父在十二月一日忽然中了風，全身不能動，呼吸很急促，舌頭僵木了，不能說話。

他看見自己的小弟子鮑思高・若望走進房裡，眼睛忽然亮了，頭也稍微擺動，像是向弟子點首，叫弟子走近他的床邊。他的臉上又表現一種很吃力的神色，他在用勁移動自己的手，想從枕頭下面找東西。服侍的人便替他在枕頭下面摸出了手巾，他的眼睛沒有什麼表情；抓出來一本書，他的眼色不動；最後找出來一個鑰匙，他的眼睛閃亮了，頭又動了。服侍的人把鑰匙放在他的手裡，又叫鮑思高走至床邊去。

賈勞疏努力動自己的嘴，也發出了斷續的聲音。旁邊的人都不懂得他要說什麼。服侍的人卻理會了他的意思。便從賈勞疏神父手中，把鑰匙拿來，交給鮑思高，告訴他說：

「這個鑰匙是錢櫃的鑰匙，神父說交給你。錢櫃裡的錢也是你的。」

病人的眼睛表示喜歡的神色，又動一動頭，然後又發出一些斷續的聲音。服侍的人說：

「神父吩咐你把鑰匙收起來，不要給別人，你明白嗎？」

小鮑思高雙眼釘住躺在床上的教師，手裡拿著鑰匙，他想哭，眼淚哭不出來，他想說話，話也說不出來。呆呆地站著。後來看見病人閉了眼睛，他纔跪在床邊，雙手捧著頭，他開始哭了，他也熱切地祈禱天主。

賈勞疏又躺了兩天，不動也不說話。呼吸慢了，脈也輕了，他似乎是在靜靜地聽服侍的人唸經祈禱。兩天後他斷了氣。

他的姪兒外甥輩都來了，先在各間房裡仔細看了一週，然後圍坐在飯廳裡，彼此板著臉說：

「只是一些舊書舊衣，什麼值錢的東西都沒有。」

「錢一定是在錢櫃裡。」

「鑰匙在那裡！」

「說是給鮑思高了！」

「怎麼給那麼一個小孩子呢？」

「說是把櫃裡的錢都給他了」

「誰說的？豈有此理！神父中了風，一直不能說話。」

他們把鮑思高叫來了，質問他把鑰匙放在那裡。

鮑思高把鑰匙拿出來，很認真地說：

「你們的叔父把錢櫃的鑰匙交給了我，吩咐我不要把鑰匙給別人，又囑咐說櫃裡的錢都是我的。但你們不要吵，鑰匙在這裡，你們拿去，櫃裡的錢我也不要。」

爭吵的人，一時呆住了。他們絕對沒有想到一個九歲的孩子，會說這樣的話，小孩子並不是怕他們。

錢櫃打開了，從櫃裡拿出兩千多元意大利錢。在一百多年前，這個數目是一筆大款。鮑思高家裡是一貧如洗的。他願意進修院讀書。預備升神父。但是他繳不起學費，賈勞疏神父愛惜他，叫他到自己的家裡，自己做他的塾師，一文錢不收，這一筆款，正好做他進修院的學費。

開了錢櫃的一個壯年人，手裡捧著錢，兩眼看著鮑思高又看著別的親戚，不知該說什麼。他吞吞吐吐對自己的親戚說：

「叔父既然把鑰匙交給了這個小孩，……人家說叔父曾給他教書，預備他升神父，……又說把錢都給了他，……我們還是照叔父的意思做罷！」

「鮑思高，」他轉向小孩說「這些錢都是你的。」

「這不算公道，我們應該平均分。」別的親戚都抗議說。

「叔父又沒有留遺囑！」

「舅父那時又不能說話，誰知道他的意思怎樣！」

小鮑思高一句話也不說，也不伸手接錢。

開櫃的壯年就向他說：

「你究竟要不要？」

「不要！你們都拿去，我寧願取得天堂，不要世上的錢財。」

鮑思高走出飯廳，到賈勞疏神父的寢室裡，跪在他的屍體旁邊，雙手捧著頭，他又哭了，他又祈禱了。

碧基小村莊的的周圍已經鋪上了薄薄的白雪，到了燃燈的時候，各家閉戶，路上少有行人。鮑思高靜悄悄地走回家來。母親瑪伽俐立刻叫他坐在灶邊，取火煖身。

屋裡坐著他們母子四人。瑪伽俐的丈夫早已故世了。大兒子安多義是她丈夫前妻的兒子，第二子是若瑟，第三子就是若望鮑思高。他的家很窮苦。

安多義的脾氣很粗暴，最看不起小弟弟若望，因爲聽說他要讀書，後來做神父。

「若望，於今你的那位老烏鴉先生死了，你不必再想讀書了。」安多義鄙視地向小鮑思高說。

小若望不答應，他心裡正想著賈勞疏神父，心裡還哭著他。母親瑪伽俐把油燈放在飯桌上，週圍排了四個盤子，盤子裡盛滿了一盤疏菜夾土薯的稀粥。桌子中央放著一小筐的黑麵包，她叫三個兒子吃晚飯。若望吃著稀粥，不說話，也不吃麵包。瑪伽俐用慈善眼光看著幼兒，知道他心裡很痛若，便不逼他多吃。安多義卻惡意欺侮幼弟說：

「你的老烏鴉先生沒有給你留點東西？前兩天人家說他把錢櫃的鑰匙給了你，櫃裡一定有錢。你拿了錢，怎麼還是這樣哭喪著臉！」

若望一聲不響，眼睛只看望稀粥盤子。媽媽瑪伽俐這時也想起了這一點，便問若望說：

「錢櫃開了沒有？」

「開了。」若望低聲答著。

「櫃裡有多少錢？」

「他們說兩千元。」

「你拿了沒有？」媽媽又問。

「他們都爭著拿。」若望還是低頭答著。

「你沒有拿？」媽媽驚訝地問。

「我不願意同他們爭，他們說是他們家裡的東西。」若望抬頭看著媽媽，他知道媽媽不會責備他—「我沒有拿一份錢。」

「你爲什麼不拿？」安多義粗暴地問：「老烏鴉既然給了你，你拿來，我們都可以用一用。」

「我寧願取得天堂，不要世上的錢財。」若望很堅決地說。

「天堂是死了以後的事，於今我們要錢用。」安多義圓睜兩眼看著幼弟。

「小若望，你做得對。我們寧可不要錢，不要和人家爭吵。」她媽媽獎勵他說：「賈勞疏神父好心願意幫助你，我們心裡還是感謝他。小若望，你拒絕了這筆錢，天主一定看重你，一定賞你有辦法可以讀書。可以進修院。」

後來小鮑思高繼續讀了書，進了修院，升了神父，創立了慈幼會，建樹了教育青年的偉大事業，而且成了聖人。

一九六四年於臺南

但丁生辰七百週年

一、

「但丁沒有在限定期限內，自行投案，洗清罪名，交付罰金，形同自認罪狀；因此本市市長判決但丁，處以死刑，如他被本府拿獲，便投火焚死。」

一三〇二年三月十日，翡冷翠政府公佈了上項判決文，幸而但丁已經逃亡在外，沒有自行歸案，乃能免於一死。他在國外流亡了十三年，翡冷翠政府又在一三一五年十一月六日，再公佈了一道文書，判決但丁和他的子女，處以斬首的死刑。於是但丁終生流亡，死在國外，葬在拉芬那（Ravenna）。

今日的翡冷翠（Firenze, Florence）市長和市民，都以但丁爲本市人而自豪。如果能夠以重價購回但丁的屍骨,他們也必不惜出之,可是拉芬那城以但丁的墓爲無價之寶!

詩人的命運大都是可哀的!中國的屈原被讒,而至於投江;杜甫失意,以至於坐看兒女餓號,李白無聊,以至於醒時少,醉時多。意大利的但丁,一生希望本國政府頒授桂冠,恭維他是愛國詩人。可是翡冷翠政府,偏要他的頭,不但不想給他戴上桂冠,反要使他身首異處,證明他是國家的罪人。

翡冷翠當時是一個自由邦,在意大利當時諸侯分立的國家裡,還算一個大國,可以相稱中國戰國時的齊國,中國戰國時的諸侯,強併弱,眾暴寡,合縱連橫,天下不安。意大利當時的諸侯,也是忽合忽分,戰爭不息。十四世紀初年,翡冷翠國內分有黑白兩黨,黑黨爲貴族,白黨爲平民。黑黨主張臣服神聖羅瑪皇帝,或臣服羅瑪教宗,接受封號;白黨主張自治,或祇在名義上受羅瑪皇帝統制。兩黨爭奪政權,一勝一負。勝者翦除弱者,弱者再勝,再殺政敵。但丁置身白黨,參加市政府政治。一三○二年,白黨失敗,但丁幸而逃亡在國外,保全了生命,他的兒女也隨他逃生,都作了政治犯與流浪人。

二、

但丁（Dante Alighieri）於一二六五年五月，生於翡冷翠市內，幼年喪母，父親業錢莊，以放債取利爲業，家道中亨。但丁乃能就師入學，又能身列行伍，充作國家騎士。十八歲時父親去世，但丁依後母。父去世前，曾替他訂親，娶佗納提（Donati）家的女兒爲妻。但丁少時，即喜文藝，從布魯內多（Brunetto Latini）爲師。布氏時爲市府錄事，設學，教授文藝，曾著《修辭學》一書。然影響但丁最深者，乃是好友桂多（Guido Cavalcanti），桂多性活潑，喜遊宴。所作詩歌，有輕薄之風，但丁性沉鬱，喜讀古詩，尤佩服古拉丁詩人魏知理（Virgilius）。

九歲時，但丁遇同市一少女，一見鍾情，但一見即過，沒有多少留戀。十八歲時，再遇這位女子，從此便留戀到死。但丁稱呼這位少女爲白雅黎絲（Beatrice），意謂幸福，凡見她的人爲有幸福的人。這位女子的真姓名碧車（Bice Potinari），嫁於西滿·巴爾提（Simone Bardi）爲妻，年少但丁一歲。但丁第二次遇見時，她已出閣，雖知但丁愛她，但無所動於心，年廿五，夭逝，時在一二九〇年，但丁的少年詩集《新生集》（Vita nova）所收詩歌，多爲歌頌白雅黎絲的情歌。晚年所作《神曲》，則捧白雅黎絲爲天堂聖者，引導但丁遊觀天堂，朝拜天主。白雅黎絲生前沒有答應但丁的愛情，死後則作了但丁的精神引導。

當但丁歌唱情歌時，他穿戴騎士的服裝，從軍出戰。二十四歲時，翡冷翠市和亞雷作市（Arezzo）作戰，但丁出馬，追殺敵人。同年，翡冷翠又和比薩（Pisa）開釁，但丁隨軍，兵臨城下，奪取加玻納堡壘（Capuona）。這次苦戰以後，但丁棄軍從政了。

一二九五年，七月六日，翡冷翠政府公佈了一道法令，凡祖籍爲貴族，自己又參加一種職業行會的市民，都可被選爲市議會議員，並得任行會會長。但丁本人雖屬平民，他的祖先原係貴族。他自身有種職業，他的職業是士，他便報名士人同業會，競選爲市議員，又競選爲同業會會長。一二九五年到一三〇二年，但丁七年從政，並未作市長，也不是國軍統帥，他的政治歷史無聲無色；可是也有一兩樁表現自己政見的舉動：當時翡冷翠白黨的政治目標，是反對教宗鮑尼法斯八世統治翡冷翠國，羅瑪教宗當時擁有意大利中部的國土，自成獨立國；羅瑪教宗的政治勢力，在中世紀時居在日爾曼神聖羅瑪皇帝以上。教宗鮑尼法斯八世（Bonifacius VIII）更是教會史上政治勢力最強的教宗。鮑尼法斯遣一法國諸侯往翡冷翠，招撫市民。一三〇一年三月十五日，市議會開會，討論援助教宗所遣諸侯的戰費，但丁提議反對。同年六月十九日，市議會又開會，討論繼續以一百名軍隊，爲羅瑪教宗在國界服務，但丁又不贊成，使市議會不能通過。但是教宗所派的特使，已將進入國境，翡冷翠乃派專使三人，趕赴羅瑪，面謁教宗，婉請收回成命。但丁便是專使之一，於一三〇一年十月進羅瑪。教宗接見翡冷翠三位專使，向他們說：自己沒有國土的野心，只是要使翡冷翠享有和平。他們可以回去傳達教宗的旨意，並領有教宗的祝福。教宗立刻遣回兩位專使，只把但丁留在羅瑪。

教宗所遣諸侯進入翡冷翠，黑黨得勢專政。凡是白黨的從政人員都被判決罪名，家財被沒收，兒女被放逐。一三〇二年正月廿七日，翡冷翠政府公佈但丁的罪狀，罪他貪贓舞弊，罰金五千小金元，放逐國外兩年，永遠褫奪公職。但丁當時大約尚在羅瑪，知道了翡城的判決文，遂走亡西埃納市國（Siena）。三月十日，翡冷翠政府因他沒有投案自首，於是判他死刑，如被拿獲，投火焚燒。但丁於是開始了流亡的生活。

在國外，他組織了白黨的亡命政客，企圖再回翡冷翠，但是過了兩年，他厭惡政客們的卑鄙，退出了白黨的組織，白黨政客反了臉，也加以迫害。

但丁在外流亡了二十年，在意大利北部的小諸侯國裡週遊。「亞雷作」、「西埃納」、「比薩」、「魯加」（Lucca）、「福星」（Forli）、「波洛搦」（Bologna）、「梵洛納」（Verona）、「滿杜哇」（Mantova）、「威尼斯」、「拉芬那」這些諸侯的宮庭裡，都有過但丁的足跡。但是但丁沒有受知於一位諸侯，沒有爲一位諸侯所重用。

一三一〇年，日爾曼羅瑪皇帝亨利七世（Henricus VII），宣佈南下意大利，親入羅瑪，由教宗祝聖爲神聖羅瑪皇帝。但丁一時心花怒放，他夢想神聖羅瑪皇帝，可以統一意大利，可以平定歐洲，萬民欣慶和平。他於是上書羅瑪皇帝，上書教宗，上書意大利諸侯，上書翡冷翠市民，呼號大家擁護神聖羅瑪皇帝。又著《帝制論》（de Monarchia）一書，發揮自己的思想。又往「米蘭」朝見亨利七世。可是意大利最反抗亨利七世的爲翡冷翠，翡冷翠政府遣使各諸侯國，輸送軍費，聯軍作戰。亨利七世久駐米蘭遲遲不敢南下。一三一二年五月七日，入羅瑪，教宗格勵孟五世拒不予加冕，羅瑪市民群起暴動，擁護亨利七世入拉德朗殿，由三位樞機行加冕禮。遂率軍團攻翡冷翠，可是他的兵少糧稀，久圍不能下。十一月解圍，率兵攻拿波里王，次年八月，因病死於意大利。但丁從此絕望，不再夢想想榮歸故鄉。翡冷翠於一三一五年曾公佈大赦令：凡以往被判刑罰的亡命囚徒，如能往市內聖若翰堂獻贖罪，即得大赦。但丁的朋友們，勸他利用這次大赦法令，返回故鄉。但丁不願屈服，自去認罪。同年，翡冷翠又招降在外的亡命死囚，改死刑爲兩年流刑，充軍國界以外。但丁又不願投案。翡冷翠乃於十一月六日，再宣佈但丁的罪狀，判處斬首。

但丁繼續流亡的生涯，週遊列國諸侯。晚年安居在拉芬那，頗得拉城諸侯的信用。但丁的兩子一女也住在拉芬那，他的妻子大約也同在。幼女名白雅脫黎絲，棄世入院爲修女。一三二一年奉拉芬那諸侯的使命，但丁出使威尼斯國。行經在水窪地，蘆草叢生，身中瘴毒。歸家，因瘴疾而死。時於一三二一年九月中旬，但丁年五十六歲。

拉芬那諸侯桂多・諾維洛（Guido Novello）以詩人葬禮葬但丁。但丁身穿詩人袍，頭頂士冠，置於一古代石棺中。石棺存於拉城方濟會院聖堂，堂中設墓室，建石坊，以迄今日。

三、

但丁的相貌，依照翡冷翠當時著名散文家波佳秋河（Boccaccio）的記載，身裁中等，長臉，隼鼻，眼大額廣，嘴骨寬大，下唇高伸。背稍屈，皮膚棕色。蓄髮留鬚，髮有波形，鬚深黑。性情沉鬱，深思少言。但是意大利今日所有但丁畫像和銅刻，都是壯年的但丁，淨面無鬚。

但丁的性情呢？壯年的但丁，沈鬱少言。然而少年的但丁，必是活潑輕佻。他的少年著作《新生集》，半詩半散文，盡情表現他少年的浪漫生活。全集所歌的，雖有白雅黎絲其人，可是其他女郎進入集中牽動他詩情的，還有六人。戀愛詩歌所寫的戀情，雖是柏拉圖式的精神戀愛，但是少年的但丁，爲一好色之徒，則是後人的通論。歐洲中世紀詩人，有點像中國的儒家君子，作詩言志，不能寫男女的肉慾，很少談夫妻閨房的愛，不過他們又培養著騎士之風，以戀愛女人爲光榮，復以精神之戀，來掩飾自己的不道德的行爲。中國的詩詞家，則流於諷頌歌伎了。

然而但丁對於女人，究竟有異於凡人。他始終忠於一個女郎──白雅黎絲。白氏女並不愛他，但丁也沒有膽氣向她表白。他所有的愛情，僅只表現於詩歌，他的心，雖鐘情於白氏的美貌，然而他所想望的，則是女郎的美德。在白雅黎絲去世以後，但丁對她美德的想望，逼著但丁將她逐漸精神化，終於把她變成了《神曲》中的聖女。

《新生集》所收的詩歌，但丁自認爲典雅之作。詩歌形式雖係意大利白話新詩，不用拉丁古文，爲意大利新文學開路。詩歌的用辭鍊句，則經過一番苦心。凡過於近俗的詩歌，都沒有收在集裡。後來他又從集外的詩歌中，選擇了十四首戀歌，自加註解，以成《座談集》（Convivio）。可惜他只註解四首戀歌，就此停筆。《座談集》的詩歌裡，多表示他思戀白雅黎絲之深。書尾，但丁許下要替白雅黎絲寫一種超乎以前古代各種詩歌的新詩，以表頌揚，但丁或許這時已經想像日後的《神曲》了。

戀愛女色雖是少年但丁的俗情，但是他還有另一種很強的情感，便是政治。但丁不像歐洲一般的詩人，優游好閒，或唱戀歌，或作諸侯食客。但丁很有中國儒家憂世之心，以安民爲己任。壯年從政，就抱定自由政治的理想。流亡在外，呼籲羅瑪皇帝統一天下。從他當時上列國諸侯的信，和他所著的《帝制論》，可以知道但丁的政治理想很高。

但丁理想著天下有兩種最高治權，足以統治天下，羅瑪教宗的精神權力，爲天下人民的精神領導。天下萬民，信仰唯一天主教，精神歸於一統。但是羅瑪教宗應該放棄自己的國土，不加入各國的政治戰爭；斷絕塵世的政治慾，一心以基督的福音爲依歸。神聖羅瑪皇帝的政治權力，則是天下各國的最高政治權。各國諸侯分土而治，然而不能彼此爭霸，應朝奉神聖羅瑪皇帝爲國王。神聖羅瑪皇帝的權力，不是來自羅瑪教宗，不因羅瑪教宗予以加冕而領有皇權。羅瑪皇帝的治權來自天主，羅瑪教宗的教權也來自天主，兩者不相從屬。

實際的社會，距離理想太遠。但丁所希望能夠統一意大利的日爾曼神聖羅瑪皇帝，死於意大利，繼任者更不能平定歐洲諸侯，但丁乃計畫著另一種平治天下之道。中國孔子週遊列國，宣講仁義。諸侯們所想的是兵馬，不信仁義可以統治天下。孔子回魯，退而著《春秋》。孔子著《春秋》，是以歷史的褒貶警告諸侯。他們不怕眼前的報應；身後千年的毀譽，難道可以不關心？孔子在《春秋》裡，嚴加正名：一個字可以使一位諸侯或權臣，留芳百世；另一個字可以使一位諸侯或權臣遺臭萬年。孔子的仁義政治學，成爲一冊政治史。孔子在《春秋》裡，自居諸侯王公以上，按仁義而判決他們的一生。

但丁也計劃了以《春秋》警告天下的著作，他寫成了空前絕後的《神曲》。《神曲》不是一冊通常的詩集，更不是希臘的神話，《神曲》是但丁按照自己的政治理想，對於天下王公士子的判決文。他神遊地獄、煉獄和天堂，遇見已死的名公巨卿，皇帝教宗，士子走販，這些幽魂，每一個都已經有了各自的位置，或在獄中，或在天鄉。在地獄的幽魂，是在生作惡的；在煉獄的幽魂，是懷罪待赦的；在天堂的幽魂，則是永清玉潔。幽魂的判決權在天主。但是《神曲》中所安置的，乃是但丁本人所定。他喜一人認爲善人，便遇之於天堂；他恨一人認爲惡人，便見之於地獄。身後永苦永福的賞罰，難道還不足以動諸侯王公的心嗎？還不足以鞭策他們向善嗎？彌開朗琪羅畫家的偉大壁畫，爲西斯篤殿的最後審判圖，最後審判即是基督判決天下萬民的善惡，決定他們或登天堂，或下地獄。當時教宗的典禮官長，極力詆譏彌氏的裸體畫，罵以褻瀆神殿。彌開朗琪羅便把典禮官長面貌，畫成地獄裡的一個惡鬼。不過彌氏所畫三百一十四個裸體人，除了一兩個真的人像外，都是他自己所想像的人圖，假使他的三百一十四個人像，都是描寫真的人像，誰在天上，誰在地獄，大家豈不譁然大鬧。那幅畫不是真正成了審判的圖嗎？米開朗基羅不願吃那種無謂的官司，他不敢自以爲基督，自作審判世人的法官。

但丁的《神曲》，則是一冊判決文了；但丁自比基督。凡所喜者，置於天堂；凡所惡者，置於地獄。教宗鮑尼法斯八世，被但丁在地獄火中尋到。白雅黎絲女郎，乃爲天堂的明星，引導但丁神遊天庭，朝見天主。

但丁的自信心極高。他在世不爲人知，命運很薄。他在《神曲》裡便藉所遇幽魂的口，說出誇張他的才學道德的話。他對他自己，也加了評價，評價很高。

四、

《神曲》一書，在天下各種宗教的經典外，算是最受人誦讀的一冊書。只有中國的《四書》可以和《神曲》相比。中國歷代讀書人，誰不讀《四書》？意大利的讀書人，誰又不讀但丁《神曲》呢？中國於今學校裡雖已廢了《四書》，意大利於今的學校，卻必要讀《神曲》。

《神曲》一書是天下第一詩史。是意大利第一詩集。這冊書不像希臘以神話傳說而成的詩史，乃是以神學而構成的詩章。這冊詩集不是抽象或籠統的哲學格言，乃是極具體極動人的詩篇。詩的藝術，造到極峰；神學和歷史的學識，富於百車。

全書分三篇：地獄、煉獄、天堂。曲首，冠以開場曲一章。每篇詩歌三十三章，三篇共九十九章，全書詩歌共一百章。

天主教的信仰，信人死後靈魂不滅，肉體也將在天地終窮的一刻，從灰塵中復活，和靈魂重新相結合，永遠不死。人的來生，有兩處歸宿，或升天堂，或降地獄。凡是怙惡不悛的人，死後，靈魂下地獄受永苦，凡是心潔無罪的人，升天堂享永樂。若是悔過而未洗清罪罰的人，死後靈魂入煉獄，受苦補罪，等候罪罰償清了，便登天堂，永福無疆。

但是天主教的信仰，只確定基督和聖母瑪利亞，以及教會所敬的聖人，升登天堂，對其餘的人，都不說死後靈魂究在天上或獄中。天主教的信仰，也只信天堂爲永福之所，地獄爲永苦之所，對於天堂地獄和煉獄的具體情況，則不加細說。天主教的神學，說明天主爲至淨至全的精神，三位一體。天堂之樂，爲精神之樂。聖人和天使，在天堂享受的精神樂，是在欣賞天主神體的無窮美妙。至於天堂生活的具體境遇，天主教神學不能講解，因爲是超乎人的想像以外，理智沒有觀念可以描寫。

但丁是一位篤信天主教的信徒，又是一位精通神學的思想家。少年，在翡冷翠時，常往市內道明會和方濟會的會院聽講。當時道明會會院內有一位神學教授，名葉洛拉彌（Remigius Girolami），曾在巴黎受教於神學泰斗聖多瑪，方濟會會院當時有一位主張苦修生活的修士，名何理護（Pier Olivi），但丁跟著他們兩位，研究了神學。

為把神學的觀念美化為詩，但丁利用了希臘和亞拉伯的神話：這兩方面的神話，曾產生了許多的地獄惡鬼，曾描寫了各般的地獄刑罰。但丁便把這些神話裡的惡鬼和苦刑，搬入地獄以內；再把歷史上的有名人物，放置在來生的三個國度裡，於是他的一部《神曲》，便不像一冊神話，也不像一冊幻想的童話，而變成一冊生動活潑的詩史了。這冊詩史，要由一個明瞭天主教神學，希臘神話和歐洲歷史的讀者去賞識，要由一個熟識意大利的讀者去欣賞。若用生澀的散文翻譯，則會把一冊優美活潑的詩史，變成枯木蕭條的無謂散文。

但丁根據亞拉伯神話，將地獄放在地的中心。地獄分九層，惡人按淫逸、強暴、欺詐等罪，分層受罰。煉獄遠居大洋之中，形似一火山，山高九仞，償罪的幽靈按照罪惡輕重，分在九仞受苦，天堂則在天上，為光明不夜的精神之城。天堂也分為九天，提級而升，天主居九天主上。

但丁幻想自己於一三〇〇年四月八日，耶穌受難紀念節，走進一座叢密的森林中，迷路不能出。林中忽然躍山獅、一狼、一箭豬擋住去路，但丁驚惶失措，尋路逃生。林端樹梢驟然現出古拉丁詩人魏智理（Virgilius）的幽魂，因天堂聖女白雅黎絲之託，特來救護。魏氏告誡但丁，森林為人世，獅、狼、箭豬為強暴、欺詐和淫逸的情慾，要戰勝三種野獸情慾，應該至來生的國度一遊，知道了來生的究竟，人便不能不正自己的心。魏氏願充但丁的嚮導，引他往遊來生的國土。但丁壯壯膽氣，願意跟著他去走一遭。

走進了陰間地獄，在獄門前廊，遇著不生不死，呻吟不息的幽魂。這些幽魂，在生時就是不生不死，無所作爲，不善不惡，既不能升天堂，也不致進地獄。但丁輕鄙這些人，罵他們是從來沒有生命的人。天堂不要，地獄也不要他們。

第一層地獄爲無苦地獄。沒有聽到耶穌降世的福音，不信基督的善人，死後聚齊在無苦地獄中。但丁看見古代的名哲和賢豪，他們都是深思少言，面貌莊嚴。但丁去過了無苦地獄的七層城門，渡過了護城河的弔橋，進入了真正的永若地獄了。閻王米諾色（Minosse）高踞第二層獄門，好色好淫的幽魂，沉在第二層的火雨中；醉酒貪味的幽魂，困在第三層的火坑裡；慳吝愛財揮霍無度的幽魂，在第四層的煙火裡輾轉；憤怒暴燥懶惰不仁的幽魂，在第五層的火燄裡呼號，第六層地獄拘禁攻擊真理，宣傳異端邪說的幽魂，幽魂苦入精髓，但禁不作聲；第七層地獄，火燒在生害人害己，強暴橫行的幽魂，居心不良，詐人肥己的魂，罰在第八層地獄；違背天良，賣友賣主的幽魂；罰在第九層地獄。違背天良，心無情感，地獄的火坑，變成了冰冷的冰湖。賣友賣親，賣主賣國，沒赤心的幽魂，罰在冰中硬凍。負賣耶穌的茹猶達斯，和背叛天主的魔王，居在冰城的中央。

出了黑暗的地獄，魏智理和但丁重見了繁星滿天的青天。東方已漸作白。遙遠渡來一小舟，舟上有煉獄的牢官。牢官聽說天堂聖女白雅黎絲命但丁入煉獄一遊，乃來相迎。牢官又囑魏知理拭去但丁臉上在地獄所蒙的塵穢，整衣入舟，渡登小島，登山上煉獄。

煉獄分九仞。九仞列成三部。前部爲候獄，中部爲煉獄，上部爲地堂。候獄裡的幽魂，是在生有罪，臨死纔懺悔的幽魂，他們要在候獄裡受罰，補償遲遲悔過的惰心，等候進入煉獄，再贖罪惡。

走過了候獄，登臨煉獄牢門。一天使守門，但丁向天使痛悔自己一生的罪過，天使予以赦宥，啓門使入。煉獄有七仞，每仞有一種罪惡的過犯。初仞是驕傲人，二仞是嫉妒，三仞是憤怒人，四仞是懶惰人，五仞是慳吝人，六仞是貪饕人，七仞是淫逸人。煉獄的火，焚而不傷。受刑的幽魂，寧靜不怨。煉獄的牢獄內，照著希望的太陽。在希望登天的陽光裡，幽魂們等候出牢的時辰。

但丁和魏知理踏過煉獄的火牆，走入地堂。地堂爲地界的福地，原來是人類的始祖亞當和夏娃的居所。但丁疲倦過甚，席地而睡，一睡醒來，身在神秘林中，白光高照，香花滿地，魏知理詩人向但丁告辭，他非天朝神聖，不能引導但丁上天觀光。聖女白雅黎絲乘車從天而降，指責但丁的無情，指責但丁的罪惡，但丁痛哭懺悔，投身靈河，洗淨業污。

週遊地獄和煉獄的途中，但丁遇見古代的暴君虐王，遇見荒淫無度的王公，遇見古今的羅瑪教宗，遇見已故的詩人文士。但丁和他們交談，聽他們暴露在生的罪惡。在幽魂們的自白裡，但丁發揮自己的政治理想。

地獄的火國，昏暗臭穢。但丁用盡幻想，描畫千百的六頭四臂窮凶極惡的惡鬼，長身短體板臥呆立的幽魂。三十三章詩歌，章章令人驚心動魄。煉獄已經屬於光明國度，周圍有綠水青天。但丁在詩章中，發揮歌詠自然美景的本領，寫成美麗的田園詩篇。

天堂的情景異於地獄，煉獄。天堂不可感覺，天堂沒有物質，天堂是精神的光明，天使和聖人的永福。是欣賞天主神體的奧妙，精神觀精神，光明對光明，感覺不能感觸，想像不能達到。天堂而且是無限的，是不變的。無限和不變，便是人所不能名、不能說的了。但丁《神曲》藝術之高，乃是能將不能名、不能說、不能感觸、不能想像的天堂，寫成了可以想像，可以傳述的精神光明，但丁的天堂不失爲精神，不失爲光明；然而又是極生動，極引人入勝的樂境。

但丁想像天堂的前廊，安置在月亮、水星和金星。在這三星以內有三層天堂的聖人。他們在生，善志不很堅強，俗心也頗沈重。第四層在太陽。太陽的靈魂，在生沒有過犯，努力向善，太陽的聖人中，有賢哲和神學士。他們在生以自己的理智力，光照眾人。他們的靈魂，沒有形像，乃是一團的火光。火星爲第五層天堂，堂中聚齊爲信仰而殉道的靈魂。他們齊成十字形，光耀奪目，沒有言語可以表達。但丁在十字隊行伍中，聽到了自己高曾祖訓話，高曾祖賈洽貴達（Cacciaguida）述說在生因爲十字軍而遭殺，嚴詞責斥翡冷翠市民日趨卑污。第六層天堂居於木星，木星爲聖賢君王的樂所。君王的靈魂排成「好義」一語，繼而變成鳳凰形。由木星飛上土星，升入第七層天堂，堂內住著在生修身靜觀隱士，他們在生時就心對天主，靜觀天主的神性。他們的聖魂列成一道光明的金梯，上升天庭。專於靜觀（妙觀）的聖人達米盎（S. Damianus），在金梯上向但丁歌讚靜觀的神妙。白雅黎絲手拉但丁，步上金梯，攀入第八層天堂。第八層天堂位在一群恆星上。白雅黎絲引著但丁，立在宇宙的天頂，下瞰眾天和下土，女郎吩咐但丁觀看地球之小，細察人世昏暗。女郎忽又抬頭向上，等著奇妙的神示。但丁也昂首上視，看見了天使成行排列，聖母瑪利亞立在中央，天使嘉爾捧著金冠，安置聖母頭頂。但丁忽又神見耶穌的聖徒，光如恆星。星光更亮的聖伯多祿，飛進但丁，聽著白雅黎絲請求，乃考問但丁的信仰。考問畢，聖伯多祿讚美但丁信仰的純潔，但丁便聲高氣揚，歌唱自己的偉大。白雅黎絲再引但丁高升八天以外，走近位居中心的天主。但丁神見一朵安靜不動的神光，九隊天使圍繞神光歌舞。舞畢，列成一朵玫瑰花形，花瓣裡包有八層天堂神聖。白雅黎絲飛登自己的坐所，顧視但丁作笑。但丁神魂搖搖，高歌女郎聖潔靈魂的高節。詩人心裡俗情消散，只願留在天堂，不歸塵世。聖伯爾納（S. Bernardus）乃代但丁向聖母瑪利亞唱詩祈禱。聖母乃引但丁進入光明，稍窺天主三位一體的神妙，但丁的歌曲，也是輕靈不著物質了，只有光，只有安祥的妙觀。

五、

《神曲》作於什麼年代呢？

有的人想，當但丁結束《座談集》，許下以一種特別的著作，去頌揚白雅黎絲時，他腦海裡就計劃寫《神曲》了。這種計劃可能有，也可能沒有，誰也不能證明，但是在一三一四年時，但丁自己提到描劃地獄陰間的曲集。在那一年以前，地獄和煉獄兩曲，必定已經抄寫傳世，天堂一曲大約也寫好了。至於開始的時期，可能在一三〇七年左右，但丁在流亡生活中，感慨甚多，動筆寫曲。《神曲》在開始時的名字，簡單稱爲《戲曲》；有似中國的元曲，體裁輕鬆，語意詼諧。但《戲曲》漸漸進入神學領域中，詩意變成嚴肅，普通的字句和情調，都不適用；但丁乃大顯自己的詩才，振升天入地的手腕，造新句新調的詞曲，把《戲曲》變成了聖詩，後代人乃稱但丁的聖詩爲《神曲》（Divina Commedia）。

《神曲》出世，雖不能像中國古時所說的洛陽紙貴。但是當代意大利人已經看出詩集的偉大。但丁兩個兒子—雅各伯和伯多祿，在父親去世後，寫了兩種《神曲》的註釋，五十年內，意大利的大學裡就公開講解《神曲》了。翡冷翠城設立講座，委任文學家波佳秋河（Boccaccio），在一座教堂內講解《神曲》。從此以後翡冷翠在精神上領回了自己一個兒子，高捧但丁爲本市的光榮。文藝復興時，意大利其他城市有復古之風，崇尚拉丁古文，但丁白話詩乃被輕視。翡冷翠則忠於但丁，敬愛不衰。印刷術既傳到意大利，翡冷翠城所印出的第一批書籍，便是但丁的《神曲》和他的《新生集》。復古之風既過，但丁神曲身價愈增。到了今日，但丁在歐美的文藝界，算是前無古人，後無來者的大詩人。可以和但丁相比的，古代只有拉丁詩人魏知理，近代只有德國詩人歌德。魏知理有《愛奈德詩史》（Eneide），歌德有《浮士德》（Faust）。

但丁自己屢稱魏知理爲師，神遊地獄煉時，奉他爲嚮導。歌德深愛意大利的風景古蹟，屢過拉芬那拜但丁墓。偉大的詩人，千百年間，彼此心神相契，互作知己。

註：

本文參考書籍：

㈠ Giovanni Papini:Dante Vivo. 1933, irenze.

㈡ Giuseppe Lando Passerini: Vita di Dante, 1929 Firenze.

㈢ Nicola Zingarelli:La vita, i empi e le pere di Dante. Vol.

㈣ 2. storia lette d'Italia. 1931. Milano.

㈤ Michele Barbi:Dante Alighieri（Enciclopedia italiana Vol. XII, p.327-708）

㈥ 但丁 盛成著 見中意文化論集（現代國民基本知識叢書第四輯）。

一、彌開朗琪羅逝世四百週年

一五六四年二月十八日，在羅瑪的寓所裡，九十歲的大藝術家彌開朗琪羅奄奄地斷了氣。圍在病榻四週的，有他三個忠信徒弟：達業樂（Daniello da Volterra），多瑪（Tommas o del Cavaliere），狄麥德（Diomede Leoni），和一個忠實的老僕安多義。彌氏最後的遺囑吩咐：把自己的靈魂交於天主，把自己的肉體葬在土中，在臨危時徒弟們應給他講述耶穌被難的情景。二月的天氣，羅瑪是陰雨嚴寒。二月十八日，那一年正是星期五，守齋紀念耶穌被難的日子。奄奄一息的彌老，聽著徒弟們誦念記述耶穌被難的聖經，很安祥地離開了人世。

彌老在生時，不是一個安祥的人，他是個動輒氣憤填胸，遇事即拂袖而走的藝術家。他安祥地死了，屍體則遷徙了五處。死後，棺材移到寓所附近的宗徒堂，舉行葬禮。禮畢，彌氏的姪兒里納多（Lionardo）在夜裡偷偷地把棺材用布包裹，同別的商品包袱一齊裝在運貨的馬車上，運回彌氏老家翡冷翠城。先安置在聖伯多祿堂，次移於聖十字堂，再遷到聖羅蘭堂，最後，運回十字堂，和意大利人但丁，及其他大思想家，一同葬在這座聖堂裡。

葬在翡冷翠城聖十字堂裡本是彌氏本人的希望。他生前曾向管聖十字堂的神父們建議，一間小堂，他自己花錢，他自己作畫，他自己刻像，他死後便葬在這間聖堂裡。彌氏知道聖十字堂，是政府葬國家名人的墓地，他自信可以葬在這座堂裡，但是管理這座堂的神父們不能自作主張，不能接受彌氏自建墳墓的要求。後來政府果然決定把彌氏的屍體葬在這座堂內，可是堂中缺了彌氏自己設計的墓堂，世界少了一件最可貴的藝術品。於今所留下的，只有保存翡冷翠城花圃聖母堂（S.Maria del Fiore）的一尊「母心憂苦」（Pieta）的石像，像上有尼各德莫老者，爲彌氏老年對自己的寫真。這尊石像是彌氏預備放在自己墓上的。

二、

彌開朗琪羅，爲意大利翡冷翠城人，姓薄納洛提（Buonarroti），彌開朗琪羅，是他的名。生於一四七五年三月六日。六歲，喪母。八歲，就學於塾師方濟（Franccsco da Urbino）。體弱，不喜書，喜繪畫。

在歐洲文藝復興時，羅瑪和翡冷翠是當時的文藝中心。一四六九年翡冷翠自由國，立羅蘭・墨提啓（Lorenzo Medici）爲君。羅蘭雄才大略，性喜文藝，有「大羅蘭」之號（Lorenzo Magnifico）。宮中養藝術士甚多，如彌格洛星（Michelozzo），山加洛（sang-allo），波提車里（Botticelli），波拉約洛（Pollajolo），魏洛基（Verrocchio），伯鐸多（Bertoldo）等，皆藝術史上有名的人物。翡冷翠城中，當時已有第一流的藝術作品，如聖馬爾谷修院內，有安琪利各（Beato Angelico）的壁畫，聖雅波洛尼堂（Sant' Apolonia）有安德肋・佳斯大鳥（Andrea da Castagno）的巨畫，聖十字堂有齊禾多（Giotto）的名作，聖衣會修院有馬沙秋（Massaccio）的畫品。還有道納篤洛（DDonatello）的雕刻，名極一時。彌開朗琪羅少時，便出入在這些聖堂中，對著名畫、名刻出神。十二歲時，認識了鄰居一個學畫的青年，格拉納奇（Francesco Granacci）。格拉納奇曾在黎壁（Filippino Lippi）畫家處習畫，又在齊蘭臺（Girlandaio）畫師處工作。格拉納奇時年十八，知道了彌開朗琪羅的嗜好，遂勸他進齊朗達樂畫室從師。彌氏那年方十三，有時在壁上加畫，畫師看了很以爲奇。

十五歲，彌氏受知於翡冷翠國君大羅蘭。羅蘭認他爲義子，養在宮中，和公子、公主同桌共食，又在宮中藝術苑裡從伯鐸多（Betoldo）學雕刻。藝術苑中有一同學，名伯多祿，姓杜里讓諾（Petro Torrigano），體壯氣盛，常輕視彌氏的身材小、面貌陋，更妒忌彌氏的手腕高，雕刻美。彌開朗琪羅的性格從小也很傲梗，喜嘲笑。一天，在聖衣修院聖堂觀馬沙秋的畫時，彌氏嘲笑杜里讓諾，杜氣極，猛以一拳打彌氏的鼻樑，打碎了鼻骨，彌氏血流如注，昏倒地上。杜里讓諾逃出翡翠城，彌氏終生缺了鼻樑，面貌更形不揚。

在宮中住了四年，當時大羅蘭已逝世，法國皇帝加祿八世，率兵征意大利，彌氏從翡冷翠逃走，赴威尼斯，轉回波洛搦（Bologna），在城裡爲聖道明的墳墓雕刻三尊石像。

在波洛搦住了幾乎一年，一四九五年秋，回翡冷翠。大羅蘭的一個堂弟，名字也叫羅蘭，收留了少年的彌開朗琪羅，彌氏雕一尊小愛神（Cupido）睡眠像，羅蘭認爲雕刻之真，可以充古代希臘刻像，遂把石像充作古董賣給了羅瑪的一位樞機。樞機名拉法厄，姓黎雅利（Raffaele Riario）。察出了欺騙，派人到翡冷翠查詢，查出了刻像的青年，便勸他往羅瑪。在羅瑪彌氏雕刻了一生得意的絕作「母心憂苦」石像（La Pieta'），供於聖伯多祿大殿中，時彌氏年方二十四歲。

一五〇一年，回翡冷翠，彌氏在一醫院墓地，夜間解剖死屍，研究人身筋骨的結構，日間運鑿運錘，雕刻石像。這次在故鄉住了三年許，雕刻了於今屹立翡冷翠市政府側的達味石像，刻了先納主教座堂祭壇側的石像四尊。又起草了翡冷翠政府議會廳的壁畫。少年的彌氏，名譽已經很噪。爲了畫政府議會的壁畫，政府選聘了兩人，一爲久已聞名的達芬奇

（Leonardo Da Vinci），一爲新起少年彌開朗琪羅。先納主教座堂的石像，乃是爲紀念羅瑪教宗庇護二世，契約上原定石像十五尊。

一五〇四年，教宗佑理二世（Julius II）召彌氏來羅瑪，入宮供職。佑理二世計劃爲自己建一陵墓。命彌氏畫圖形。彌氏繪了一座三層高而四方形的陵墓，下層周圍置多尊象徵人世痛若的奴隸像，中層是位雄才大略的教宗，心喜彌氏圖形的雄壯，批淮了圖形，遂命動工。彌氏親自往大理石山上採石，運到羅瑪。爲裝置陵墓，佑理二世下令改建聖伯多祿殿（聖彼得大殿），使殿宇宏敞，陵墓裝置殿中。大殿工程師布拉曼德（Bramante）妒彌氏之才，向教宗進讒言，佑理二世遂疏遠彌氏。彌氏大怒，離羅瑪，返回翡冷翠。一五〇六年，佑理二世，巡視波洛搦城，彌開朗琪羅往見，教宗命造他的銅像於波洛搦。銅像於一年內鑄成，彌氏乃回翡冷翠。一五〇八年暮春，彌氏再赴羅瑪，想繼續佑理陵墓的雕刻。佑理二世忽下令，命彌氏繪西斯篤殿殿頂的壁畫。彌氏把自己關在小殿裡，每天蹲足仰頭，繪畫殿頂。畫了三年，在一五一一年八月十日，壁畫的第一部揭幕。佑理教宗很滿意，布拉曼德非常驚奇，那時正在教宗宮內繪壁畫的天才畫家拉法厄樂（Raffaello），也大爲嘆服，次年十月底全部殿頂壁畫完成。彌開朗琪羅大畫家的聲譽，也就永垂不朽了。

一五一三年佑理二世逝世，「大羅蘭」的一個兒子若望樞機被選爲教宗，號稱良第十世。彌氏本來是新教宗的義弟，青年時曾同居共席；但是兩人的性格絕不相同。良十世是一富家子弟，喜豪華，沒有剛毅的性格，因此他不喜歡倔強盛氣的彌氏，而愛溫柔細緻的拉法厄樂。彌氏這時和佑理教宗的親屬簽訂了契約，於七年內速造佑理二世陵墓，雕刻了六尊奴隸像，但爲粗形，沒有加細工。又雕了摩西像。摩西像有普通三人之大，全像純白。摩西正襟危坐，長鬚覆胸，右手執十誡，左手撫膝，氣宇威嚴，使人不敢逼視。石像成了彌氏的絕世傑作。

一五一五年，良十世出巡波洛搦，路過翡冷翠，想起了祖父所建的聖羅蘭堂，正面的門面沒有竣工，於是命當時有名的建築師們繪圖形，然而沒有一張圖形如他的意，因而召見彌氏，囑他繪圖。彌氏呈圖，教宗很喜歡。圖形的門面，有石像二十二尊，下層還有七塊浮雕，教宗吩咐雇用助手，彌氏答以獨自雕刻，約定於八年內完成。一五一八年，彌氏離羅瑪，赴翡冷翠動工建造。兩年以內，赴山採石，入城築木架，對於石像，則一無所作。良十世遂於一五二〇年下諭停工。彌氏悲嘆這次工程爲他一生最大悲劇之一。

在這一段時期內，彌氏在翡冷翠只雕了一尊石像，是一尊耶穌手抱十字像，像有一人之高，是一五一四年在羅瑪和人訂約預定的。

聖羅蘭堂的門面沒有造成，「大羅蘭」的一個姪兒，名佑理，當時是翡冷翠的樞機，乃召彌氏，令在堂內造一墓室，作爲「大羅蘭」和他父親及從兄弟奉安之地。彌氏曾爲「大羅蘭」的義子，不能推辭，遂動筆繪畫圖形。

良十世逝世於一五二〇年初，雅德讓六世（Adrianns VI）繼位。雅德讓出身荷蘭，治身嚴格，不喜藝術，尤其厭惡彌氏在西斯篤殿頂所繪的裸體畫，想下令拆毀。但在一五二三年即去世。翡冷翠的佑理樞機當選教宗，號稱格肋孟七世（Clemens VII）。格肋孟教宗更以教宗的權力，催促彌氏用心 建造聖羅蘭堂墓室。

聖羅蘭堂墓室，世稱墨提啓氏（Medici）墓室，於一五二一年動工，至一五三四年落成。這座墓室是彌開朗琪羅一生所擬的建築物中，唯一全部成功的作品，建築圖樣是他畫的，石墓是他設計的，墓室的石像都出自他的手。「深夜」、「微明」、「朝陽」、「日中」四尊石像，兩男兩女，象徵人生的迅速，象徵時間的意義，表現了彌氏雕刻藝術的純熟老練。那時彌氏正是五十至六十歲之間。

建築了墨提啓墓室，彌氏回到羅瑪，再不往他處了。就在那一年十一月五日，新教宗保祿三世加冕。保祿教宗從翡冷翠召回彌開朗琪羅，令他繪西斯篤殿正中殿壁的壁畫，彌氏的心思，則留連佑理二世的陵墓，想加刻石像，抵於築成。教宗保祿卻令他和佑理家族改約，一心繪畫殿壁。於一五三五年夏動筆，在正壁繪畫「終審判圖」（最後審判圖），繼續畫了七年，「終審判圖」於一五四一年十一月一日揭幕。全畫人物共三百餘人，男女俱爲裸體，沒有一個不自具形像，特有表情。四百年來，這幅壁畫受人的崇敬，譽爲曠世的絕作。可是在一祈禱聖地，正壁上畫了三百十四個裸體，連基督和聖母也沒有衣飾，引起教會人士群起攻擊。教宗庇護四世，於一五六六年令在裸體上，稍加衣飾。

西斯篤殿壁畫既成，彌氏已成蒼顏華髮的老翁了。次年，一五四二年，保祿三世又命彌老在西斯篤殿側的保祿殿，繪左右兩壁的壁畫，彌老卻又想起佑理二世的陵墓，願意再動手刻像，教宗不允。彌老再和佑理家族改約，新約簽定以後，纔盡心繪畫保祿殿，一壁畫保祿宗徒歸正史，一壁畫伯多祿宗徒殉難史。兩壁壁畫前後共畫了八年。中間彌老因兩次重病，停工頗久，一次又因火災而停頓，直到一五五〇年，兩畫完成。兩畫的情景，不像「終審判圖」的緊張生動，但是在莊嚴靜穆之中，表現了極深刻的信仰精神。彌老自己曾說壁畫不是老年人可作的事。兩壁完成時，彌老年已七十五了。

在保祿殿壁畫尙未繪成時，保祿三世又加給彌老他種工程，命他擔任聖伯多祿的工程師，又兼管羅瑪市政府大樓和教宗家族華耐瑟大樓（Palazzo Farnese）的建築工程。

聖伯多祿殿的建築工程，由佑理二世奠基，布拉曼設計。彌老雖知道布氏對自己的妒忌，然而對於他所繪的聖伯多祿殿建築圖樣，心中佩服，且屢向人爲他辯護。布氏死後，繼任工程師，修改了原有圖形，減少了原圖的雄壯，增加了纖小的細工，彌老心甚不平。一五四七年保祿三世任命彌老爲聖伯多祿築殿工程師，彌老知道這件工程的困難。布拉曼德以後，拉法厄樂・白路慈（Balda Peruzzi），山加洛（Antonio da Son Gallo），繼續指揮建築，繼續修改圖樣。彌老勉強接受了任命，就已經建築的基礎，恢復布拉曼德原圖的宏偉，再加擴充圓頂的莊嚴。一五六〇年彌老因反對黨人的不斷攻擊，呈請辭職，教宗庇護四世慰留，彌老乃監督大殿工程，直到逝世。

垂暮的彌老，仍捨不下心愛的雕刻。老年運錘，又刻了一尊「母心憂苦」石像，安置於翡冷翠城的主教座堂裡。彌老去世時，在他的寓所裡，存有另外一尊「母心憂苦」石像，未完工，是他的最後作品。

三、

彌老的藝術品，史家和批評家都奉爲絕世的珍作。他留有雕刻的絕作，留有建築的絕作。在世界藝術史上，是一位三全的絕頂作家。

他藝術品之美，是美在有精神，每一人，每一肢體，每一線紋，都有表情的意義。他的藝術精神，是雄偉、是生動、是深沉。彌老所刻和所畫的人物，都是筋骨畢露，氣態剛毅的人物，不是光滑潤澤的美女。

他的藝術品有如其人。彌老的外表，雖非氣宇軒昂，一表不凡的人物：他身體弱，頭大，臉小，鬍鬚長，但是他的氣態大，意志強，感情甚深，思想很高。

一位偉大的藝術家，不僅是一個手藝高明的畫匠或雕刻匠。匠人的作品，只有筆法或雕法好，但不能有高尚的精神，有如中國古代畫院的院畫。偉大的藝術家，該當有偉大的思想或宗教情愫。中國文人派的字畫，因此具有高尚的價值。

彌開朗琪羅，是有思想的人，文筆也好，他喜歡研究當時的學術，喜歡與文士往來，而且喜歡作詩。他爲藝術而獻了自己的一生，沒有結婚，沒有家室。

六十三歲時，彌老在羅瑪結交了一貴族寡婦：維多麗雅侯爵夫人（Vittoria Colomna）。侯爵夫人時年四十六，失偶，居娘家，以賢慧名於羅瑪；信天主教甚虔，喜談哲理，府第中常聚文人學士。彌老和她交情很篤，受她的影響也很深。當時歐洲正當路德倡導改革宗教的時候，無論相信或反對路德的人，都主張改革教會和社會的風氣。彌老青年時，在翡冷翠曾喜歡往聽沙瓦洛納（Savonarola）的講道，沙氏從教堂的講壇上，高聲疾呼，勸告人們改過，革新自己的生活，以免天罰，沙氏言辭的鋒利，有如口中噴火。人們厭惡他的咒罵，把他判爲邪道，罰在火中焚死。彌老一生常記著沙氏的沉痛講辭，他不伯任何人，只怕天主。維多麗雅侯爵夫人，也是傾向嚴格生活的，主張改正文藝復興運動所引起的淫靡奢侈的習氣。彌老浸沉在這種思想裡，繪了「終審判圖」，表示善惡的賞罰，又繪保祿歸正圖，表示行善是靠天主的恩賜，再繪伯多祿殉道圖，以表信主的虔誠。彌老尤喜雕刻「母心憂苦圖」。母心憂苦石像是耶穌被釘死後，徒弟卸下屍體，聖母瑪利亞抱屍在懷的寫真。彌老以基督被難為人類歷史的中心，整個人類應如聖母懷著在卸下基督死屍時的痛苦心情。老年雕刻這像時，彌老把自己的真容，刻在一個徒弟尼各德莫的臉上。而且這尊石像，他是想要安置在自己墓上。

彌老的性格，剛毅正直，他一生曾有三次藝術悲劇，第一是先納成主教座堂祭壇的悲劇。第二是佑理第二陵墓的悲劇。第三是翡冷翠城聖羅蘭堂門面的悲劇。三次悲劇，都不是他自己有意造成的，乃是因教宗強他改做其他工作。彌老的心情，並不因而安定：雖然三次的契約，都經過訂約的雙方。從新修改，用教宗的權力，予以解除；彌老常是最歉於心，自愧不能踐約。

彌老對於自己的作品極有信心，不畏人的批評。他一生遭人攻擊最多的是建築聖伯多祿大殿的工程。因為他要拆毀前任工程師所建的部份。前任工程師的徒弟和朋友，群起攻擊，散佈流言。一五五一年，主管聖伯多祿大工程的撒維雅底樞機（Salviati）和車威儀樞機（Cervini），也聽信了流言，往奏教宗。教宗佑理三世，召集樞機，向彌老詢問真相。當時有人記錄說：

教宗管理大殿人員說新建的圓窗，光線不足。

彌氏答說：「我願意聽這些管理人員的意見。」

車威儀樞機道：「我們願聽你講。」

彌氏向他說：「閣下，在這個窗下上面將有橫樑三根。」

樞機反問道：「你從來沒有向我們說。」

彌氏答說：「我沒有責任，而且也不願意有責任向閣下或任何人報告。閣下所管的是建築費，是監察騙子騙錢。至於建築圖樣，閣下是給我全權繪畫。」

他轉身向教宗說：「聖父，請看我的工作代價！若是這樁勞苦，不是使我的靈魂得益，我真是白費時間和精力。」

教宗本來心中喜歡彌氏，用手拍他的肩說：「不要懷疑，你爲靈魂爲肉軀，兩得其利。」㈠

註：

㈠ Pappini: Vita di Michelangelo. Firenze 1905 p. 530

其他參考書：

Valeril Marieni：Michelangelo. Torino 1942
Genesio Turcio：The Sistine Chapel. Vatican.
Michelangelo（collezione Silvana）Milano.
Michelangelo（I maesttri del colore）Fratelli Fabri, 1964.

（現代學苑）

徐文定公生平

—紀念徐文定公誕辰四百週年彌撒講道—

古經上說：「我們讚揚我們有名的先人。天主用他因而大有光榮，後代的人都稱揚他的偉大。」

今天我們紀念徐文定公誕辰四百週年，我們是讚揚我們中國聖教會一位有名的先人。他一生光榮了天主，而且他死後還光榮了天主，四百年來，中國人都稱揚徐文定公的偉大。從今以後中國人還要世世代代稱讚他的偉大，因爲徐文定公是一位偉大的科學學者，是一位偉大的政治家，是一位偉大的教友。

一、偉大的科學學者

家徐文定公生於明嘉靖四十一年三月二十一日,公元一五六二年四月二十四日,二十歲時中秀才,三十歲時中舉人,四十三歲中進士,欽點翰林,雖說考舉人一連考了五次,考進士考了三次,那不是因爲他的文章不夠程度,而是因爲他的文章不是科舉的時文,而是文人的古文,不得普通考官的賞識。

但是就文人的古文一方面說,徐文定公並不能說是中國的一位古文大家,在中國文學史上並沒有他的名字。他的名字列在中國史乘上,除明史以外,則是列在中國學術史上,因爲他是中國現代科學的創始人,他是一位研究科學的偉大學者。

徐文定公在研究科學上的偉大之處,是他研究科學的精神。

中國歷代所重視的,是四書五經,四書五經以外的學識,都視爲小學,不足學習,中國人在歷代又自視爲天下唯一文明之邦,中國以外的民族,都是蠻人夷人。當三百七十九年以前,利瑪竇和羅明堅第一次往肇慶時,大家都看他們是蠻夷野人,後來利瑪竇畫了《萬國輿圖》,說明天下有五大洲,中國乃亞洲的一個國家,當時明朝的士大夫,很以爲怪,本來很想不相信他的地圖,可是利瑪竇說自己生在歐洲,他來中國時,經過許多國家,他的地圖便不能是假的，明朝士大夫乃大加傳播利瑪竇的地圖。

徐文定公向利瑪竇求學，不是求看他的地圖，他是向利瑪竇研究西洋的科學。第一種研究的，是希臘幾何和數學，徐文定公那時已經是翰林官，已經快五十歲了。他向利瑪竇學幾何學。手寫筆記，利瑪竇用中國話把幾何學課本翻譯出來，講給文定公聽，文定公用文字記下來。每天記錄兩三個鐘頭，然後回到家中，把筆記再加以修改，三讀三改。乃成定稿。他和利瑪竇費了一年多的工夫，譯成了《幾何原本》一書。這是西洋科學輸入中國的第一冊書。對於數學，他又和利瑪竇譯有《測量法義》，後來又著了一冊《勾股義》。

除數學外，文定公向熊三拔神父學習水利，助他寫成《泰西水法》一書。他自己在退居津門時，親自在農田裡實習改良農業，後來乃著「農政全書」。

文定公一生在科學上成就最高的，是用西洋曆法改革了欽天監，修正了曆書。崇禎二年（一六二九年）五月初一日日蝕，欽天監推算的時刻不合，崇禎帝大怒，下諭禮部，如再錯誤，對於欽天監，必重治不饒。禮部乃上疏，奏請以徐光啓和李之藻等改修曆法。皇帝諭令以徐公光啓著領修曆事，在京創設曆局。曆局該做的事，是翻譯西洋曆法的書籍。文定公當年已經六十八歲。奉到皇上的命令後，立即疏薦龍華民、鄧玉函兩位神父，助譯曆書。次年，又薦湯若望、羅雅各兩位神父。他更是「發憤忘食，樂以忘憂，不知老之將至」（論語述而），在兩年以內，三次向皇上進呈曆書，一共譯出西洋曆法書七十四卷，後來還是繼續不息，一直到崇禎六年，去世的當天，上疏奏明翻譯曆書的狀況，新譯成的書共六十卷。欽天監當時不願採用西洋曆法，一直等到清朝順治元年，才以湯若望爲欽天監，按照西洋法制成了時憲曆。

徐文定公研究科學的精神，尤其是他提倡西洋科學以補中國科學之不足的見解，是足以教訓中國士大夫知道學術是無國界的，可惜當時士大夫多以維護四書五經爲己任，反對科學。究其實際文定公提倡科學並不反對四書五經。過了三百年，中國士大夫才知道單拿四書五經，抵不過西洋的槍砲，於是才想學科學，可是已經走在人家後面三百年了。所以徐文定公真是一位有先見之明的研究科學的學者。

二、偉大的政治家

徐文定公在政壇上所擔任的職務，開始是翰林庶吉士，翰林院檢討，詹事府少詹事，兼河南道監察御史，禮部右侍郎，禮部尚書，東閣大學士，太子太保，文淵閣大學士。

他的官職，已到了明朝最高的官職了，但是我們論政治家，不能完全以官職而論，歷史上有多少庸才的宰相。而且也不能以政治上的成就評論政治家，在政治上大有成就的人，固然是偉大政治家，具有高遠的政治思想而不能實行自己的思想的，也足以稱爲政治家。

徐文定公是一位有高遠政治思想的政治家。他所以不能在政治上做出大事業，是因著明末的黨爭很激烈，而又是宦官當權，宰相不能指揮政治。

徐文定公的政治思想：

第一、見之於識時，他看清了當時的黨爭和宦官，所以兩次引退：一次退居津門，一次退居上海，終身清白，未遭陷害。

第二、見之於他向朝廷建議練兵，以抵禦清兵，他練兵的制度，有似後來曾國藩訓練湘兵。可惜他練兵已稍有成就時，朝廷宦官的黨羽，多方掣制，練兵不成。

於是他又建議，出防朝鮮，主張保守朝鮮以牽制滿清，而且可以抵禦日本。朝廷上沒有一個有遠見的人，對於他的建議，棄而不納。

當滿清在崇禎二年，大舉入關，徐光啓乃奏請自澳門購西洋大砲，保衛京師，買了了十尊火砲，運到涿州，又因朝廷不發路費，不能運到，於是又奏請在京師自造大砲，不成。乃自造火銃，還是不能見諸實行。

他在《農政全書》上，曾經說明對於中國農業，應該改良種子，應該以抽水機防備乾旱，以求水利，應該以科學方法，撲殺蝗蟲。

徐文定公具有大政治家的風度，有大政治家的思想。

三、偉大的教友

今天我們紀念徐文定公，我們尤其紀念他是一位偉大的教友。文定公於萬曆三十一年（一六〇三年）二月十一日（陽曆）去世的日子，整整三十年，常常努力修身，成爲一位有德的教友。

文定公在教友的生活上，所有的偉大之處，第一是恪守教規。對於聖教會的大小齋期，完全遵守，他到了老年，身爲禮部尙書兼大學士，仍舊是守齋，從來不苟且疏忽，而且訓令全家的人，都確實遵守。每主日，必望彌撒。萬曆三十六年聖誕前夕，他因事到南京，至了城外，迎接的人沒有來，他連夜徒步趕進城，爲望子時彌撒。當懷西公在京去世時，文定公爲父親的喪禮，一切請教於利瑪竇神父。務使喪禮盡合教規。一次，在京，聽說上海家中曾孫生病，家中僕人進廟燒香。文定公大怒，馬上寫信命開除燒香的僕人，又令孫兒分居，不能分得家產，後來因家中人解說孫兒事前實在不知情由，文定公才寬恕了孫兒。

第二、文定公用心研究教義。

當文定公在南京向羅如望神父學道時，他一個夜晚把利瑪竇神父所著的《天主實義》和《天主十誡》兩冊書讀完，第二天便請羅神父給他付洗。羅神父當然認爲所學的教理不夠，於是一連八天，整天由鍾鳴仁修士講道，八天以後，領受聖洗。文定公不以知道的教義爲足，後來在京師裡，三年工夫，幾乎每天向利瑪竇神父問道，他不但是深明教義，而且於教會修身之道，知道的很深刻。

因此他有一種偉大點，爲他人所不及的，就是他的精神修養很高。在京師時，他是每天望彌撒的。上海開教以後，有神父住在他的別墅裡，他又是常望彌撒，而且還親自輔祭。他也勤領告解和聖體聖事。當他因父喪，退居上海時，兩次赴澳門，在耶穌會的會院裡，舉行四十天的退省。因此一生實行克己，常以鐵鞭自責，身上穿有釘有刺的苦衣，對於神父，謙遜有禮，常以弟子自居，對於職務，絲毫不苟，廉潔從公。

對於聖教會更是愛護備至，保教開教可以說是他的第四特點，當沈漼仇教的時候，文定公上疏爭辨。南京教難既起，他囑咐家中人收留神父修士，好好照顧保護。保教以外，文定公又特別努力相助神父開教。他自己領了洗，便用心勸父子，供神父的住宿，介紹親友朋友到郭神父處聽道，兩年的工夫，上海領洗的新教友，卻有兩百人，文定公又以身作則，領導新教友守教規。沈漼爲相時，他又退居上海，延請畢方濟神父來上海，他自己在一年內勸化一百二十人奉教。在京時，則向自己的同僚講論教義，勸人信奉。中國聖教史乃稱文定公爲中國開教的柱石。

號稱中國開教柱石，當然是一位偉大的教友。在宗教上的偉大，乃是文定公在科學上和政治上的偉大所有的根基，因有宗教的熱情，乃能埋頭研究科學，乃能切實憂心國事。

在徐文定公誕辰四百週年，我們紀念這位偉大的先人。文定公不單是徐氏的光榮，不單是上海教友的光榮，乃是我們中國聖教會的光榮。

中國的聖教會於今適受共匪的摧殘，上海的聖教會更受共匪的蹂躪。文定公今日在天，他必定爲上海聖教會，爲中國聖教會祈禱。中國聖教會，尤其是上海的教友，必定將繼續抵抗共匪，將來必定再有興盛的一天。

今天，在自由中國的臺灣，聖教會正在開教的時期，我們希望因著文定公在天的祈禱，臺灣能有一兩位開教柱石的教友，他們像他一樣，用自己的地位，用自己的才力，用自己的德表，去保教，去開教，去光榮聖教會。

若望第二十三世

一、

「伯伯」！

恩利加把一碗稀粥放在桌上，張口驚訝地喊了一聲，又轉頭望著叔叔沙勿略喊說：

「你的哥哥！」

這時，廚房裡一張粗桌子傍，坐著三個老農夫，大的叫沙勿略七十五歲，第二個叫若瑟七十歲，第三個叫亞爾福肋六十九歲。他們是龍加里（Roncalli）家的兄弟，恩加利是他們的姪女。他們四個人剛坐在桌子上，端起稀粥來喝，櫃台上的舊收音機，忽然傳播羅瑪聖伯鐸祿殿前陽台上，首席六品樞機報告龍加里樞機被選為教宗。恩利加喊一聲「伯伯」。

「伯伯」被選為教宗了！沙勿略沒有聽清楚收音機的聲音。恩利加又喊說「你的哥哥！」——你的哥哥陞了教宗。

貧寒的龍加里家，登時大家都慌張起來了。恩利加馬上跑出去關上園門又立刻催三位叔叔換件乾淨衣服，她自己也趕急梳洗一下，回身出去開門，本村的人都擁進來了，大家連聲道賀。村外山坡上，四處燃著火，路上響著鞭炮聲。不過一會，市長來賀喜了。又不過一會，報館記者和攝影者也趕到了。恩利加心中有些疑慮，吩咐三位叔叔說：「吃飯罷，不要多說話。不然伯伯，雖做了教宗，也要責備我們胡說！」

這座意大利北部的小山鎮，名叫「山下鎮」（Sotto il monte）屬於白爾加莫省（Bergamo）處於意大利北部平原和亞爾俾叢山的交接處。山下是農田，山坡是葡萄園，龍加里家，世代住在鎮裡，耕田度日。在一八八一年十一月廿五日，龍加里家生了一個男孩，當天受洗，取名安琪爾若瑟。安琪爾行三，前面有兩個姐姐。後來他又有了四個弟弟兩個妹妹。兄弟姐妹，一共十個人。

今年夏天，安琪爾龍加里在「山下鎮」住了四十天，以往每年夏天他都回來，在鄉裡住一個月。鄉裡人雖然知道他陞了總主教，陞了教廷大使，後來也陞了樞機，當了威尼斯宗主教；但是大家和他談笑自如，如同和鄉裡一個鄰居談笑一樣，安琪爾龍加里也看到「山下鎮」從來沒有什麼變動，農田和農村生活，和他幼年時一般無異，他自己也不因地位變更而變更，他常是山下鎮的一個同鄉人，常是龍加里家的貧寒子弟。

十月廿八日，「山下鎮」的人忽然聽到自己的同鄉人，一個龍加里家的貧寒子弟，安琪爾若瑟陞了教宗，大家喜歡得不知道怎樣慶祝，四處堆著柴，點火放光，使鄰近的市鎮，在黑夜裡都看到「山下鎮」。

乙、

「你取什麼名號？」

「我取名若望，因為我的父親名叫若望，我出生受洗的聖堂，也叫若望……」

在梵蒂崗西斯篤殿中，龍加里樞機接受當選為教宗。他沉重地操著拉丁語，答覆樞機院院長提色朗樞機照例所提出問題。

首席六品樞機加納里樞機，走到聖伯鐸祿大殿陽台上，高聲向著數十萬民眾，報告新教宗為龍加里安琪爾樞機，取名若望。

「若望第二十三世」，這個名號立時隨著全場的掌聲，駕著無線電和電視的電流，傳遍了羅瑪，傳到了歐洲，飛到全球。

剛過了幾分鐘，若望第二十三世出現在聖伯鐸祿殿的陽台上，白袍，紅絨短氅，金花領帶，舉手向全羅瑪和全球的人民祝福。祝福經文的聲音，洪亮清晰，很像年富力強的人。新教宗給的人的第一個印象，是精神飽滿，大家不心擔憂他已是七十六歲高齡的老翁。

新教宗在脫紅袍換白袍時，把頭上的樞機小紅帽，送給教宗選舉會秘書提約里阿蒙席

（Di Jorio），聲明將陞他爲樞機，恢復近世久已失傳的教廷舊習慣。當選晚上，陞前教宗的侍從室長爲宮長，陞前教宗的中常侍爲侍從室長。又反乎近代慣例，不在當晚開放「選舉禁宮」，下令次日上午十點半，始許開放。次日上午，接受樞機院第二次朝賀，即向全球發表第一篇廣播詞，詞用拉丁文寫成。再過兩天，任命前教宗的代理特別事務國務卿爲代理國務卿。決定加冕日在十一月四日聖加祿節期舉行。加冕後不過十天發表威尼斯新總主教。又不過半月，公佈將任命樞機二十三位。在梵蒂崗宮內一切都照常辦公了，各部官長，按期覲見教宗。列國政要人，國際會議代表，教會教友組織，也像以往，入宮覲見。若望第二十三世，登基剛一個月，一切的措施都很裕如，宛如心有成竹，駕輕就熟的態度。

加冕禮的當天午後，接見白爾加莫省和威尼斯來參禮的四千多人，若望第二十三世講本鄉土話，講威尼斯土音。他仍舊是「山下鎮」的同鄉人。同鄉人一擁而上，圍住教宗，爭著親手。若望第二十三世笑著搖手說：「夠了夠了！不然，什麼都保不了！」連教宗也要被擠壞了。

加冕次日，六十一個特使團在「御前會議廳」覲見教宗。有國務總理，有外交部長，有大使，有公使。教宗操法語演講，談論國際和平，當各特使團團長步上御座屈膝握手致敬時，教宗對每個人都有幾句禮貌句。若望第二十三世在政治場中，在外交界裡，一舉一動，都很自然，也很熟習，不愧爲老外交家。

加冕後的第二天，各國報界的特派記者，共一百五十幾人，入宮拜賀。教宗爽爽快快地向他們講演，不求辭飾，表現自己老於世故，善於應對一切。

但是在同一天接見各國來參加大典的主教們時，若望第二十三世，顯出教宗的本身了。新教宗沒有演講，沒有固定的儀節，他同主教們坐著談話，自稱是主教們的長兄，自己聲明做教宗就應做善牧，不是做政治家，不是做外交家，也不是做社會改革家。主教們是各教區的善牧，教宗乃是全教會的善牧。

新教宗的善牧精神，第一位親自嘗試過的，便是我們中國的田樞機。田樞機八月中在德國因車禍受傷，至今還是不能起床。這次帶病入「選舉禁宮」。新教宗被選後，樞機們按禮朝賀，田樞機坐病人小車，由侍者推進西斯篤殿。小車推至了教宗御座前，若望第二十三世立刻走下御座，到田樞機小車旁，俯抱田公，舉手祝福。在旁的樞機和禮官們都怦然心動，驚訝新教宗的謙和慈愛。十月六日，田樞機動身回德國醫院，行前，乘車繞入梵蒂崗宮。教宗親自下樓，在樓下電梯旁小廳，接見田樞機，坐談幾分鐘，合攝一影。照片上若望第二十三世伸開手臂，似乎想擁抱田樞機，面上親熱的神情，十分地顯露善牧的愛情。

「若望第二十三世，很像聖庇護第十世」，羅瑪人於今大家都這樣說。若望第二十三世同庇護第十世都是威尼斯的總主教，都是貧家出身，但是羅瑪人以爲兩位教宗相似的，是同有一種樸素的迎人和氣。

四、

一九四四年十二初旬，一天傍晚，龍加里總主教在公斯當定堡的宗座代表府，接到聖座國務院的一封密電，代表府的一等秘書出去了還沒有回來，龍加里主教親自翻譯密電，但是因爲不大熟習電報密碼，弄不清楚，密電怎麼也翻不出來，大意似乎是調他到別的地方去。他只好把密電鎖在箱子裡，等秘書回府後再翻。一等秘書後來把密電譯出，送他閱看，乃是調他往巴黎，任教廷駐法大使，而且要在年底趕往任所。

駐法大使，在教廷外交界裡，是一個最重要的使職。他雖然在保加利亞充宗座視察專員和宗座代表各五年，又充駐土耳其兼駐希臘宗座代表九年，一共已經有十九年的外交經歷；但是他從來沒有想自己要升駐法大使。

法國那時，大戰還沒有結束，戴高樂將軍剛進巴黎，任臨時政府元首。他要求聖座撤回駐法大使瓦肋里總主教（Valeri），因爲瓦總主教隨著百膽將軍（Petain）的政府，駐節委西（Vichy）。法國的教士教友雖都是愛國而反德國希特勒的，但中間有人也曾對委西政府表示同情。

龍加里大使在法國人心分裂，戰火未息，社會滿目瘡痍的情形下，趕往巴黎上任。一九四四年十二月三十日，他已經以外交團首席大使的身分，向戴高樂將軍代表駐法外交團致賀年辭。他聲稱自己是代表「上天的一個強國。」聖座的力量，不是世間的力量，乃是上天的力量。上天的力量，不會追求世上的利益。不會同世上的強國相爭。上天強國的使者，他的使命，是使人舉首看天，想著世界以外，還有一種上天的生命。

戴高樂將軍是一位武將，充滿武人的強硬氣；然而他也是一位虔誠的公教信徒。他不難成為龍加里大使的朋友。據說他還選定龍大使作自己聽告解的神師。

法國戰後的第一任總統何里阿（Auriol），為社會黨徒，為無神派。他卻也成了龍加里大使的好友，何里阿卸任後，曾往威尼斯總主教府，訪問龍加里樞機。他自己後來述說「龍大使為人，使我喜歡聽他的意見。我雖然不是教友，我和他交情很深，於今我們仍舊是好朋友。在威尼斯總主教府裡，第一樁他引我看的，是一間佈置很簡單的房子，他僅僅介紹一句說：『庇護第十曾住在這間房裡。』看來他也不能多加解釋，他心中那時感動極了，欲說不能。在那一刻裡，我覺得我身邊所站著的，不是八年中曾去法國身任外交團首席大使的外交家，不是飽學的學者，不是觀察深刻，手段靈敏，和氣迎人的政治家，那時我身邊所站的，只是一位謙虛熱情的神父。」

在外交政治中，從不忘記身是神父，尤其不改變天生的樸素謙和。法國人遇到龍加里大使，不像遇著彬彬有禮，談吐有節的外交官，卻像遇著一位一團和氣的朋友，有說有笑，大家有話就可以說，不必拘束隱瞞。龍大使的一團和氣，征服了法國各界的人。難怪這次若望第二十三世登基後，法國報紙嚷著是法國人的勝利。他們說龍加里樞機是法國樞機們所主張的候選人。他們尤其喜歡「若望第二十三世」的名號；因爲「若望第二十二世」，是最後的一位法國人當選教宗。

四、

「我是窮家出身。天主的聖意把我從鄉裡叫出來，打發我在世界各處跑。於今天主聖智賞賜我走進這座聖殿裡；這座聖殿的歷史，壓在這個可憐的司鐸腦上，要把他壓壞了。這個司鐸還要開始認識自己的羊群。……」

一九五三年三月十五日，下午威尼斯聖馬谷大殿萬盞燈光，照著四面金色小石鑲嵌的殿壁，全殿金光閃爍。威尼斯新宗主教龍加里樞機正式上任，從講道台，向威尼斯人講道。他不以爲自己出身微賤，是種羞辱，在那種莊嚴的隆重大典中，公開向大家把這事說出。

威尼斯人當這一年正月十五日，聽到教宗庇護第十二世任命新樞機龍加里爲威尼斯宗主教，第一個感想，就是想到龍加里樞機已經七十一歲。第二個感想，則是想到他做了幾乎三十年的外交官。

七十一歲任主教，像是稍爲年歲過高。二十八年的外交官生活，可以養成冷靜高貴的態度，不習慣和民衆相接近。威尼斯人在歡迎新宗主教的當天，多少都帶點好奇心，看看新宗主教究竟是怎樣的一個人。

聽見了龍加里樞機的第一篇講道，威尼斯人相信新宗主教已經不是外交官了，完全是一位善牧的主教，他自己說自己是貧家出身，一定會和平民接近。威尼斯人另外喜歡新宗主教說話坦白樸素，態度親熱。

過了不久，威尼斯人又都知道龍加里樞機清晨四點起床，默想，念日課，行彌撒。八點開始辦公，十點開門見客，午後一點或兩點用中飯。飯後拜聖體，休息半小時，又繼續辦公，七點三刻，誦玫瑰經，八點晚飯，十點就寢。這種工作時間表，不像是一個老年衰弱人的時間表，一個年富力強最能工作的人，也不過只能這樣工作。而且威尼斯人在每次宗教大典裡，在各種紀念大會中，常看見龍加里樞機。就是在城裡街上，也屢次遇至宗主教青袍黑帽，慢慢行路，不斷地向鞠躬問候的人招呼，或是從「小龍舟」上岸，和舟子閒談幾句。在威尼斯住五年，龍加里樞機修蓋了三十幾座新本堂聖堂，建築了新小修院，修理了聖馬爾谷，遷葬了威尼斯宗主教聖老楞佐如斯定，開闢了宗主教府新檔案處，孔子曾說：「君子三戒……及其老也，血氣既衰，戒之在得。」（季氏）龍加里樞機正是不自以爲後，勉力創造新建設。

不僅是不關閉在主教府裡，而且也不關在教區以內，意大利杜林（Torino 1953）、巴杜瓦（Padova 1954）、白魯諾（Bellumo 1956）、委謙匝（Vircenda 1957）、肋車（Leece 1958）、巴肋莫爾、（Palermo 1957）、法思匝（Faenze 1958）、洛提（Lodi 1955）、握洛納（Verona 1958）等城的聖體大會或聖母大會，都有龍加里樞機，或主禮或演講，一九五四年十月，被派爲教宗欽使，主席里邦嫩國京城聖母大會，同年率領威尼斯省朝聖團赴露德，今年三月又赴露德祝聖新堂。怪不得龍加里樞機會說自己一生是「天主的旅客」。

這位「天主的旅客！」於今成了聖伯鐸祿的磐石，於今是坐在全球最高的法座上的人，以後再不旅行了。

若望第二十三世繼承了庇護第十二世。坐在聖伯鐸祿的法座上的人，可以有不同的名字，可以有相反的性格，可以各有各的特長，可以各有各的才德；但是這一些人間的分別，不能影響唯一的公共本性：「你是伯鐸祿」。坐在聖伯鐸祿法座上的人，都是「伯鐸祿」，都是聖教會的元首，都是耶穌基督的「替身」。

庇護第十二世駕崩了，若望第二十三世登基；教宗的駕崩和登基，對於教會的磐石絲毫不加動搖，磐石永存在，而且絕對一樣的存在，坐在磐石上面法座裡的人，可以有更換。

然而人世的人，不能不受坐在磐石上面法座裡的人的影響。當庇護第十二世病危時，全球各國的人，沒有不表示關切的，後來駕崩了，全球的人都表示痛悼。當教宗選舉會舉行時，全球各國的人又沒有不感關心，若望第二十三世被選了，各處又都表示歡喜。在那一個月以內，全球報紙上的他種新聞，都退居第二位，唯一的重要新聞，是教宗的駕崩和登基；又可見坐在聖伯鐸祿法座上的人，關係全球人的幸福。庇護第十二世御極十九載半，在第二次大戰的戰火中，在戰後的黑暗中，代表世界唯一的正義和平，爲全人類的真理導師。若望第二十三世，於今登了聖伯鐸祿的法座，人們知道他一定將要造福人類。

一九五八年十一月二十二日羅瑪

追思教宗若望第二十三世哀詞

——臺南追悼大禮彌撒講道——

《大學》上說：「爲人君，止於仁。」（傳之三章）

孔子曰：「能行五者於天下，爲仁矣……恭、寬、信、敏、惠，恭則不悔，寬則得眾，信則人任焉，敏則有功，惠則足以使人。」（論語　陽貨）

「恭則不悔」，教宗位極人倫，取於君王和皇帝以上。宮中儀禮，世世相傳，尊嚴威肅，懍不可犯。若望第二十三世，出身農家，生性樸素。端坐教宗寶座，卻坦然向朝見的人說明自己的貧賤家世，沒有自炫的神氣，更不是語無倫次，聽講的人油然增加了對教宗的敬愛。教廷慣例，教宗不入私人住宅，也不輕車出遊；若望第二十三世則屢往老友家中探病，常視察羅瑪貧民區域的聖堂，這種仁者的心情，使迎接的人，更熱心歡迎，更加倍愛戴。他在尊嚴裡有自謙，在自謙裡有尊嚴，因此能夠「恭則不悔」。

「寬則得眾」，教宗若望第二十三世的胸襟非常寬大，他不以劣教異端稱呼信奉基督而不是天主教的教派，卻稱呼他們爲離家的兄弟，計畫使他們重歸合一。他召集天主教百年一次的大公會議，集合全球主教共商教會大事。他對於迫害教會的仇人，也願坦白相見，討論緩衝的途徑。全球各國、各教、各黨、各階級的人，都稱揚他是好人，都佩服他誠心追求和平。共產魔王黑魯曉夫也代表共產國家向他致敬。惟有失掉人心的共匪，向他失禮。「寬則得眾」，若望第二十三世的寬大，取得全世界人民的愛敬。

「信則人任焉」，教宗若望第二十三世看事看人，常向好的方向看；他對於社會，對於人，具有濃厚的同情，具有極強的信任。第二次世界大戰以後的社會，非常混亂。共產黨鉤心鬥角，企圖在各國破壞自由社會。各國淫逸好閒的風化，吹蕩了男女老少的倫理。有心人多嘆息今日的社會，爲有史以來最壞的社會。若望第二十三世卻以爲事實並不是這樣壞，每一時代有一時代的壞，每一時代也有一時代的好。目前的時代，壞處比以往多，好處比以往也多。若望第二十三世，在每年的聖誕廣播詞裡，在討論社會問題和世界和平的通諭裡，充滿了對人對事的信任心，常有樂觀的積極精神。當教宗宣佈將召集大公會議時，許多人疑慮年老七十八歲的教宗怎樣可以肩負這樣的龐大的重擔，又疑慮召集兩千多位的主教怎麼可以討論問題。但是若望第二十三世，既不懷疑，而且很樂觀。卒能使懷疑的人，也對大公會議有了信任心。對於基督信徒合一的運動。懷疑的人更多，教宗又常是樂觀，又常常有信任。「信則人任焉」，基督信徒的各種教派便都信任教宗若望第二十三世。

「敏則有功」，孔子曾經說：「君子有三戒：……；及其老也，血氣既衰，戒之在得。」（論語　季氏）因為血氣已衰，精力不足，歲月又不久了，老年人便只是守著已經成功的事。孔子說應以為戒。若望第二十三世，以七十七的高齡登位為教宗，年歲不謂不高。可是他的朝氣很盛，極富創造的精神。一九五九年正月廿五日，他宣佈了三大計劃：召開羅瑪教區會議，召開大公會議，修改教會法典。這三件大計劃，都不是一年半載所可完成，若望第二十三世不以這一點為憂。羅瑪教區會議在一九六〇年正月召開，於一月內完畢。大公會議初步籌備委員於一九五九年成立，次年結束工作，隨即成立正式籌備委員會。若望第二十三世監視著籌備委員會趕著草擬各項提議案，過了兩年，教宗就召集大公會議。同時又頒佈了兩封很重要的通諭，討論社會問題和世界和平。若望第二十三世作事的敏捷迅速，超過年富力強的壯年人。在短短的四年半的教宗期內，乃能建設了偉大的功業。美國甘迺迪總統哀悼若望第二十三世說：「他的睿智，同情心，慈愛的力量，已遺留給人類一項新的意志與勇氣的遺產，以供未來之用。」

「惠則足以使人」，若望第二十三世，惠及私人，惠及教會，惠及天下。梵蒂岡的工人，受了教宗加薪的恩惠，在羅瑪的同窗，受了他提拔，受了他的探問。還有無數向他求恩的人，都得了他的恩惠。召集大公會議，是加惠教會。討論社會問題和世界和平的兩封通諭，則是加惠天下人民。

「惠則足以使人」,不僅是天主教人,誠心服從教宗的指使;即是非天主教的基督教人,也願和教宗合作;而且反對教會的共產首領黑魯曉夫也聲明願與教宗共求和平。若望第二十三世加惠於天下,天下的人都願供其驅使。「恭、寬、信、敏、惠,能行五者於天下,爲仁矣。」若望第二十三世,謙恭、寬厚、信實、勤敏、施惠,全世界的人都稱揚他是一位仁者。

這位仁者於今棄世歸天了,我們心中滿了悲痛的情緒,我們腦中也滿了他的德表。「三年無改於父之道,可謂孝矣」(論語 學而)我們天主教人是教宗的兒女;遵守若望第二十三世的德表,不違他行事之道,我們可以表我們的孝心。

(恆毅月刊)

一、追思教宗若望第二十三世

教宗若望第二十三世已經棄世升天了！

教宗的病，是很痛苦的；他的心卻很平靜。三天三夜，處於彌留之中。當他心志清醒時，常是念經，常是背誦聖經的文句，他的心已經常同天主相接合，已經不留戀人世！

去年十一月廿五日，教宗八十一壽辰，教宗在傳信大學聖堂行祭。我們參加大公會議的傳大舊生，被邀參與教宗的祭禮，彌撒畢，教宗致訓詞，引古經若伯的話說：「主賞賜了我生命和慈惠，主的恩惠保全了我的精神。」教宗很樸實地說：「所引的這段話是聖教會追思亡人所念的經文，大家不要以爲不吉祥。在八十一歲的生辰，自己對於將來一點也不憂慮，一切的日子都是在天主手裡，每天是生的好日子，也是死的好日子。」

次日，參加大公會議的中國主教團覲見教宗，這是最後一次教宗接見教團了，因爲第二天，教宗因病取消了接見的節目。教宗在接見中國主教時，很輕鬆地向我們說：「我開始了大公會議，並不奢望看見大會的結束，一位教宗死去，一位新教宗當選，在一個月以內，大公會議就可以繼續下去，你們不必擔憂。」

既然第二天就重病臥床了，在前幾天教宗一定知道自己有病。旁人很驚訝他常說死字時，他卻是真正說出了自己的心境。他是不戀於人世，他是隨時隨地可以聽從天主的招呼，天主說走，就走，且是心中爽爽快快地走。

二、

在五年之中，若望第二十三世是教宗，他代表了耶穌基督的權力，執行了聖教會的最高權威。但是若望二十三世更是代表了基督的精神，耶穌的精神是仁慈博愛，若望第二十三世便特別是一位仁愛的教宗。

若望第二十三世打破教廷成例，與以往教宗不同的特點，是他喜歡出宮訪問在羅瑪病重的老友，又喜歡往看羅瑪城郊貧民集居的本堂，有人說若望第二十三好動，不願長久困居在梵蒂岡宮；但是他出宮訪問，實是出於他愛人的摯情。一位在羅瑪的樞機若害重病，教宗前往探病，可以說是禮上的探問，史有前例。可是一位普通的老神父，病重垂危，只因為他是若望第二十三的舊同窗，若望第二十三世摒退侍從，輕車往訪，使老同窗感激流淚，同窗去世，若望第二十三世，且往弔墓。這纔是真情流露，不計較教宗地位的尊嚴，羅瑪市郊，很多貧苦的工人，其中不少信從共產主義。若望第二十三世在四年嚴齋期內，分訪貧民的本堂。每次入貧民區時，民眾常是填街塞巷，夾道歡呼。教宗立在敞開的汽車上，親熱地向民眾揮手打招呼。連共產黨徒都嘆服若望第二十三世的慈祥，也向他表示愛慕。

若望第二十三世只御極了四年又七個月，他出梵蒂岡的次數則最多：或主持宗教大典，或參觀羅瑪各教會大學院，或探問樞機和舊友的重病，或視察貧民區本堂。最後一次出宮，乃在接受和平獎的次日，出宮訪問意大利總統。若望第二十三世覺得如此出宮，是自己的一種需要，不是身體的需要，乃是心靈上的需要；是他的仁愛之心逼著他出去訪問。

三、

若望第二十三世有基督的仁愛，便不能不憐愛社會上的窮苦人。於今科學發達，出產增多，西方各國人民生活程度，都顯著的提高；而西方各國的窮人仍舊很多，資產的分配很不平均。致於第二次大戰以後，亞洲和非洲的新獨立國，更是資源缺乏，人民窮苦，故共產黨乘機宣傳鬥爭主義，引起社會上的暴動。若望第二十三世乃於前年五月十五日，頒發「慈母與導師」通諭，詳論近代社會經濟問題。

這封通諭譯成了中文，長約四萬多字，對目前社會上的民生經濟，就倫理的立場，加以很精切的討論。教宗在通諭的緒論裡說：「基督聖道充塞于宇宙之間，因爲他包羅了整個人生，包羅了他的精神和肉體，理智和意志，從塵世生活的千變萬化中，指示人類的心靈向永生的境界而高昇，以便享受幸福與和平，永不再失。聖教會的首要任務，固然是聖化人心，並使人類獲享天福；但對於人群日常生活的需要，亦並不漠視，不但關心他們肉體的衣食和生活的物質條件，並且對他們的繁榮和文化，在各方面，在各時代，無不縈縈於懷。」

解決社會經濟問題的基本原則，教宗聲明在承認人的人性地位，人是人，不是器也不是畜生，社會經濟建築在保全人性地位的原則上，纔能夠是合理制度。人爲生活，應使用物質；每個人因此有權利以取得所需的資產，宇宙的資源因此也是爲供一切人使用，而不是要讓少數人或少數國家所佔有的，教宗乃很沉痛地說：「在不少國家，甚至在若干洲，廣大工人群眾工資之微薄，迫使他們和他們的家庭過著一種非人的生活；我們見到這種慘劇，不禁悲從中來，憂心如焚。……所以我們認爲有責任再度忠告：勞工報酬既不宜放任，聽由市場公約自由競爭，亦不可僅由有權威者任意訂制，而應按正義公允的原則來決定。這一原則應使工資不獨能使工人度其合乎人性的生活，且應使他們能相稱地負起贍養家庭的責任。但爲制訂合理的工資，第一，應依照每一工人實際貢獻有效工作的多寡；第二，應根據生產機關的經濟情況；第三，應顧及國家公共利益。」

現在歐美各國，農人的貧苦超過工人的貧苦。一般農家子弟，都背井離鄉，向都市或工廠謀生。教宗在通諭中，特別主張提高農家的經濟，「爲繁榮農村，首要的任務，是每一個人，尤以政府當局，應該爲農民的公共福利，發展主要公共事業：例如道路、運輸、交通、飲水、住宅、醫療、小學、工業或職業學校、宗教活動、娛樂場所、以及爲裝修現代農民住宅所必需要的設備，……。此外，在農村區域中，應採用有關改良生產技術的新興設施，按整個經濟生活的需要，以改良農作物種類的選擇，和農產機構的組織，使農民生活儘可能達到工人或其他職業範疇的水準。」

單只就上面幾點很淺近的理論看來，已經可以看出若望第二十三世誠心憐憫工人和農人的貧苦，他呼籲社會各方面有關的機關，盡心改良農工的境遇。

當然於今的社會問題沒有一個問題是單純的問題，工資問題，牽連到生產機構，又牽連到私產權；生產機構問題則又夾入工人參與生產機構的利益問題，以及生產機構社會化和國有的問題。此外還有人口遞增的問題，因著人口遞增乃引起國際互助問題，教宗若望第二十三世，本著仁愛精神，堅守正義的立場，指示解決問題的方案。「當今世界最嚴重的問題，也許要算各國關係間經濟發展程度懸殊的問題:因爲有些國家經濟已突飛猛進,有些國家則尙在初步著手;前者的生活水準頗高,後者卻困於嚴重饑饉。……我們既愛民如子,深感有慈父之責,不得不再度鄭重申明前所已言者!對於遭受饑饉的民族,我們全體都有同舟共濟的責任。」

四、

今日國際的局勢,凡是有仁心的人,都不能不痛心。全球人民多年所熱切希望的和平,不僅常遭冷戰的威脅;而且幾乎一半的人類,處在共產強權壓制之下,苦如牛馬。共產政權對於教會,更是橫行暴政,酷加摧殘。若望第二十三世愛教愛民,乃苦心經營,計劃緩和共產摧殘教會的暴政,在反對共產主義的原則下,和東歐各國的共產政府漸相折衝。他的慈愛和大量,贏得多方面的同情。

但誰能預防無神的共產黨,不曲解事實,以自己的宣傳呢?若望第二十三世,乃於今年四月十一日,頒佈通諭,宣佈教會對於和平的主張。

世界和平之道,首在維持人性的尊嚴,和平是人們相處相安;相處相安,互有權利,互有義務。若望第二十三世在通諭的第一章裡，說明了人性的權利義務，每個人所有的權利義務，基礎雖常不變，使用的範圍，則隨文化程度而加高。人的生存權，不僅是求生存，而且有權追求程度較高較美滿的生活；同時在精神新生活上，每個人有權發展自己的宗教信仰，發展自己學術智識，人的自由權，也不單是行動和言論的自由，人的自由在於可以自由選擇自己的職業，選擇自己的住處，自由發展自己的勞作和企業，自由出國回國或移住他國，自由結社和行使國民權利，每個人對於社會的義務，和他所有的權利相等，有一分權利，就有一分義務，因爲最低的義務是不侵犯他人的權利。除了消極不相侵犯的義務，人們還有彼此積極互助的義務，互相尊重，互相敬愛，互相信實。因此每人都有遵守良心天理之責，天理良心的根據，則是信仰造物主天主。

如同經濟是爲助人求得更優美的生活，政治也是爲助人求得更安定的生活。經濟爲人而設，不是人爲經濟而設，政治爲人而設，不是人爲政治而設。於是國家政府應該謀人民利益，不能犧牲人民的利益，以鞏固獨裁的政權。

政府的權力，來自造物主天主；政權的方式，決自人民。政府使用權力時，目的爲謀人民的公益，原則是合乎天主的倫理規律。政府和國民，兩者間應平衡發展，若是一方面的利益過於擴張，他方遭受損害，社會上不能安定。

但是社會的安定，和國際間各國的關係，連結很密。若望第二十三世以身爲全球精神領袖的身份，剴切地說明國際關係的原則，在國際關係裡，以國家為主體；各國政府互有權利義務。為執行權利義務，若望第二十三世聲明復以正義、誠實、合作的態度去執行。強者不能欺凌弱者，富者大者應援助貧者和小者，當前國際上為什麼這樣不安定呢？原因是由於大家不能互相信任。彼此互相畏權，西方怕東方的侵略，東方怕西方的報復。所以應以互能信任又互能監視的有效方法，實行裁減軍火，軍火裁減了，人心乃安；用製造軍火的金錢，便可用為改良民生的建設。世界人民，沒有不因此而受福的！但為維持國際信用，安定國際局勢，須有一強有力的聯合國組織。於今的聯合國組織，精神甚強，但缺乏實力。各國政府應自動減少一分的權力，以權力授諸聯合國組織，使有實力執行所定的決議。

在討論社會問題和世界和平的通諭裡，若望第二十三世，盡力提倡維護每個人由人性所取的權利。這就表示他愛人的誠心。他心目中所有的，是求每個人的利益。

五、

若望第二十三世的仁愛精神，尤其在大公會議裡，表現得最明顯，也最動人。

他登位教宗時，已年高七十七歲。他有召開大公會議的膽量和魄力，而且也有不必自己結束大公會議的胸襟，他知道大公會議和修改教會法典是當前教會應做的大事，他便自己去做；是不是自己可以看到成功，他不願顧慮。自己起了頭；成功的快樂，可以讓繼任教宗去享受。這種胸襟已經是寬大的胸襟，絕對沒有自私心。

當他壯年在保加利亞和土耳其，任宗座代表時，和東正教接觸的機會很多，他不分彼此，常和他們作朋友。他登教宗位後，人們就傳說公斯當定堡的東正教宗主教，將往梵蒂岡覲見教宗。這位宗主教後來雖然沒有赴梵蒂岡，英國國家的首席總主教則開歷史的先例，往梵蒂岡覲見若望第二十三世。從那次覲見以後，報章上便常說若望第二十三世蓄意使信仰基督的教徒，結合爲一。結合的好機會，當然是開大公會議。

然而教宗也明瞭基督信徒合一運動，不是一年，也不是一次大公會議所能成功的。在大公會議所能做的，是奠定合一運動的基礎，指定合一運動應走的路途；然後大家繼續往前走，終有可以走到目的地的一天。合一運動的基礎，是基督的仁愛；合一的完成，要由基督的仁愛去結成。若望第二十三世在大公會議裡，對於信仰基督的非天主教徒，事事顯出仁愛的精神，他稱呼他們爲兄弟，他接待他們爲貴賓，他指示大公會議的議案，不宜有歧視或指責其他教派的詞句。他設立了合一運動的秘書處，使各基督教派的觀察員，可以向秘書處發表他們的意見。

對於參加大公會議的主教們，若望第二十三世更是真情流露，有如家中老父。去年十月十一日，大公會議開幕，聖伯多祿大殿內，儀式的莊嚴偉大，爲有史以來，所未曾有的，兩千五百多位主教，白袍銀冠，一行行地坐在殿內。若望第二十三世，發表開幕詞時，聲音表示心中很有感動。他一眼看到兩千五百多位主教，他看到了整個的聖教會，他覺得了這個神聖家庭之大，感到了自己慈父的心懷有怎樣的廣。他不像凱撒、拿破崙、中國漢武帝、唐太宗，看見自己國土之大，威權之高，心中栩栩自滿；他那時的感觸，是耶穌在最後晚餐時的感觸：「父啊！時候到了，求祢顯揚祢的子，好叫子顯揚祢；因爲祢賜給了他以統治凡有血肉者的權力，使他將永生授與祢所賜給他的一切人。」（若望第七章第一節）

六、

若望第二十三世已經走過去了！當他登基時，大家都以爲他是一位過渡時代的教宗；因爲當時選不出一位有作有爲，足以繼續庇護第十二世大業的人。他已年高，而又是有名的好人，樞機們選了他爲維持教會的現狀。但是若望第二十三世纔登了教宗位，立刻表示他的心力體力，乃是一位極有作爲的教宗。他使梵蒂岡的禮官，煞費苦心；因爲他不願意遵守禮儀的成規，處處想要簡化。他使羅瑪的樞機們，疲於奔命，因爲既要隨他參加多而長的典禮，又要盡心籌備大公會議。他使教廷國務院人員，絞盡腦汁；因爲他圖謀爲壓在共產政權下的教士教民，予以援助。他使全教會的主教，奔走羅瑪，參與百年難逢決定教會大事的大公會議，他又使天下信仰基督而非天主教的人士，都情動於心，注意而且同情他的合一運動。最後他使聯合國組織的代表以及天下的好心人，研究他追求世界和平的通諭。意大利和瑞士兩國總統所組織的和平獎金，今年贈給他以和平獎。

爲接受和平獎，若望第二十三世吩咐禮官，佈置了一種非常隆重的儀式，自己且親自出宮，答謝意大利總統。他不是以獎金爲重：因爲教宗地位之高，高出世界任何獎章和獎狀，當時教宗身體已抱重病，自己又知道將不久人世；但是他很看重「和平」兩字，爲領和平獎，應該鄭重其事。從意大利總統手中，接到了和平獎後，若望第二十三世自言自語地說：「Tutto in pace; il premio ed il premiato requiescant in pace!」「一切都和平安息；獎金和受獎者都安息於和平中！」

「安息於和平中！」是我們追思者的經文，當教宗自言自語時，似乎又是諷刺自己，似乎又鼓勵自己。諷刺自己，是說已經快死了，獎金還有什麼意義！鼓勵自己，是說一切都是爲求和平，自己希望可以安息在上主的和平裡！

教宗說這話的天真自然，任何別的一個人，必定不會在那種隆重的場合裡講到死。他卻以教宗之尊很自然地自嘲自慰。若望第二十三世的超過他人之處，就在於他的天真自然。他真是老年不失天真，有老子所說的歸真反樸。他之所以能在短短的五年教宗任內，贏得全世界人民的愛戴，也就是因他的天真而愛人。

他看事看人，常是樂觀，常是往好處看；因此他能信任人，人也就因此信任他。崩駕後，天下的人，不分宗教派別，不分政治思想，不分種族和貴賤，眾人同聲讚揚若望第二十三世爲好人。這種好人乃是孔子所說的仁者，仁者便是聖人。

（鐸聲）

我所認識的新教宗保祿六世

一九三七年秋天，我在羅瑪教廷法學院攻讀第二年教律。在選修科目中，我選了教廷外交史。教授教廷外交史的教授，是教廷國務院一位年輕的高級職員，名叫孟第尼蒙席。那年選這科的學生，大約共有七人。孟蒙席每週來授課一次，講授德國和教廷的一段外交史，印有油印的講義。孟第尼教授身材清秀、濃眉、隼鼻、天藍眼、前額稍禿。說話的聲音不高，講書很清晰。在授課前後誦經時，合掌端頌，態度很虔誠。但是過了幾個月升了國務院常務副國務卿，停止授課。

過了六年，中國駐教廷第一位公使謝壽康先生抵梵蒂岡。謝公使呈請我政府聘我在使館幫忙；我國外交部准予聘請，謝公使乃通知教廷國務。常務副卿孟第尼蒙席召我入見。笑對我說：「吩咐秘書引你到辦公室來，因爲在客廳那邊，候見的人很多，你要等得太久。」隨即說明關於我在中國使館任職的事，傳信部有一個條件，國務院也有一個條件。傳信部要求隨時可以調動我任他種職務，國務院要求在大戰期間不列我名字於外交團名冊中。我答應兩項條件爲我沒有困難，都可以接受。少談，辭出，國務卿預祝我諸事順利。他身著蒙席的禮服，態度文雅，談吐很有次序，不匆忙，又不閒談。他本來可以把這事告訴謝公使，或者用一紙公文通知使館；但是他願意當面向我說明：傳信部的條件是看重我，國務院的條件是顧慮我出入羅瑪的自由（大戰時意大利政府不許交戰國駐教廷人員出入羅瑪城）。

第二次大戰時，教廷國務院甚忙，教宗自兼國務卿，非常事務和通常事務兩副國務卿，分理國務院院務；但是常務副國務卿的職務最煩，院內又增設戰時俘虜通訊處和難民救濟處，協助戰時各國俘虜與故鄉親友通消息，救濟各國戰時的難民。不必說這些國際大事，當時消耗常務副國務卿的心血，就是連梵蒂岡小小一個市政府，也常使孟副國務卿煞費苦心。當時掌握梵蒂岡市政的是加納里樞機，集權獨斷。市內住有由羅瑪城搬來的大批外交官，他們都是和意大利交戰國的駐教廷使節人員，一時城中不但人滿，而且處處都能遇見大使、公使和他國的夫人。梵蒂岡城本來是一清靜花園，供教宗午後散步。於是外交官四處亂跑，加納里樞機看不順眼，便想加設層層限制，於是市府和國務院的交涉頻繁了。孟副國務卿常是態度從容，爲外交團辯護，外交官乃能在幾方哩的城內幽居了三年，也覺得生活安適。當美英法聯軍在意大利南部登陸後，德國人擒捉了許多聯軍俘虜。有些俘虜因著意大利人民的掩護，竟能逃出了集中營，有幾個英國人和波蘭人竟跑進了羅瑪，他們便設法混進梵蒂岡城。開始的兩三個混進去了，馬上請求保護，英國大使和波蘭大使立時往見孟副國務卿，副國務卿轉商市政府，妥爲安置。然而德國士兵常站在聖伯多祿廣場前面巡哨，加納里樞機很不喜歡招惹德國人的麻煩，便在梵蒂岡城門加置巡警，凡出入城門的人都要出示身份證。一次，一個波蘭浮虜混進了城門，巡警按照市政府的訓令，把俘虜拉出了城外。波蘭大使馳赴孟副國務卿處抗議。然而俘虜已經出去了，已到別處隱藏，事件不談而消。後不久，又有一個波蘭俘虜衝進城門，巡警拉他，他對抗不走，波蘭大使（住處距城門很近）聞聲趕來，阻止巡警採取行動，立時又登樓往國務院，請見孟副國務卿。副卿的秘書因大使未有約會突然請見，在候客室內擋駕，答云孟副國務卿外出，不在院內，波蘭大使怒罵秘書，聲明本人有見副卿之權。忽見客廳門啓開，孟卿含笑而出，邀大使入內。這次市政府終於留下了波蘭俘虜，又妥爲安置。

謝公使去職後，吳經熊先生繼任駐教廷公使。孟副國務卿聽說吳公使有十三個子女，全家都誠心信主，心中很爲器重，呈遞國書後，吳公使率全家覲見教宗庇護第十三世，我也陪見，入見前，孟副卿稟請教宗准予合攝一影，教宗允諾，吳公使全家與教宗合攝留影，開教宗與一私人家庭攝影之先例，當時登遍世界的各家大雜誌。

每年七月一日耶穌寶血節，吳公使率領全家往孟副國務卿寓所小堂，恭與彌撒，領聖體。彌撒後，孟卿延入寓內，同進早餐。桌上特備有糖果、糕點，爲吳公使兒女之用。一九四九年七月一日，吳公使全家最後一次在孟卿小堂望彌撒，早餐後，孟卿約我登樓入國務院，面交教宗敕封吳公使爲袍劍侍衛和敕封我爲教宮神長的兩封勒書。孟副卿事事細心，想得週到，他願意在吳公使全家向他告別時，以教宗敕封的敕書，贈予吳公。

吳公使在任時，常派我到國務院代他謁見副國務卿，孟副卿每週有一天接見駐教廷外交使節。接見時，大使在先，公使在後，其餘人員更在後。我往見時，幾乎常是在最後，時間已近午後兩點，副卿開門請入，輕輕關了門，第一句話常是：「啊，中國來了！」然後笑問起居，接著乃談來見的事。吳公使離任後已故朱英先生代辦，也常同我往見副國務卿。在七年以內，除了暑假，平均每月往見副國務卿兩次。孟副卿常是一樣的微笑，一樣的文雅。每遇一事，他必答應盡力辦；如不能辦，必婉轉說明。他說話不多也不少，沒有閒談，也不冷落。有時他真乏了，閉眼靜聽，似乎打盹，但到該答話時，馬上答覆。他看事很開明，尤其常講情理。當時我們中國的國勢日衰，他始終對中國表同情。當謝壽康公使第二次任時，教廷考慮頗久。一九五四年初，一次在聖伯多祿殿參與大典後，孟代理國務卿（一九五三年初，升代理國務卿）向我說：「一切都好了，謝公使可以回任。」後來，我國政府忽加了考慮，謝公使於當年秋天始能再度抵梵蒂岡任公使。爲遞國書，教宗庇護第十二世下令國務院命儀式從簡，我方當然希望儀式隆重，孟代理國務卿三次召我到國務院商議，議定呈遞國書儀式，不簡也不繁。那次是最後一次，我同孟第尼蒙席討論使館的事務，當年十一月一日，教宗庇護第十二世任命孟代理國務卿爲米蘭總主教。

我所認識的孟第尼蒙席，是一位性情溫和，態度文雅，律己嚴刻，待人寬大的人，他處理事務，謹愼週到，有條不紊。性喜讀書，學識很有根基，精明現代社會問題，演講時，少有空言虛辭，多尙理論證據。在當時教廷的外交團裡，沒有不敬重孟副國務卿的人格學識。

在米蘭，我只見了孟第尼總主教一次。當我受聖爲主教後，往瑞士、德國勸募善捐，路經米蘭。乃往主教公署拜謁孟第尼樞機。承邀留署午餐，談論臺灣傳教情形。孟樞機仍舊是以往的溫和文雅，誠懇寬大。餐畢，又蒙贈一精美聖爵，囑咐我在聖爵的下端加刻贈爵的題字。

孟樞機於今是教宗保祿第六世了，他的文雅誠懇，一定可以感動一切召見的人，他的謹愼週密，一定使凡百事務有條有序。尤其是對於大公會議和修改法典兩件大事，保祿第六世乃是理想的完成大業之人。

三、大公會議

一、大公會議的傳教委員會

人生最可紀念的事，是參加富有歷史性的事業，我一生最可紀念的事，便是參與第二屆梵蒂岡大公會議了。這屆大公會議，在天主教的歷史上，將和脫利騰大公會議和第一屆梵蒂岡大公會議，同樣的重要。他們這一輩主教們，可以說是生逢盛時，能親與盛會。我則更是幸中有幸，能夠參與大公會議的傳教委員會。而且我參加大公會議的傳教委員會，是從第一次會議到最後一次會議；這又是幸中的更幸了。

大公會議的籌備委員會，在一九六〇年五月五日正式成立。籌備委員會共十個，我被任爲籌備傳教委員會委員。十月廿四日，星期一，籌備傳教委員會在傳信部部署舉行第一次會議。主席雅靜安樞機，秘書馬迪烏總主教，委員及顧問等，都到傳信部部署小堂內，舉行宣誓禮。

籌備傳教委員會分爲五組：第一組研究聖事和聖儀，第二組研究教區行政，第三組研究聖職員和教友的規律，第四組研究修生和修士的教育，第五組研究傳教合作問題。我被分在第四組。十月廿八日，第四組開第一次會，只有委員三人。我們第一步工作，是研究初步籌備委員會所收集主教們和教廷各部的意見書，第二步工作，則草寫建議。第四組委員從當年十月到次年（一九六一年）三月二十一日共開了十三次會，委員人數後來增至六人。

一九六一年四月十七日，籌備傳教委員會，舉行第二次全體大會。那時我已被任爲主教。第一次集會時，雅靜安樞機公開向我致賀。這次共集會十天，從四月十七日到廿六日，中間休息兩日，共集會九次。集會地點，在傳信大學的畢翁蒂樞機廳。四月廿一日，則在梵蒂岡宮內集會，教宗若望第二十三世親自主持。

當年九月八日，我至臺南就職。十月底，忽接雅靜安樞機的信，召開籌備傳教委員會，會期定於十一月廿日開始，我乃於十一月十四日由臺北起飛，赴羅瑪，參加會議。十一月卅日，籌備委員會結束了任務。

這次籌備會議，草定了將來大公會議的傳教議案。並定了議案共七章。第一、第二、第五組各草了一章，第三和第四組，各草了兩章。當籌備會議開會時，我們沒有得到教宗和中央籌備委員會的指示或規定，我們只按照主教們和教廷聖部的意見書草寫建議案。議案裡所有的建議多就傳教區法律方面的問題，提出建議。我是喜歡法律的，在每次開會時，常參加辯論；又因爲我在籌備傳教委員中，我是少數不是修會會士的委員，每遇修會與本籍聖職員的問題，我必爲本籍聖職員力爭。

籌備傳教委員會所草定的議案，付印後，每章成冊，共七冊，呈送中央籌備委員會審核。中央委員會批駁草案太長太雜，侵入了其他籌備委員的研究範圍，指定多加删改。

二、

第二屆梵蒂岡大公會議，於一九六二年十月十一日，正式開幕。十月十四日，投票選舉十個委員會一百六十位委員。中國主教團爲傳教委員會曾提名兩人：提田樞機和我。結果，田樞機當選。十月廿九日，教宗按照會章任命委員九十人，我被命爲傳教委員會委員。當時大公會議的十個委員會，每會委員廿五人。傳教委員會乃由雅靜安樞機任主席，主席向教宗推薦副主席二人，一位爲法國主教，一位爲西班牙主教。

在第一期大會時，傳教委員會沒有正式開會，只在委員會成立後，舉行了一次見面禮。但自一九六二年十二月到次年二月，居在羅瑪的顧問，由委員會第一副主席召集開會，籌備委員會全體大會。因大公會議的中央調度委員會已下令傳教委員會將籌備委員會所籌的七章議案，裁爲兩章。

一九六三年三月二十日到二十九日，傳教委員會舉行會議，田樞機偕我，都到羅瑪參加。開會地點是在傳信學院大禮堂。傳教委員會委員，這時尙是二十五人，然十分之九，都是新人，沒有參加過籌備委員會，因此對於兩章草案，以及第一副主席和羅瑪顧問等所設備的資料，大表不滿。兩章草案，不但很短，又是無頭無尾。而且大公會議的目的和趨勢，在第一期大會裡已經表示得很淸楚，是反對法律性的提議案。可是第一副主席和羅瑪的顧問們認爲中央調度委員會，既已經指定保留草案的兩章，則只可就所保留的兩章，予以修改和增加。於是委員會開會九次，爭論頗烈。

第二期大公會議於一九六三年九月廿七日開幕，傳教委員會委員，多要求在大會期內舉行會議，因爲聽說中央調度委員會對於三月裡所擬的草案，多有非難。委員會乃於十月廿三日，舉行第二次全體大會，委員對於保留原有提案或另草新提案問題，討論很久。雅靜安樞機因已擔任大公會議委員會委員之職，不能常來主持傳教委員會議。因此每次開會，大家都覺得沒有主腦。一位法國年輕主教，一位非洲年輕總主教和我，算是年歲較輕的委員，我們幾個人，極力推動，乃決定組織小組委員會，重草提議案。小組委員會共四組，我任第二組主席。第二組草定了提議大綱，經全體委員會通過。於是各小組委員會，按照大綱，重草議案，到了十二月三日，一共開了九次全體委員大會，通過了傳教新提議案。提議案共四章，冠以緒論。第一章論傳教神學，第二章論傳教工作，第三章論傳教士訓練，第四章論傳教合作。

正在這期段中，教宗增加了委員會人數爲三十人，又許委員會選舉一副主席，傳教委員會乃投票選舉副主席，我當選。傳教委員會遂有三位副主席了。

三、

草案擬定後，送交中央調度委員會，委員會核准，乃呈教宗，教宗批准付印，分送大公會會議全體教長，請於一九六四年三月卅一日以前，送到意見書。是年五月四日，傳教委員會舉行全體會議。這時，中央調度委員會，爲縮短大公會議的開會時日，決議把傳教提議案，列於第二等提議案，議案須縮成簡單的十幾條提議。傳教委員會開會時，大家為中央調度委員會的指示所限制，只好將上項提議的四章，完全予以修改緊縮，同時參考大公會議教長所送到的六十七件意見書。委員會先按上次開會的程序，分為四小組，每組研究上次提議案的一章，指出該保留之點。然後由大會選出新議案起草委員會。起草委員三人，一為我，其餘二人為兩位顧問。我們根據四小組委員會所指定之點，草寫條文，交由全體大會討論，略加修改後，全體贊成通過。可是全體委員都不甘心，不喜歡傳教議案，只成了十九條簡單的條文，條文所可說的事過少過短，頁數由二十頁縮成了六頁。

在這三年，委員會迭次開會，討論的問題很多。其中有幾個問題最重要而又最難解決。傳教事業的定義，本來是第一個該解決的問題，然而三年來每次開會，每次必定對這問題引起熱烈爭持，以往傳教事業的定義，是以法律為基礎，法律又以地區為根本，即是傳教事業以傳教地區而加定義。南美的許多主教，反對這種定義，他們的工作情形，和傳教區的情形一樣，但是他們不算在傳教區以內，他們所以要求把傳教工作的定義伸張到傳教區以外。同時，歐洲、法、意等國組織了工人區佈道工作，也稱為傳教工作，傳教區的主教們反對將傳教定義伸張涵義，以至於和法、意的工人區佈道工作而起混亂。

傳教工作的重要性，也是一個難題。目前，有幾個神學教授，主張在天主教以外，教外人幾乎都可以得救贖。傳教士們於是都請求大公會議把這事說明白，假使若是外教人幾乎都可得救，那又何必傳教呢？不過，我們也不能說外教人都不能得救，這是相反天主的仁慈，問題是在怎樣可以求出中庸之道，不過也不及，這是一個神學的難題。

誰是傳教士呢？以往常稱外籍的傳教士爲傳教士，本籍聖職員則爲本地聖職人員。可是按神學上說，外籍聖職員和本地聖職員在傳教區，做同樣的工作，則應都稱爲傳教士，在委員會裡，我獨自一個人，極力這樣主張。

非洲新興的國家，都不喜歡聽本處是傳教區；因爲以往的傳教士，大半都是殖民國家的主教神父。他們脫離了殖民統治，便不高興直稱爲傳教區，他們願意稱自己爲新興教會，可是亞洲的國家，在他們看來，則可稱爲傳教區，我爲這事，在委員會裡大發牢騷。

還有修會和本籍主教的關係，也是一個難題，在委員中有六位傳教會的會長，他們爲修會說話，委員會的亞洲委員，不大感到這個問題的棘手，非洲委員則對這個問題非常關心，因爲他們有切身的難題。

其餘別的傳教問題，在議案中所論到的，雖都是很重要的，但在委員會中，沒有什麼爭論，因爲大家的意見都差不多。

第三期大公會議開會後，傳教委員會，自九月廿四日至十月六日，舉行全體大會四次，研究大會教長所送來的意見書，將草案的條文，稍加修改，又通過我所寫的委員會向大會報告書。這一切都予付印，發送大會全體教長。十月六日，大會開始討論傳教議案，教宗親自出席，向大會致詞，極力肯定傳教工作爲教會的中心工作，又讚譽傳教議案草稿適合需要，可以取得大會的贊成。大會在我提出草案報告後，經過三天的討論，有二十七位教長發言，我自己也因非洲主教之請，在大會中發表意見。發言的人，都一致批評草案太簡單，草案中所說固然好，但是沒有說的太多；大家所以要求重加編寫。十月八日爲星期日，大會休會，雅靜安樞機召我赴傳信部部署談話，午後四時，我赴傳信部，部長和傳教委員會秘書在座，我們三人商議結束大會討論傳教草案的辦法。按照通常的程序，在討論結束時，大會就草案舉行投票，票決贊成或不贊成。大會就對傳教草案舉行票決，一定是不贊成的；可是教宗已經就草案表示贊成，尙且希望大會能夠通過，若是大會就傳教草案投不贊成票，對於教宗所表示的意見，明相衝突；而且這次教宗參加討論會，尙屬第一次，又是自動來參加的，並不是如外間所傳說的，是因雅樞機的要求而來，於是雅樞機決定，由我代表他次日在大會結束討論時，聲明傳教委員會自動收回草案，另寫一新草案，於第四期大會時，送交大會表決。這樣大會一可以不舉行投票，就草案不表示意見。十月九日，在大會開會前，我往見大會監督委員會四樞機和大會秘書長，取得了他們的同意。大會開會後，繼續討論傳教草案，約一小時，值日監督樞機，宣佈結束討論，請我發言，我乃代表雅靜安樞機，聲明委員會重編新草案，全堂報以鼓掌。可是大會秘書長認爲按照開會程序，在結束討論時大會應該舉行投票表決。於是他向大會提出，請根據我所聲明的：傳教委員會重新草寫議案一點，舉行投票。結果，一六〇一人贊成，三一一人不贊成。會後，大家都稀奇這次投票的方式，以爲是我在弄外交手段實際乃是雅樞機苦心不要大會明明反對教宗的意見。

四、

十一月十六日，傳教委員會舉行全體會議，研究編寫新草案的步驟，決定組織一小組起草委員會，並選舉委員五人。五人中有我們三位較年輕的主教（一位非洲總主教，一位法國主教及我），有第二次加入委員會的年輕聖言會總長，還有副主席中的西班牙主教。十一月廿日小組委員會，在傳信部部署由雅靜安樞機主持第一次會議，決定選擇專家顧問六人，專家中，選聘神學家三人，又決定小組委員會於次年正月中，在耐密鎮聖言會院，舉行會議。我於是留在羅瑪度聖誕，等候小組會議開會，一面草寫一部份草案初稿。

一九六五年正月十六日，五人小組委員會，在耐密集會。先行閱讀大會教長在上次大會中，口講或筆寫的意見書，發表意見書者，共一百一十三人。五人小組委員會再分爲五組，每一委員主持一小組，分草一章議案。我主持第一組，草寫傳教神學，由一位法國神學家和一位德國神學家主筆。從十六日至廿四日，上午下午不斷工作，新議案草稿寫畢。草稿共五章：第一章傳教神學，第二章傳教工作，第三章傳教士，第四章傳教工作的統序，第五章傳教的合作。我於廿四日離耐密，廿七日動身回臺灣。專家顧問則於廿七日完畢了編寫工作。

三月廿九日，傳教委員會舉行全體會議。上次五人小組委員會在耐密開會，大家日夕在一起，會議由聖言會會長舒德神父主持，我們覺得經驗很佳，很適於做事。這次全體會議，也就在耐密聖言會會院舉行，也由舒德神父代雅樞機主持，會議由三月廿九日到四月五日，先分五組開會，每組由五人小組之一委員任主席，後開全體大會。委員和顧問，一共四十餘人，聖言會盛情招待，多與便利不收分文。會院園地廣大，樹木叢集，下瞰小湖綠水，上對迤邐山峰。工作之餘，散步園徑，心曠神怡。

第四期大會於九月十五日開會，九月十八日，傳教委員會舉行全體會議，通過舒會長所寫向大會報告書。十月七日，傳教草案提交大會，大會發言者共四十八人。大家的意見，都表示贊成草案；只是對於幾個問題，不同的意見也多。南美的主教反對草案所給的傳教定義，因為他們的工作，不能包括在內。傳教區主教認為草案對於傳教工作的重要性，說的尚不夠分量，應該把話加重，本籍主教們不滿意草案以傳教士只指外籍傳教士，傳教草案形成外籍傳教士的文章。非洲主教界求草案明文規定修會與本籍主教的法律關係：另有其他主教則以原有草案關於在傳信部設置指導委員會一點，說的更強，提交大會的草案，經過委員會於九月十八日加以修改，修改之文字，過於軟弱。

我在大會中也曾發言，就三點發表意見：第一章傳教神學對於傳教工作的重要性，已經到了中庸之點，並不過弱。第三章以外籍傳教士爲傳教工作的主體，絕對不合事實，應將第二章論本地教會一段提出，自成一章，以表示本地聖職員乃是傳教工作的主體，而且在外籍傳教士之先，至於傳教定義，無論若何不能變更。草案說明傳教工作是向不信仰基督的人，宣傳福音，以建立自給自足的教會，我們不能接受南美主教的要求，以傳教工作，「另外」是向教外人傳道。「另外」兩字暗指在向教外人傳道的工作以外，在教內人傳道，也可稱爲傳教工作，這樣傳教定義等於沒有定義。並且南美的傳道工作，可以包括在傳教工作以內，因爲他們雖是向已經領了洗的人傳道，但是當地的教會，還不是自給自足的當地教會，而是外籍傳教士所組織的代理系統。

十月十五日，傳教委員會舉行會議，研究處理大會教長所發表的意見。教長口頭或筆寫而發表意見書，共一百七十一人，意見書成五百五十頁。委員會決定由起草的五人小組委員會負責研究。小組委員會的五委員偕同顧問十人，重赴耐密會院，於十月十九日到廿二日，擬定了議案的修改條文。這是我第三次寓居耐密了。十月廿二日到廿六日，全體委員會分五組，舉行會議。廿七日，舉行全體大會，通過小組委員會所擬各款。傳教議案乃由五章變成六章，新加第三章，論地方教會。即照我的提議，以原稿第二章論地方教會，予以補充，自成一章，列在論傳教士之前，成爲議案第三章。這是議案修改之點，最顯明可見的。其他重要修改之點，是對傳教工作之重要性，特別加強；對於在傳信部設指導委員會一點，說明委員有表決權，委員由教宗諮詢各國主教團後，自由任命。印度主教團要求指導委員會由各國主教團選舉，再由教宗任命。我以爲這在事實上爲不可能，指導委員的人數不能過多，舒德會長也認爲選舉委員一事，既複雜又紊亂，且不能取得適宜的人。

修改的傳教議案，於十一月十日和十一日提交大會，分章分段，舉行投票表決。議案全文，雖被贊成通過，但照例所附意見書很多，多至一千餘，十月十二日，傳教委員會的議案起草五人委員會偕同十顧問，又赴耐密，以兩天的功夫，就教長的意見決定可取或不可取。教長的意見多屬關於少數問題的同一意見，如關於傳教定義的意見，關於傳信部指導委員會的意見，關於修會和本籍主教的法律關係的意見。本來對於這些問題，委員會研究的已經很詳細，舒德神父向大會報告時，也加了說明。不過教長們願意利用自己的權利，再表示一次意見。我們委員會認爲議案全文既經通過，沒有更改的餘地，相反的意見雖多至三百或四百，也不便採納。

教長們最後一次的意見，經過委員會研究後，採納了幾點關於修改條文文字的意見。委員會對研究經過，印成厚冊，於十一月卅日提交大會，大會票決通過，又就議案修正之全文，舉行投票，結果，二千一百六十二人贊成，十八人反對，兩人廢票。十二月七日，在公開大會中，再就傳教議案做最後一次投票，結果二千三百九十四票贊成，五票不贊成，沒有一張廢票。當天教宗保祿六世，在大會中，公佈了傳教議案，成爲傳教法令。

傳教委員會的工作，於是結束了，完成了教宗所委託的任務，擬定了傳教法令。傳教法令雖曾五次易稿，又曾受多方面的攻擊；但是最後的定稿，大家都譽爲這次大公會議所頒佈的法令中，最佳的法令。傳教法令既有傳教的學理，又有傳教的實際規律。法令中所說的，不是抄襲陳舊的一貫學說，而都是很新穎，又很深奧的學理。對於傳教工作的看法，以及傳教工作的方針，法令是用現代學術的思想去說明。尤其是法令把傳教工作完全歸於耶穌，以耶穌的精神爲精神，以耶穌的目的爲目的；又因傳教工作是耶穌的工作，而成爲整個教會的工作，由教宗、主教，一直到神父、修女和教友，每人對於傳教工作，都應負一份責任。將來傳教法令見諸實行後，傳教工作必有一番新的氣象，傳教委員會的五年辛苦，便真有功於教會了。

五、

爲實行大公會議的法令，教宗保祿六世，在今年正月三日，頒佈諭令，設立五個執行委員會。三年前，教宗已經設立兩個執行大會法令的委員會，執行法令的委員會，合計共七個。七個委員會中，有傳教委員會。教宗在正月三日的諭令上，指定所立的五個委員會，以大公會議間原有的委員會的委員爲委員，原有的主席、副主席爲主席、副主席。

正月十八日，我在臺北八里鄉聖心女中主講修女講習會時，接到臺南主教公署電報，報告教廷國務院送來任命，教宗任命我爲執行大公會議傳教委員會副主席。二月十五日，我收到雅靜安樞機來信，通知於三月七日，在羅瑪召開執行大公會傳教委員會。我本來在接獲任命後，曾經上函傳信部長樞機，建議在復活節後開會。於今接到了三月開會的通知，乃決定赴羅瑪出席。二月十九日，忽接教廷公使高理耀總主教電話，告以教宗已決定調我赴臺北教區，不久就要公佈，我問是否尚可赴羅瑪開會，高公使答以可往。三月一日，我離開臺南，赴彰化，向在彰化行避靜的臺南神父講話，當天赴臺北。次日，午後二點半，我搭泰國航機赴曼谷轉羅瑪。乃竟在這一天早晨臺北報紙公佈我調任的消息。

三月七日，傳教委員會在傳信學院大禮堂舉行第一次會議，我進會場稍晚，雅靜安樞機在致開會詞。樞機很客氣，等我就座後，在致詞中，特賀我陞任臺北總主教。五年內兩次在開會時，受了雅樞機的祝賀。我的任命本是雅樞機定的，但是他的第一句話，則說教宗任命了我，似乎和他沒有關係。足以表示雅樞機的謙虛知禮。

第一次委員會議，決定當天赴耐密聖言會院，繼續開會。當天晚，在耐密舉行第二次會議，決定分成三小組委員會，根據傳教法令研究每章所應有的執行條例。三小組的主席，推定以前五人小組中的三位年輕的主教：一位非洲總主教，一位法國主教，一位是我。三小組分別開會兩天，三月十日，傳教法令的執行條例，已經草擬好。全體委員傾投票通過。這次開會兩位樞機委員也到會，中午雅靜安樞機也到。當天，我進羅瑪晉謁教宗，中午，趕回耐密。晚，回羅瑪。

委員會散會時，大家熱烈道別。大家覺得做完了一椿大事，心裡很愉快，很輕鬆。雖然沒有正式舉行感謝天主的儀禮，但是每個人都至聖堂感謝天主，使我們生逢盛時，很幸的能參加富有歷史性的大公會議；而且幸中之幸，是在委員會中，我們創造歷史；因爲大公會議的傳教法令，乃是創造傳教歷史的文件。

民國五五年四月五日於羅瑪

第一期會議

一九五九年正月廿五日，教宗若望二十三世，忽然聲明將召開大公會議。舉行大公會議，這是百年不常有的大事！我當時住在羅瑪，聽到了這件新聞，心中很興奮；雖然不免有點好奇的心理，然而很知道這件事情的重大。

一九六〇年五月五日，教宗諭令成立籌備委員會。我被任命爲籌備傳教會的委員，心中慶幸自己可以參加大公會議的工作。

次年，五月廿一日，我在羅瑪受聖爲主教，自己更慶幸將來可以參與大公會議，成爲大會的教長。不過，當時還不明白參與大會，自己究竟可有什麼益處。一九六五年十二月八日，大公會議閉幕時，參加大會的主教們都說：我們這一代的主教，較比今天以後所祝聖的主教，精神上必定多有點長處。我們親身在大會裡，體驗了大公會議的精神，我們有了大公會議的經驗。今後的新主教將來不能得到這種精神福利。

第二屆梵蒂岡大公會議，於一九六二年十月十一日，天主之母瞻禮舉行開幕大典。典禮的隆重，在我們身在幕內的人看來，雖覺得很爲莊嚴；但不如站在旁觀者的人看來，更爲隆重非常。今年，我在臺南觀看大公會議開幕典禮的電影，看到繼續不斷的主教行列，白氅白帽，由梵蒂岡宮，走進聖伯多祿殿。主教行列，有似一條銀河，川流不息，我纔覺得當日情景的異常。又在電影上看到聖伯多祿殿內的大會場，兩面一百多行，一百多列的紫衣主教，更嘆爲絕代的奇觀。

然而當一期大會快要結束時，當年十一月廿六日，若望教宗接見中國主教團，教宗向我們說：「第一期大公會議，是一次初學會議（初學，是修士、修女初入修會，學習修會生活的時期）。我們中間誰也沒有參加大公會議的經驗。只有佳靈啓總主教，曾看見第一屆梵蒂岡大公會議，但是他那時也只是幾歲的小孩。我們大家在這一期大會裡，我們學習學習怎樣開大公會議。」

這是第一期大公會議的確當評語。

一九六二年，十月十一日，我們走進聖伯多祿殿的大會場時，誰也不知道究竟大公會議是怎樣開。當天只舉行了開幕禮，大家宣誓，恭聽教宗的訓詞。十月十三日，第一次正式大會，舉行選舉大公會議十個委員會的一百六十個委員。大會秘書處曾印了個名單，列舉曾經參加預備委員會的主教。名單的意義，在於暗示提名的候選人。可是大會一開會，法國、德國的主教團代表，立刻聲明應該另外預備候選人名單，候選人由各國主教團推薦。大會主席提色朗樞機於開會五十分鐘後，即宣佈散會。十月十六日，第二次大會，大會教長根據候選人新名單投票選舉委員，十月廿日，被選委員名單公佈。廿九日，教宗按章任命委員九十人，於是十個委員會的兩百五十名委員都齊全了。大公會議的工作機構乃正式成立。

十月廿二日，第四次大會，爲第一次正式討論會。大會在開會的程序上，走入正軌，討論的對象，爲《論聖禮儀草案》。這件草案很長，討論的日子也相當多，從十月廿二日，一直延到十一月十二日，另外是討論到用拉丁文或本地語時，發言的人，形成了兩派，一派主張保存拉丁文，一派主張採用本地語，兩派爭持不下。我在十月廿六日大會中發言，主張採用本地語，因爲中國在清初和最近前十年時，已經得有聖座的許可，准用中文行聖儀。假如若是在清初沒有禮儀之爭，中國傳教事業在今天必定另有一種興盛的氣象，這是我第一次在大會說話，田樞機和于總主教都加稱許，可是拉丁文和本地語之爭，使大會教長都感到了心煩。大家體驗到在大會發言，務必要避免重覆。在討論聖事時，我於十月卅日，再度發言。

十一月十四日，大會開始討論第二宗提案，《論啓示的泉源》。論禮儀草案的討論，經過了半個多月的時間，大家都有了倦意，可是論啓示的泉源一提到大會裡，大會立即掀起了一場風波。發言的人馬上分成兩派，發言的態度很激烈。

《論啓示的泉源》，本是聖經學和神學上的問題，也是近十幾年來，在學壇上爭論很激烈的問題。這宗草案一提到大會，學壇上的辯論，立刻搬進了大會場裡。辯論了好幾天，我們覺得不能繼續下去，許多教長主張停止討論，我也用田樞機的名義上書主席團，要求由大會表決，停止討論，將議案交由委員會重新修改，在明年第二期大會時再提出討論。如大會不贊成交還委員會修改，而願繼續討論，則應平心靜氣，勿動聲色。十一月廿一日主席團提議大會投票，是否贊成停止討論，結果贊成停止討論的票數爲一千三百六十八票，不贊成者八百二十二票。贊成票不滿三分之二，不能成立。而第二天，大會秘書長宣佈，教宗若望爲顧全大會的利益，用自己最高的權力，作廢昨天的票決結果，決定以《論啓示泉源》的草案，交與委員會重新編寫。於是一場風波，纔告平息。

實際上，兩方所爭持的，只有兩個重要問題：一是《聖經》是不是啓示的泉源，一是新經的研究法是否用所謂新的體裁方法。兩方在結論方面相差也並不太遠；因爲兩方都承認《聖經》是啓示的泉源，然而兩方對於泉源的解釋不相同；兩方也都主張可以用體裁方法去研究《聖經》；然而兩方對於運用程度不相同，若能取兩方之相同，去兩方之相異，便沒有爭執的餘地了。所不好的，就是原有草案是由一方面的學者而起草的，代表一方面的意見，他方面乃盡力攻擊。後來，起草委員會的專家，兩方面的人都有了，大家又都知道大會不願意袒護任何一方，於是新的草案，便是取兩方之同，略兩方之異。新草案雖然不能使兩方的學者滿意，但是能夠在大會裡，平平安安地取得了大家的贊成。

第三宗草案，提到第一期大會討論的，是《論社會傳播的工具》，大家經過了《論啓示泉源》一場爭執的風波，開會又開了一個月，大家都有了倦意。《論社會傳播的工具》的草案開始討論後，大家無所感應，到十一月廿七日，全案已經討論完了。投票表決時只有十五張反對票，可是到次年第二期會議，這宗提案在修改了以後，再提出時，反對的票數，竟至五百。可見第一期大會討論時，大家都因疲倦沒有留心注意。

十一月廿七日，大會開始討論促進教會合一的草案。對於合一問題，三個委員會預備了三宗草案，廿七日所提出討論的，是東方禮儀教會委員會所草的，以外還有神學委員會所草的《論大公精神和基督信徒合一》，秘書處所草的《爲合一祈禱》。大會教長乃主張把相同草案合成一宗草案。

十二月一日，這次大公會議最重要的一宗草案，提到大會。最重要的草案，爲《論教會》草案，大會討論了七天，僅只討論了草案的大綱。主教們的意見，都以爲草案應徹底修改，在章數方面，在內容方面，都要按照新的思想編寫。

十二月七日，第一期大會閉幕。這時，教宗若望第二十三世，已經抱病，十一月廿六日教宗曾接見中國主教。廿七日，大家都聽說教宗因病臥床，而且聽說病勢頗重。十二月五日，大會於正午十二點以前數分鐘散會，主教們都出會場，聚集在聖伯多祿殿前圓場上，等候教宗的降福。正午，教宗書房的窗戶敞開，教宗出現於窗口。全場掌聲雷鳴，慶祝教宗康復。十二月七日，大會閉幕時，教宗勉強以抱病之身，至聖伯多祿殿內致詞。次日，十二月八日，教宗主持第一期大會閉幕，親致閉幕詞。

中國主教到羅瑪參加第一期大會者共五十八人。當大會第一次會議決定由主教團推薦委員會候選名單時，中國主教多位，當天都到田樞機寓所（聖言會總會）聚集，我們決定組織在大公會議期間的中國主教團，推田樞機為團長，于斌總主教為副團長，推我為秘書長。在第一期大會期，中國主教團開會兩次：一次是十一月三日，第二次是十一月廿一日。第一次開會，我們討論了分散各國的中國傳教主教，怎樣可以協助臺灣及香港的教務。田樞機到會致詞，呼籲各位主教協助臺灣主教多多培植修生。第二次會議，我們討論了怎樣可以澄清外間以中國大陸教會為劣教的謠傳，決定散發一宣言，解釋中國大陸主教神父的苦衷。于總主教則認為諸事都為共黨報紙的謠傳，本無其事，不用辯駁，我們則都以為事件不是這般簡單，用一語「報紙所造」就可解決，宜應就事說明。然既不能取得一致的同意，宣言就沒有印。可是十一月廿六日，教宗接見中國主教團時，若望第二十三世就特別提出了這個問題，詢問各位主教的意見。主教們都有了預備，便相繼起立發表意見，伸說中國大陸主教神父忠心於教會，忠心於教宗，必不願意和羅瑪宗座分裂。教宗聽了，連聲說好。中國主教們在第一期大會時心火頗高，開會時，多來出席；但因為看見開會不能有結果；他們又都散居各國，不負教區責任，開會時沒有實際問題可談；至於研究大公會議所討論的議案，他們又都去參加他們本國主教團的研究會；因此在第二、三兩期，我們便少開會了。最後第四期，我們開會討論中國主教會議組織法。散居各國的中國傳教主教，認爲組織中國主教會議，以他們爲會員，他們可以保持一點身分，便都感到興趣。

第一期大會時，教廷的羅瑪觀察報，連續登載報告各國傳教實情的文字。訪員也來訪問我，談臺灣的教務，訪問記登載十一月廿八日的觀察報。

在這一期大會的三個月裡，我有兩位神父陪我。一位是由美國應邀來羅瑪的周幼偉神父，一位是臺南縣傳教士回國休假的德國楊森神父。他們倆人每天駕車陪我到聖伯多祿殿開會。第一期大會閉幕，周神父回美國，楊神父陪我赴德，訪問在臺南教區傳教德國神父的家庭。我在次年正月下旬回臺南。

民國五五年四月七日於羅瑪

第二期會議

第二期大公會議，依照若望第二十三世所定，應於一九六三年九月上旬閉幕。若望第二十三世因病於一九六三年六月三日晚駕崩。六月廿一日，教宗保祿六世當選，六月廿七日，下令於九月廿九日，召開第二期大公會議。

臺灣的主教們，一同乘飛機赴羅瑪，我們到了曼谷，停留一晚，會齊了日本、菲律賓、韓國、泰國、越南、緬甸等國的主教，同乘專機赴羅瑪。這次和上次不同的是傳教區的宗座監牧，也被召請出席，臺灣便有三位監牧，和主教們同往。

第二期大會，還有一件和上次不同的事，是教宗任命了大會監督樞機四位。監督樞機的任務，在於主理每次大會開會以及開會的程序，第一期大會開會時，大會由主席團樞機輪流主席。有幾位主席樞機，年高眼花，拉丁文又不熟，主持大會時，不能應付裕如，發言人有時說話過長，有時說話重覆，主持樞機不敢治裁。教宗保祿，乃任命監督樞機四位，四位都相當年輕多能的樞機。受命主理大會，以策進行。

保祿教宗的性格，我在羅瑪認識頗熟。當教宗尚在國務院任副常務國務卿和代理常務國務卿時，我因任中國駐教廷大使館顧問，多次代替公使或大使去見他，討論幾些問題，常務國務副卿或代卿，爲人彬彬有禮，說話平靜不急，眼光和氣概很廣，看事則很細密，決斷很慎重。因此，我知道保祿教宗具有若望教宗的精神。可是行事和決斷，較若望教宗更仔細，更系統，更嚴整。這一點爲大公會議的進行，很有助益。結果，大公會議從第二期到第四期閉幕時，一切如章如法，整齊有條。四位監督樞機，主理大會，節制發言人的時間，避免發言重覆，避免越出討論範圍。在第二期大會開始時，我們就知道大會已渡過了學習時期，正式步上了公議會的大道。

在第二期大會，第一宗被提出討論的草案，爲《論教會》的草案。這宗草案當時只有四章，從九月三十日起，到十月卅一日，整整討論了一個月，共開討論大會二十三次。討論時間最久，而又最認真的，是《論主教與教宗》，合成一個統治教會的最高威權。一方面有教宗的威權，至大至上，獨自一人，可以主斷教會一切教義教務；一方面有主教院繼承十二宗徒和教宗一同統治教會。這兩方面都已確實不錯，問題便在能夠融合兩端，使不互相矛盾。草案所說的，還不算合於理想，至於草案的後兩章，結構不好，內容也含混。比國徐能士樞機主張更改次序。我在十月十七日大會中發言，代表十五位中國主教，要求把分章次序，加以改變，又說明修德成聖乃眾人共有之責，不宜像草案所說，視爲修會人士的專有責任。

十一月五日，大會提出《論主教牧靈職責》草案，付予討論。上宗《論教會》草案，爲一神學草案。這宗《論主教牧靈職責》的草案，則屬實際問題。主教們發言很踴躍。不過，已開了二十多次的討論會，人心思靜，雖經過四天休假，討論的情景很平坦。大家只用了幾次的討論，便予以結束。但是十一月八日，因教義部組織問題，德國靈克思樞機和奧大維樞機在大會直接衝突，報紙大事渲染，可是當天大會散會以前，我已經看見他們兩人絮絮而談。

十一月十八日，大會開始討論《大公精神草案》。這宗草案是第二期大會的最後一宗討論問題。十二月二日結束，當結束這宗草案後，論教友使徒工作委員會向大會報告教友使徒工作草案，但是大會只聽了報告文，沒有起草討論。

十二月四日，第二期大會閉幕，教宗公佈《革新聖儀議案》和《社會傳播工具議案》。兩期大會的勞苦，收到了第一批效果。《革新聖儀議案》在公佈前，最後一次的投票表決，二千一百四十七票贊成，四票反對，《社會傳播工具議案》，在委員會處理了《大會教長意見書》，重提到大會時，大會反對的票，曾有五百多。當天爲十一月廿五日，主席團首席樞機提色朗樞機，在大會公開伸責有人在大會門口，分散傳單，激勸教長們對傳播工具議案投反對票，可是傳單仍舊發生效力。十二月四日公佈這件議案時，最後一項投票，投反對票的人仍有一百六十四人，贊成者爲一千九百六十六人。

教宗保祿六世，在第二期大會閉幕講詞中，發出了驚人的消息。教宗將於次年正月，親自往巴肋斯坦聖地朝聖，當時全會教長不勝驚喜，極力鼓掌贊成。教宗出羅瑪，在近百年已屬難見。教宗出歐洲，則爲史所未有。教宗前往朝聖基督誕生受難之地，第一位教宗聖伯多祿以後，保祿第六將爲第二人。教宗說明朝聖的宗旨，是爲表示大公會議，以基督的精神爲精神，更爲表示羅瑪天主教會，是基督所立的教會。

在第二期大會將閉幕時，教宗接見各國主教團。中國主教團在十一月晉見，以後在第三期和第四期大會閉幕前，教宗仍舊每年接見主教團，但爲節省時間，教宗一天接見一洲的數十國主教，同每位主教握手，同每國的主教團攝影，然後向數十國的主教致一簡單訓話。

在第二期大會時，羅瑪觀察報連續登載對於傳教區思想問題的文字，訪員又來訪問我，又將訪問紀登在十一月九號的報上，第二期大會後，我赴瑞士，在冰天雪地渡聖誕，對瑞士山間的教友，講述臺灣教務的發達，請他們協助我們建設，次年正月回臺灣省臺南。

每星期大會開會時，聖伯多祿殿兩側，設有咖啡館，大會人員都可以到館裡喝杯咖啡、牛奶、果汁、吃一片餅糕。館裡地方很少，主教們、樞機們、神父們，在裡面擠來擠去，不能立著閒談。於是大家便在聖伯多祿殿內站著走著，談論各自的事情。咖啡館開門是在上午十一點。在十一點以前，主教們都坐在廣場的座位上。十一點以後，便陸續離席，有時廣場坐在位上所有的人不滿全會人數三分之一。爲投票，爲宣佈重要消息，秘書長和監督樞機便要在開會時，或臨時，請大家不動，或立刻返回座位。在大會場裡，無論樞機或主教，誰也顯不出是重要人物，大家都像學生一樣，坐著聽了一小時的課，便要起來走一走，有的還要出去抽口煙。這就表示大家都是人，都有人所有的需要。但是有少數主教，則真是中國儒家君子，正襟危坐，步不入咖啡館。有的主教年高體弱，聽了幾篇發言主教們的高論，要緊伏案埋頭，養息精神，夢遊片時，然後再昂首靜聽。有的主教在散會以後事忙客多，於是便在大廣場中，疾筆草書，答覆各方的來信。至於閱報看閒書，則在大會場裡，絕無僅有。我素不吃餅糕，但是一杯牛奶，則常往館內去喝。在大殿裡雖不遊來遊去，但是走一走，伸伸腿，有時還要找人談話，辦一樁事。大殿廣場的每一小區，有一服務員，專司小區內分送大會文件。但是主教們彼此間常要通消息，於是此一信，彼一信，累的服務員在會場裡走著不息。在大會裡發言，最好是在十一點鐘以前，那時大會教長都坐在各自的席次上；或者是在十二點以後，那時大家都返回座位，預備散會出場，否則發言者儘管聲明他的意見如何重要，如何新穎，大半的教長則都去喝咖啡或去伸腿了。一個問題（不是一宗提案）共討論了三天，監督樞機若向大會提議願意結束討論，贊成起立者，百分之九十九，發言者的演講，都是事前寫好的。有時若是不幸寫的太長，說來過了法定的十分鐘，或是不幸溢出了所討論問題的範圍，監督樞機忽然打斷說話，請即結束或請入題，發言的人不習於拉丁文，便要不知所云了。樞機們照例是每次大會前幾名發言的人，他們而且大都代表自己本國的主教發言，大會教長對於他們的意見，必定靜坐恭聽。其他的主教發言時，則要看本人和時間如何。

在第一期和第二期大會裡，大多數主教的拉丁吐音，很不好懂。到了第三期和第四期，大家習慣聽了，發言人的拉丁文也變好了，會場裡的語言便不發生困難。在兩千三百多位教長中，只有一位在大會中常說法文，人家說這位講法文的東方禮儀宗主教知道拉丁文，只是故意不講，以表示他不喜歡拉丁禮儀的心情罷了。我聽他談法文的優美吐音，倒也覺得好聽。東方禮儀的宗主教最不喜歡坐在樞機以下，第一、二期時他們的坐位便使他們很不滿意。至了第三期，教宗命特別爲他們預備座位，坐在樞機們的對面，獨自成一席次。

可是在大會裡，除了這些小枝節外，大會的程序，大會的氣氛，大會的學理，大會的精神，超過世界上任何的會議。基督的愛德，教會的需要，常在各位主教的心目中。全球的主教共處一堂，全球的主教，各講自己的思想，各談本地情形，我們與會的每位主教，在精神上日有增益，在學識上日有長進，特別是在大會場，我們是用我們的感官，親身感覺、體驗，認識了我們的教會。

民國五五年四月八日於羅瑪

第三期大公會議

第一函

諸位可敬的神父暨諸位可愛的教友：

九月一日下午，承蒙你們在台南車站送行，不勝感激，二日，在台北：午前參加輔仁大學文學院督導委員會議三小時，對於文學院人事組織有主要的決定；午後，參加輔大董事會會議，會議兩小時半。三日午後，教務協進會歡送中國主教團，設有酒會，招待新聞記者。酒會中，于總主教講話後，囑我報告第三期大公會議預定的程序和議案，我簡單說了幾句話。

四日在香港，曾參觀慈幼會的鄧鏡波職業學校。五日在曼谷，曾與高公使及教廷駐泰國宗座代表被邀在靈醫會區長，於八月卅日，曾在馬公相識。

五日，半夜抵羅瑪，入寓安寢。以後幾天，在寓休息，恢復體力。八日，赴傳信部，拜訪次長，七日，謁見部長，報告教區情形。部長和次長，對於碧岳成人修院，特別表示關心。後來，我去看到剛到羅瑪的台南教區神父、修士和修女。他們由香港乘船來意大利，於今都已進了各人安居的學校或修院。

今天，九月十四日，第三期大公會議開幕。教宗在聖伯多祿大殿和廿四位大會會員，共同行祭。廿四位共同行祭者，有樞機三位：即樞機院長，教廷禮儀改革委員會主席和教廷禮部部長。有總主教十五位，主教四人，內有大公會議秘書長和副秘書長。又有修會會長兩位。在沒有離開台南時，大會秘書長，已電告我被選爲和教宗共同行祭的主教之一。今天，很幸運地能夠代表中國主教和教宗以及各國主教代表，在聖伯多祿墓上，在教宗自用之祭壇，共同行彌撒。我心中想著中國大陸的主教們，今天也由我代表和教宗及全球主教，一心一意，同爲耶穌的司鐸，同和耶穌獻祭。他們的精神，和教宗相連，沒有間斷。教宗共同行祭，這次尚是第一次，禮儀簡單而莊嚴。彌撒畢，教宗賜贈共同行祭者所用爲領聖血的金匙，以作紀念。明天，大會正式開始，專此，順祝。

主佑

羅光 頓首

民國五十三年九月十四日

第二函

諸位可敬的神父暨諸位可愛的教友：

九月十五日，第三期大公會議舉行了第一次全體大會，主席團首席樞機，監督委員會首席樞機，大會秘書長相繼發言。從他們的言詞裡，我們就明瞭了這一期進行的程序，將是很緊張而嚴肅的。主席團首席樞機向本會說明：許多主教希望大會在這期內能夠結束，因此大家須認真遵守大會的章程，以求辯論會可以迅速進行，秘書長乃向大會宣讀大會的新章程，新章程的目的就是在於避免在大會討論議案時，發言者彼此重覆，監督委員會委員，則是大會開會時的實際主席，主任委員雅靜安樞機向大會聲明，將確實執行大會章程，故這期大會的辯論會中，決不會散漫無章，也決不會容許發言人溢出題外。同時秘書長又向大會朗誦教宗對於大會專家顧問所有的規定，禁止結成派系，禁止向外界表示一己意見，這樣使大會的風氣，將更嚴肅清靜。

十五日午後，我赴米蘭；次日，在米蘭聖心大學所組織的傳教週講演，講題為《公教傳教事業與佛教之復興》，我以東亞佛教之復興，不能妨害我們的傳教行業，並且我們還要與佛教信徒合作，以復興社會道德，以重建民族文化。這次傳教週為聖心大學所組織的第五屆傳教週。所研究的題目爲：《天主教與非基督教的關係》，我演講時，聖心大學校長適從羅瑪參加大公會議開幕禮回來，乃出席致詞，會場氣氛，頓表隆重。

十七日回羅瑪，傍晚在五傷方濟堂行大禮彌撒，慶祝主保節，我自己是方濟會第三會會友，很欽佩聖方濟輕世輕財的精神。

十八日上午，參加大公會議全體大會，大會在三天內已結束了《論教會》議案的辯論，開始討論《論主教的職務》，辯論進行之迅速，出人意料之外。傍晚，我被邀參加自由職業界的佈道工作，這個團體是教友協助傳教的組織，開會的代表，有廿四個的同會代表。十八日晚被邀列席的主教，有亞洲的十餘位主教，中國的于總主教及杜主教也應邀到會。

今（十九）日，親往傳信部拜訪次長和傳教委員會秘書，商議草寫傳教議案的報告書。中午牛主教邀宴中國國籍主教，慶賀牛主教的七十大壽，我們正預備送禮呢。順祝

主佑

羅光　頓首

民國五十三年九月十九日

第三函

諸位可敬的神父暨諸位親愛的教友：

九月二十日是中國中秋節，在羅瑪開會的中國主教沒有忘記了這個佳節，大家在羅瑪的天津飯館裡舉行了第一次中國主教團會議，還吃了一頓中國飯，開會時大家聚精會神的聽我報告台灣、香港、澳門用中文行禮儀的事，離大陸多年的主教們，他們的心常是在中國，常惦念著中國教務。

九月二十一日到九月二十五日，每天上午大公會議舉行全體會，會議的進行很迅速，一共投了三十次票，決議《論教會》議案第三章的三十項修正案，第三章所討論的對象，爲聖教會的聖統制，尤其是討論主教的權力和職務。一百年來，第一屆梵蒂岡大會議，聲明了教宗的權力至上，教宗具有統治聖教會的全權，這次第二屆梵蒂岡大會會議，繼續第一屆梵蒂岡大公會議，討論教會的組織，聲明全球的主教，繼承宗徒們的職位，一同組成主教院，主教院的首領爲教宗，離開教宗不能有主教，主教院在教宗指揮之下，統治全教會。教宗本人握有教會的最高統治權，因爲都是耶穌統治教會之權，只是實行的方式不同。

在這個星期內，大公會議照常卅次投票，通過了關於這討論教會一項大問題的議決案，這種議決案乃是本屆大公會議中心對象，除投票以外，全體大會的討論會，結束了《論大公精神》議案中的《宗教自由宣言》，這項宣言在目前的國際形勢裡，有兩種意義：一為反對摧殘宗教自由的無神主義，一為表示天主教尊重其它各教。宗教自由為一種基本人權，凡人都應該享受。

九月二十三日上午，舉行全體大會時，教宗親臨聖伯多祿大殿，恭捧聖安德肋宗徒頭骨，供於祭壇之上，受全體主教的敬禮，聖安德肋的頭骨，原來珍存在希臘，當第十五世紀，土耳其人入侵希臘時，乃轉藏於聖伯多祿大殿。教宗保祿六世，決定於九月廿六日派遣特使，護送聖骨回希臘，供於舊存的聖堂內，雖然於今管理該堂的教士，已經不是天主教人士，而是希臘東正教人員，教宗保祿特別為表示大公的態度，毅然以聖骨送回，這件豪舉，深博希臘全國人民的同情。

在幾個星期內，每天下午，我也很忙。廿一日下午，我被請為一位亡友的逝世週年行彌撒，他曾任意大利陸軍中將。二十二日下午參加傳信部經援會秘書長尼總主教殯禮彌撒。二十三日下午本應前往參加故友前波蘭隨營主教殯禮，然因須預備傳教委員會會議，乃留寓未往。二十四日下午，傳教委員會開會，審查主教們對於傳教議案的意見書。二十五日晚，謝次彭大使請看中國歌劇電視。二十六日午後，往醫院探視藍澤民總主教病情，藍總主教於二十三日午後出門，被汽車撞倒，傷斷兩腕，兩手用石膏貼住，伸開臥床，如釘於十字架，但是他的精神很好，雖苦，仍舊滿面春風，忍德很高。 此祝

主佑

羅光 頓首

民國五十三年九月二十七日

第四函

諸位可敬神父，諸位親愛教友：

在這一星期內，大公會議的全體會議，討論了《向猶太教人及非基督信徒之宣言》，又討論了《論啓示》議案的前半部。下星期一，開始討論這項議案的後半部，可能在三天內結束。以後便要討論《論教友協助佈道》的議案了。討論的進行，很是迅速。大家的心理，都不喜發言的人過多。若有主教已登記發言，臨時宣佈放棄者，大家必報以鼓掌。

這一星期大會討論的中心有兩點：第一、不稱猶太民族爲弒戮天主的惡民，猶太人釘殺了基督耶穌，歷代信仰基督之人，都視猶太民族爲弒戮天主的罪人，故加輕視。當今的猶太

人，認爲這種罪案，常爲猶太受人打擊的原因。於今大公會議聲明弒戮天主之罪，已兩千年，和於今的猶太人沒有關係，不要把當時猶太人的罪名，加在歷代的猶太族身上。我想這種宣言正式公佈以後，普天下的猶太人必定很滿意。第二、是啓示在歷代口授上的範圍。啓示是天主的啓示。由古代猶太先知向猶太人宣佈，最後由耶穌基督向全人類宣佈。耶穌所授的啓示，由宗徒們以口授和筆傳給後代。宗徒們所筆傳的啓示爲《聖經》。宗徒們所口授的啓示，由歷代口授至今不絕。筆授和口授的啓示，都導源於天主，兩者的範圍，是口授者大於筆授？即是在《聖經》以外，聖教會有口授的啓示真理。但是問題就在於這個「大」字，怎樣口授大於筆授呢？有的說：口授的啓示真理，須在筆授的《聖經》上有所根據，有的說不必有根據，這兩派人在大會討論會中，頗有爭執。

在這一星期內，大會投了十五次票，最重要的是關於六品制度所投的四次票，大會通過在一些地區，因教會的需要，主教取得教宗同意後，可以恢復終身六品制，但六品人士須終身不娶，只有教宗可以准許有功教會的已婚或老年人，領受六品。這一點是這次大公會議的創舉。青年六品可以結婚一案，大會未與通過，大多數主教不贊成。

這一星期每天午後，我都在寓所內未出門，草寫傳教委員會大會的報告書。傳教委員會曾於本星期四（十月一日）午後，召開五人小組委員會，我出席，討論主教們對於傳教議案所送來的意見書。下星期二，將舉行傳教委員會全體會議。

羅瑪天氣，近日已轉秋涼，小雨兩日後，樹葉已漸漸飄落了，離開教區已一月了，每天心常念著你們。　祝望

天主保佑

羅光　頓首

民國五十三年十月三日

第五函

諸位可敬的神父暨諸位親愛的教友：

從五日到九日，每天上午學術大公會議全體大會，在這五次大會裡，結束了《論啓示》議案的討論，又開始討論《論教友協助佈道》的議案，同時投票表決通過《論大公精神》議案的三章修正文。

《論啓示》議案的討論，沒有出乎意外的新奇事，本週所討論的，是古經、新經和《聖經》對於教會生活的關係，發言的主教多注意《聖經》全書，是不能錯的，因此解釋《聖

經》時，不能以《聖經》同於凡書，但是寫《聖經》的人，使用自己的才力和經驗。《聖經》的每一冊書，總有人、地和時代的特性，因此研究《聖經》的人，不能輕忽《聖經》的歷史。聖教會當以《聖經》為根基，且以《聖經》為教友精神生活的食糧，這次大公會議特別提倡在禮儀中多念《聖經》，又鼓勵教友每日誦讀經書。

《論教友協助佈道》議案，已討論了三天，發言主教對於教友協助佈道的理論，要求詳加說明。對於協助佈道的意義，廣狹不同，互有出入，公教進行會的組織，能否包括教友的各種組織，頗有爭論。然而大公會議的議案，關於一個尚在學者自由辯論中的問題，不能表示意見，以免厚此薄彼。我在八日的大會中發言，就教友協助佈道，在傳教區的重要稍加陳述，關於共產黨統治下教友的協助教會工作，也加以讚揚；希望議案對於教友協助傳教的工作，予以鼓勵和指導，因為論傳教工作的議案，條文縮短，不能論到這一點。

在這一週內，每天下午我都有事：五日下午在寓內寫信，六日下午傳教委員會議全體會議，七日下午中國主教團全體會議，再往參與靈醫會會祖逝世三百五十週年紀念會。八日午後，參加耶穌會總長殯禮彌撒，再為一友人的新生嬰兒付洗，九日午後，傳教委員會全體會議，十日午後參與為祖國祈禱的彌撒，和我國駐教廷大使館酒會。

十月十日中午，我叫台南教區在羅瑪留學的神父、修士、修女到寓所來吃中飯。一共來了兩位神父，五位修士、四位修女，還有一位神父和一位修士，在德國休息沒有回到羅瑪，等到開學的時候，他們纔回來。新近加入台南教區的雷震遠神父，八日自比來到這裡，十日中午也在寓所吃飯。他對於台南教區的這一批後備人員，很表看重。雷神父因時局關係離開了西貢，明年正月裡將到台南來工作。十日上午，母佑會遠東區會長來寓相見，商討她的修女到台南服務的細節。

耶穌會總長逝世，爲教會的一樁大事，耶穌會爲我們教會裡最大的修會，會士的工作，又是在各修會裡最重要、最巨大的，會長則又是終身任職，這次逝世會長殯禮彌撒的隆重，可以說是獨一的，參加彌撒的樞機，共二十三位，參加的主教共一千餘位，當然這是因爲適逢羅瑪大公會議，然而若不是耶穌會總長而是另一總長，樞機和主教絕不會這樣多去參加殯禮彌撒了。耶穌會士在台南市今年正興工建造本堂和中學生中心，我希望總長在天之靈，助佑會士在台南的建設。此祝

主佑

羅光　頓首

民國五十三年十月十一日

第六函

可敬的諸位神父暨親愛的諸位教友：

今天是傳教節，早晨我應邀到羅瑪的一個本堂行祭，傍晚又被請赴一教友善會行彌撒，大家都注意傳教的事業，都爲傳教的主教神父祈禱，也爲傳教工作捐獻金錢，他們聽說台灣教會興隆，教會事業發展迅速，都很稀罕而又喜歡。我也向他們講我的教友，信仰誠切，守規蹈矩，他們聽了都起了羨慕之心。

可惜，我今天沒有能去參加烏干達殉道者的謚封聖人的大典。我雖然親身見過了許多次的謚封典禮，今天是非洲黑人第一次登聖品，我很有心去參加；但是爲了傳教節，也只好心領神往而身不在了，我又想我們中國教會殉道致命者並不多，登聖品者則還沒有，我們又走在非洲以後了。

從十二日至十六日，大公會議的全體大會了，每天開會，但是這一星期的大會，可以說是過渡性質的會議，沒有重大的意義，本來在十三日結束了《論教友協助佈道》議案的討論以後，立時開始討論《論教會與現時代》的議案。可是因爲這個議案的報告書，沒有預備好，乃臨時改換程序，大會便討論了《論司鐸的生活和職務》，又開始討論《論東方禮儀教會》。這兩項議案，屬於不加討論一類的議案，原定只在大會提出，由負責編寫的委員會選一報告人，向大會誦讀報告書，大會即行投票表決。後來因爲許多主教要求這一類的議案也應加以討論，大會負責人乃決定予以討論，然討論的時間較短，故論司鐸的議案，經過兩次大會，就討論完畢，論東方教會的議案，在本星期一的大會裡，也可以結束。然後便討論《論教會與現時代》，這個議案是最主要的議案之一。議案條文，則未完全成熟，故在大會討論時，發言的主教一定很多。意見也一定很複雜，我也打算發言，講點小意見。

在討論《論司鐸的生活與職務》議案時，教宗特別許可全球本堂司鐸的代表，參加大會，司鐸代表是由大會秘書處，在會前特發電邀請。

司鐸的品位，崇高而繁重，在論教會的議案裡，已經講明，司鐸的工作，緊要而艱鉅，在論主教牧職的議案中也加有申述。《論司鐸生活和職務》議案，則在司鐸生活的清高和聖化上，擇要說明，使在現代趨向物質享受的社會裡，司鐸仍能保持聖潔的生活，不辜負自己的使命。

大會還預備向全教會的司鐸發一文告，讚揚他們的功績鼓勵他們前進，司鐸是主教手臂，主教們絕對不會在大會裡忘記了司鐸們，主教們所希望的，是司鐸們認真體會自己的鐸職。是由主教而享有耶穌的鐸職，主教則是代表耶穌的整個司鐸品位，神父因此常要和自己的主教結成一體，以主教爲頭腦，既不可以分離，又不可以相抗，我所以很喜歡我們台南教區神父們，因爲你們和我真是結成一身，同心同德。這也是我們教區得有天主降福的一種原因，我們必是要長久保持這種美德。

上星期四午後，我參加法國主教所召集的各國主教團代表，到會代表約三十餘位主教，對於《論教會與現代議案》彼此交換意見，討論了兩小時。其他午後則或是在寓所接見來訪的神父和修女，或是出去拜訪朋友。上星期我接到了《文星雜誌》和《現代學苑》，讀了我致文星主編的信，我也轉給別的幾位中國主教讀了，大家的印象頗好，人家罵我們，我們可以不答。人家罵教會的事業，甚至於罵到了救世主耶穌，我們便不能不答覆了。但是答覆時，我們還是保持忍字的態度，效法耶穌寧靜的氣概。此祝

主佑

羅光 頓首

民國五十三年十月十八日

第七函

可敬的神父，親愛的諸位教友：

本月十九日上午大會，結束了《論東方禮儀教會》的討論，並投票通過決議案條文。廿一日上午，舉行分章投票，只有一章，須加修改，其餘各章，都一致表決通過。這一宗議案，是在第一期大會時就討論了，付交委員會修改，這次所討論和表決的，是已經加以修改的條文。條文的意義，在於肯定東方各派禮儀的教會，各保各的傳統禮儀和法規，他們的法規，以宗主教爲首長，總主教和主教在宗主教統治之下，執行職權。我們拉丁禮儀的教會，雖辭宗主教之名，沒有宗主教之實，總主教和主教，都是平等，都是直屬教宗。東方的宗主教乃大加抱怨，說我們把宗主教和總主教相等，不分上下，減削了宗主教的權威，以致宗主教列於樞機之下。但是在我們看來，只有教宗和主教，是耶穌所立的；宗主教和樞機，則是教會所定的。凡是教會所定的，教宗有權力可以改變；耶穌所立的制度，教宗便不能改了。

本月廿日，上午大會，開始討論《教會與當前的社會》（在當前社會的教會），發言者盡是樞機，會場的氣氛很緊張嚴肅，誰都知道這宗議案，是本屆大公會議的最重要議案之一。第一宗最重要的議案是《論教會》議案，教會說明自身的意義。第二宗最重要的議案，便是《論教會與當前的社會》議案，教會對於當前的主要社會問題，說明自己的立場，指出解決問題的原則。代表草寫這宗議案的委員會，向大會作報告的主教，在報告書裡聲明，這宗議案所討論的問題廣泛，而且多是新的具體問題，委員會爲草寫議案的時間又很短促，因此議案的各章，缺點很多，希望大家發表意見，委員會根據主教們的意見，可以修改議案的條文，大會的主教們都知道這宗議案的重要，發言的人很踴躍。第一天討論時，都是樞機說話，第二天以後，纔輪到主教們發言，從廿日到廿三日，一共四天，討論議案的概論。發言的主教，既都強調了議案的重要性，便各指出議案應當加增和修改的部份。就大體說來，主教們認爲這宗議案的對象，是全世界的人，全世界的人，則大多數不是基督信徒，議案的文字，便不應多引《聖經》，專從神學立場說話，卻也該從人性天理方面去講。當前社會問題裡，最主要的問題，是辯論的無神論，即是共產主義，對於這個問題，不能只是間接辯駁，應要明白地說明。第四天，于斌總主教發言時，便以七十餘位主教的名字，要求直接討論共產主義。

這宗議案的討論會，大約要開到本月底。因爲分章討論時，每章的問題很多，尤其是第四章，分別指出當前的幾種社會問題，討論定很熱烈。

這八天內的每個下午，不是開會，便是寫信見客。十七日下午劉河北修女同她的母親何靜安女士來見，談中國聖畫展覽會事，又談十字架女兒會在台南設女子專科學校的計劃。廿日往看姚兆明女士的聖畫，以籌備畫展。廿二日往訪于總主教與部總主教，商議下星期二，台灣、香港、澳門的主教們討論禮儀的會議。廿三日午後，往參加爲非基督信徒委員會所召集的中國主教談話會。會中主席馬肋拉樞機及秘書神父，說明委員會目前的工作，並要求各位主教的協助。

廿四日午後，應羅瑪附近阿爾特教區主教之請，赴該教區學術傳教週閉幕日講道，寄宿於一本篤修女院中。晚飯後向修女講話，談中國教會的情形。約一小時許，修女們很爲感動。廿五日主日，在各本堂講道七次，鼓勵教友們爲中國大陸教胞祈禱，爲台灣教務的發展求助。

各位神父，各位教友，我從賈副主教和高神父的報告，知道你們很踴躍的參加了禮儀示範日，又從善導報看到了中文彌撒示範的良好結果，我非常高興。因爲你們好好舉行聖祭，將來必多天主恩寵，教區也將因此受天主的降福。

此祝

主佑

羅光　頓首

民國五十三年十月廿五日

第八函

可敬的諸位神父，親愛的諸位教友：

這一星期的大會，都在討論《教會和當前社會》的議案。上週的討論是概括的討論，這一星期則是分章的討論；而且第四章還是分節的討論。第一章論人的使命，關於這一章，發言的人很多。大家都注意人的人格價值，人的生活意義，以及人的自由。第二章和第三章，聯合一起討論，因爲兩章是論教會和教友對於當前社會的任務。討論這兩章時，發言的人較少；發言人所說的，多是關於教會和政權的關係，以及教會和窮人的親密，教會不能阿附政權，教會也不鄙視窮苦，第四章所討論的問題很重要也很複雜，全章共有六節，每節專論一問題。即是：人格、婚姻、文化、經濟、民族團結、和平。這些問題，在會場裡分節討論。一個問題討論完了，纔開始討論另一問題，在討論一個問題時，還只討論到文化的問題。上週，預算本週內可以結束整個議案的討論，沒有實現。對於第四章前三節的問題，發言最多的，是婚姻問題，而婚姻問題裡最引人注意的，是節育問題，因爲這個問題，是當前社會上最苦惱的一個問題。發言的人都感到這個苦惱，一方面有教會的傳統學理，一方面有當前社會的節育事實，怎麼樣可以使節育事實，能有適當的範圍。現任教宗已委任了一個專門委員會，由主教、神學家、生育學者，集合研究。在大會發言的人，都希望這個專門委員會，早日能有具體的報告。關於婚姻問題，大會討論了兩天半，大家都感到疲乏，昨天十一點半時，監督大會的樞機，提議結束，全體起立贊成，於是要求發言的人，停止發言。大會開始討論文化問題，我對這個問題，昨天十二點時，曾發言，說明教會在傳教區文化工作的重要。幾世紀來傳教士忽略這種事業，教會的思想，在社會上既不爲人所知，又不能發生效力；而且知識份子信教者很少。今後我們應以文化工作，作爲傳教的重要工作。

本星期二午後，我參加兩個會：第一個會議是主教代表會議。到會者有廿三國代表，多屬傳教區的主教。所討論的事，是各國主教對於《論傳教工作》議案的態度。在結束《論教會和當前社會》議案以後，大會就將開始討論《傳教工作》議案。各國主教代表交換意見，以決定在討論時，可以採取的態度。開會時先由我簡單地報告編寫這宗議案的經過，然而談話會沒有結束時，我離席前往參加台灣、香港、澳門的主教會議。這個會議是一個正式會議，台、港、澳在羅瑪的主教都到，共十七位，由高公使主席，我報告開會宗旨，爲討論禮儀改革問題，然後按照開會程序，逐條討論。從午後六點開到七點半，會後，主教們共進晚餐。會中所討論的重要問題，凡關於應當實行者，將來都會正式發表，現在我可以告訴你們的，只是上次主教們關於實行中文彌撒所規定的日期，有所改變。因爲教廷最近所頒的改革禮儀通令，定於明年三月七日，嚴齋第一主日，開始有效。台、港、澳主教這次開會時，將前次所訂於明年正月一日開始實行中文彌撒，改爲明年三月七日開始實行中文彌撒，以配合教廷改革禮儀通令的時日。但是台、港、澳各主教，仍舊有權規定教區試行中文彌撒的日期。

十一月一、二、三日，大會休息。主教們大都離開羅瑪到外省或外國去。我將留在羅瑪，預備傳大開學典禮的學術演講。羅瑪大學每年有一次正式開學大典，分發上學年優秀學生獎品，典禮中由本校一位教授作學術講演。今年開學典禮，將在十一月十九日，該大學邀我以舊教授的身份，做一講演。

十一月二日，追思節日，我將在彌撒和祈禱中，和你們一起追思你們的已故親友。我雖不能同你們到墳園掃墓，我的心則和你們同去！

祝

天主保佑

羅光 頓首

民國五十三年十月卅一日。

第九函

諸位可敬的神父，諸位親愛的教友：

昨天我接到賈副主教的電報，報告胡國臨神父因車禍殁身，我心中十分傷痛，痛惜胡神父壯年消逝，痛惜我們教區缺少一位埋頭苦幹的神父，前年我在德國時，曾往訪問胡神父的親戚，看見他一家的姪兒輩，成行成隊，於今這一個大家庭，都要痛哭胡神父在大戰時，歷盡千般災難，沒有喪身於戰火中，於今卻喪身於車禍！天主的聖意，實在是難測！但是在我們自己一方面，務必要減少這種喪身的機會。

本月二日和三日，大會沒有開會。二日是追思者日，三日，教宗參加追思一年內去世的樞機和主教之彌撒，追思大典在聖伯多祿殿內舉行，由國務卿樞機主祭。

四日到七日，每天舉行大會。七日雖然是星期六，也不再有週末假期了。

四日至五日，大會繼續討論《教會與當前社會》議案。所討論的是第四章的第三款《論文化》，第四款《論經濟生活》，和第五款《論民族間之團結互助》。文化和教會的關係很深，不單單是歐洲的文化，是天主教所建立的，而且是因爲歐美目前的文化，乃是一種非宗教的文化，和天主教脫離了關係，文化既爲人的生活方式，信天主耶穌的人，便該當有適合自己信仰的生活方式，便是要有基督的文化。信天主教的社會，而沒有基督的文化，社會生活必是反乎信仰的了。歐美當前的社會，就表現這種令人憂急的現象。同時，在另一方面，新近信仰天主教的民族，他們的生活方式，也該在自己民族文化裡，按照基督的信仰，予以抉剔，合於信仰者選抉，不合於信仰者剔除，以建立本民族的基督文化，這種工作，是一種很重大的工作。對於當前社會的經濟生活，教會最關心的，是社會正義，資產的分配，工作的條件，勞資的關係，一切都應照著正義而做。近五十年的各位教宗，屢次頒發通諭，闡明教會的社會學理，指示解決社會問題的原則。歐洲各國的勞工，於今多有脫離教會的懷抱，投奔無神主義或甚而投奔共產主義，歐洲的主教們對於這件事情，煞費心血，正在設法挽救。所以要求在大會發言的人，數目很多。可是因爲大會本屆的期間已快完了，大會監督委員，沒有讓大家都發言。對於目前各民族間的團結互助，主教們特別注意協助經濟落後區域的人民，不受飢餓。

六日，教宗保祿六世，決定親自主持大會，又決定聽取討論傳教議案。教會與當前社會的議案，而舉行《論傳教議案》的討論會，教宗於九時入會場，參與彌撒。彌撒後，教宗發表訓話，聲明自己最注意傳教問題，因爲是教會的切身問題。凡是教友，都應充滿傳教的精神，因而群起協助傳教，教宗乃讚揚全球教士的工作，鼓勵他們繼續努力。教宗訓話畢，傳教委員會主席雅靜安樞機起立致謝教宗，並作引論，說明傳教工作的意義，以及一百年來的進展。教宗遂出會場回宮，我乃向大會作報告，報告傳教議案的歷史和內容。隨即開始討論，要求發言的主教，在一百人以上，可是能夠發言者，僅二十八人。

傳教議案是屬於縮成簡單條文的議案，即第三類議案，只有短期的討論。發言的主教都代表多數主教發言。我在報告以後，七日的大會中，也以代表亞非多數主教的資格發言一次。所有發言的人，都埋怨議案太短，要求重新編寫一較長的新議案，傳教委員會本來也希望編寫一完滿的議案，但是受大會策劃委員會的指示，只能寫一簡單議案的條文，以至一切問題，只能提出，不能予以詳細的說明和解決原則。今天大會結束討論時，我乃代表傳教委員會主席樞機向大會建議，以傳教議案重新由傳教委員會修改並擴大，在下屆委員會中再付表決，大會投票贊成我的提議。

六日，我在大會提出傳教議案後，午後，在羅瑪的美國記者招待會上，被請說明這宗議案的意義，答覆他們的詢問，當天午後，又趕出去出席廿九個主教團代表會議，他們代表們也討論這宗議案，可見大家對於傳教問題，都很關心。

七日午後，中國主教團在羅瑪所組織的中國聖畫展覽會開幕，會場雖小，展出作品不多，但是頗有好的代表作品。

昨天，在羅瑪一本堂舉行傳教日，我在六台彌撒中講道，請教友爲台南教區祈禱，教友們很踴躍相助。

想起胡神父的車禍，心中尙是憂傷不已。今晨爲胡神父行了追思彌撒求天主援他升天，使他在天堂仍爲台南傳教。

此祝

主佑

羅光 頓首

民國五十三年十一月九日

第十函

諸位可敬的神父，諸位可愛的教友：

大公會議自十一月九日結束了《論傳教工作》議案的討論後，就開始討論《論修會生活》議案。十一日，結束了討論這宗議案，又開始討論《論修院教育》議案。十三日，大會中有希臘禮儀的彌撒，教宗親臨參禮，大會沒有舉行會議，十四日，星期六，大會開會，繼續討論修院教育。十六日，這宗議案可以結束。

對於修會生活，大會注意修會生活的政策，各種修會秉承會祖的精神，遵照本會的會規，在會內訓練修士、修女的內修生活，在會外從事佈道或教育工作。古來傳下的苦修修會，則專事祈禱克己。大公會議希望各修會保全這種祖傳的精神，矢志不懈。但是爲求修會生活與工作，在當前的社會裡發出強有力的影響，修會的生活，則應當有所改革，不是爲隨流合污，不是爲時髦，但是爲求適當的時代化。

大會主教提到修院教育，沒有不十分關心的。因此討論這宗議案時，討論得頗爲熱烈。在修院教育方面，主教們注重修院課程和教學方法，力求適應時代。爲加強修生的內修生活，應使修生誠心了解並實行精神生活的步驟，習於自動，不常被動，修院教育問題，是一個很重要，而又很複雜的問題。在歐美各國，已經有主教，動手改革修院教學方法，不過尚都在試辦時期。

大公會議在下週內，將結束第三期會議。閉會以前，希望能公佈兩宗議案的決議文。因此下週將很忙碌，爲趕期投票，通過議案的修正文。若能在星期一、星期二，結束《論教會》和《論主教牧職》兩議案的投票手續，則在星期六，這兩宗議案可以由教宗及大會主教正式通過，公佈施行。

十日和十三日午後，我赴傳信部訪問新任傳教經援會秘書長。秘書長爲一美籍蒙席，在羅瑪讀書，和教廷工作已三十年，故和我極爲熟識。

十三日午後，我又參加主教團代表會議，討論有關大公會議進行程序各端問題。當天午後，亞洲各國主教覲見教宗。各國主教分列在梵蒂岡宮內各廳中，教宗週行各廳，和每位主教交談一二語，我吻教宗權戒時，教宗說：「我們很注意你的工作，也常常關心。」我求教宗特別降福碧岳修院，教宗答說：「滿心願意降福修生們。」

十二日午後，台南留學羅瑪的神父、修生和修女，到我寓所來賀主保節，一共來了十一人。他們算是代表教區的神父、修生、修女和教友，同我在海外慶祝聖達義瞻禮，可是你們寄來賀節的信也很多，我很感激，另外感激你們的神花。

十四日我在意大利北方巴杜奎教區靈醫會神學院行聖品禮。領品的修士，約二十餘人。他們有剛行剪髮禮的，有領一、二、三、四小品的，有領五的，靈醫會在澎湖和羅東傳教的神父，都是從這座神學院畢業的，因此省會長請我遠道去爲他們授品。十五日我在修院講道行祭，又在本堂行祭講道，十一點動身搭火車回羅瑪，午後五點抵站，身體頗乏，可是在登床休息之前，趕急寫了這封信，不然最近幾天就抽不出時間了。 此祝

主佑

羅光 頓首

民國五十三年十一月十五日

第十一函

諸位可敬的神父，諸位親愛的教友：

第三期第二屆梵蒂岡大公會議，已經在昨天閉幕了。大會的主教們，心情很愉快，都認爲這期會議是本屆大公會議工作最積極，收效也最多的一期會議。

這第三期會議最後的一週，工作既緊張，情形也稍呈紊亂；因爲在五天內，要討論三宗議案，要就七宗議案舉行投票表決，又因《論宗教自由》議案投票事，發生波折，但是大家都很沉重，每天開會的程序，順次進行，結果三宗議案都討論完了，該表決的議案，也都表決過了，論宗教自由議案投票事也圓滿解決了。昨天閉幕日，教宗在大會中竟能公佈了三宗重要議案，成爲教會的教義和法規的令文。

在上週所討論的議案是：《論修院教育》，論天主教學校教育，《論婚姻聖事》。這三宗議案都屬於第三類簡短議案，討論的時間也有限制；然而在大會中發言的主教們，對於這三類問題在各方面所應注意之點，都詳加說明。今日的修院教育，最重要的，在於培植適應時代需要的司鐸。今日時代所要求的司鐸，在德學方面，都要比以往的司鐸高，修院的教育，既不能閉門造車，也不能趨鶩世俗，要有正確的標準。《論修院教育》議案條成了今日修院原則，請各地主教會議按照環境需要訂立細則。《論天主教學校教育》議案，為大公會議對於天主教學校教育的一篇宣言。在這篇宣言裡，大公會議將說明天主教會對於青年教育的主張，青年教育爲造成青年的人格，培植青年的學識，使能自立，成爲合於基督福音的完人。爲發展青年教育，天主教會則指導爲父母的，注意兒女的訓導，次則建設各級學校，又訓示各國教育人士，互相合作，共謀進步。《論婚姻聖事》議案，乃爲大公會議一項要求，要求在修改法典時，對於婚姻法規，多加簡化。在婚姻阻礙，在婚姻儀式，以及在天主教教友與非教友結婚的各方面，所有的法規，都宜規定新法，大會討論這宗議案後，投票表決，將這項要求送呈教宗，請求及早決定實行。

《論宗教自由》議案，在這期大會裡早已討論。草寫議案的委員會將議案按照主教們所發表的意見，重加修改，於十八日提交大會付予表決。但是一部份主教，因議案中所修改之點，很多很重要，乃要求重加討論，然後纔行投票。主席團和監督委員會決定將這問題，由大會於次日投票表決，是否應該再加討論。次日，十九日，主席團主席樞機，忽又聲明《論宗教自由》議案，按照大會章程，應重加討論。於是大多數主教聯名上書教宗，要求取消主席團的決議，以該議案立即付予投票表決，不再加討論。教宗於當天午後，召集樞機院會議，決定按理應保持主席團的決議。二十日，主席團主席樞機向大會宣佈教宗的答覆問題乃告解決了。

昨天閉幕典禮時，教宗的一篇演講很爲重要。教宗在演講裡說明了下一期大會爲最後一期會議。在大公會議閉幕後，聖座將設執行議案委員會，又將設一主教諮詢委員會作爲聖座中央重要機關。然而演講中最重要的，還是下列兩點：第一尊稱聖母瑪利亞爲聖教會之母，第二說明論聖教會條文內主教的職權，應按草寫論教會議案委員會所加的註腳去解釋，這兩點都有關於聖教會的教義。

傳教委員會於本月十六午後開會，議定重新草寫一宗條文更詳細的議案，以滿足大會主教們的要求。並選出五位委員，組織起草議案委員會，我被選爲委員之一。本月二十日午後，五人小組委員會在傳信部內舉行會議，由雅靜安樞機主席，決定聘請專家五人協助工作，又定於明年正月十一日，小組委員會開始開會。

我本來預定於十二月中回台南，在教區歡度聖誕節。在瑞士、西德等國，我都沒有預訂約會，然而傳教小組委員會在正月要開會，會前必須預備，我爲避免多次東西奔跑，又爲節省旅費，便只得留在羅瑪，等待正月下旬，小組委員會的工作結束了，我纔回台南，我心中很不安，惋惜自己不能回來過聖誕。可是無論如何，我必趕來過農曆新年，在農曆元旦，我們要在主教座堂第一次慶祝台南教區主保「中華聖母節」。

羅瑪外雨後天晴，近日常是太陽當空，碧空無雲。我想到台南冬季不雨，於今想必也是，日暖風和。我祝你們大家多蒙主恩，身心愉快。又祝

常得主佑

羅光 頓首

民國五十三年十一月廿二日

第四期大公會議

第一函

可敬的諸位神父，可愛的諸位教友：

離開台南已經半月了，每天都想著你們，每天都爲你們祈禱。

本月五日清晨一點半鐘，抵羅瑪寓所入寓，登床休息。十一點行彌撒，中午，駐教廷謝壽康大使設宴爲中國主教洗塵。以後，我閉門靜息。七日上午，赴傳信部，部長尚在外未返，乃拜見次長西奇孟總主教，和傳信補助金及培植本籍聖職人員補助金兩委員會秘書長，略談教區近況。他們對於台南的兩修院，都特別注意。八號，台南教區留學羅瑪的修生和修女，分別在上午下午來見。九號我動身赴意大利北部一小鎮，爲我寓所女工的女兒，降福婚配，十二日返回羅瑪。

九月十四日，第四期大公會議正式開幕。上午九點，教宗保祿六世和大公會議主席團，協調委員會以及秘書處廿六位負責教長，共同行祭。彌撒畢，教宗致開幕詞，指明本屆大公會議的精神，是基督的博愛。三年以來，大公會議所表現的言論，議案以及所發動的氣氛，都是以基督的博愛爲中心。禮儀改革的目標：在激發教友們；增加愛慕天主之情。大公精神所嚮往的，是向一切信仰基督的人，表示友愛，互相團結。對於現代社會，大公會議所謀求的，是求貧窮的人能得溫暖，是求遭迫害的人能得自由，是求紛亂的世界能有正義的和平。

下午六點，教宗親率全體主教，往聖十字堂，舉行十字聖木遊行。教宗親捧十字聖木，在羅蓋下，步行往聖若望大堂。全體主教列隊前行，誦經歌讚。路旁民眾擁擠，火炬高燃。聖若望大堂前，數萬群眾蟻集，恭迎十字聖木，教宗高舉聖木，降福群眾。禮畢，已萬家燈火時了。

大會，在敬禮十字聖木節開幕，又特別舉行聖木遊行；是爲昭示我們，聖教會的生命和一切事業；都是以基督的犧牲爲根基、爲原則、爲工具、爲希望。因此，大公會議的目的和精神，也是以基督犧牲一己而救人的精神爲目的和精神。

本月十二日，教宗由行宮返回梵蒂岡時，曾在古羅瑪埋葬殉道聖人的墟墓中行祭，彌撒中講道，稱揚目前爲基督而遭迫害的主教、神父和教友，激勵全球教友和他們一心一德，共同抵抗無神主義的暴政。

忙中草寫這第一封信，祝大家因基督而快樂。

羅光　頓首
民國五十四年九月十五日

第二函

可敬的諸位神父，可愛的諸位教友：

第四期大公會議的第一週已經過去了。九月十五日，星期三；正式開始舉行討論議案大會，乃是第二屆梵蒂岡大公會議的第一百二十八次討論大會。以後每天上午都有這種會議，今天，星期六，則休息。

九月十五日，這期大公會議第一次大會時，教宗親臨聖伯多祿大殿會場，參與彌撒、誦經、開會。秘書長宣佈，教宗在會場公佈一道諭命，設立「主教會議」。當即由馬肋拉樞機解釋這道諭令的意義，秘書長隨即當眾朗讀諭令全文。

「主教會議」係這次大公會議在《論主教職責》議案中所決定的。該議案向教宗建議，希望教宗設立一種主教會議，由全球主教中選任議員。議員的職責，爲集會討論教宗交付的問題，向教宗提供意見。《論主教職責》議案雖尙未公佈，教宗已經接受這項建議，提早頒佈諭令，設立「主教會議」，諭令所設立的主教會議，爲直隸教宗的一種會議，議員除法定之教廷各部部長、樞機及東方禮儀派之宗主教及總主教外，由各國之主教團選舉，再由教宗批准。主教會議由教宗召集，閉會後，議員即任滿。故每次會議，每次應選議員。但若爲一屆特別會議時，則由每國主教團長任代表。此種主教會議，乃是全教會的主教會議，或可說是全教會主教的代表會議，有似一種小型的大公會議。

大公會議的第一週，所討論的議案，是《論宗教自由》議案。全體主教都贊成宗教自由，但是對於議案的詞令和形式，多有主張修改者。議案主張每人俱應享有信仰自由，國家法律宜予以保障，又主張各國能有國教，但在國教以外，其他宗教也應享有自由。這兩項主張，在學理方面和實行上，都包含許多困難，因爲每人享有信仰自由，每人又該追求真的信仰，而且天主教因基督的訓令應該傳揚福音，勸人信從；這幾點在《論宗教自由》的議案中，都要互相融洽。再者，以天主教爲國教的國家之主教，很不願聽准許其他宗教自由宣傳。傳教區的主教則又怕大公會議正式主張有國教，使佛教、回教的勢焰更盛，這些相反的心理，也應互相調協。因此《論宗教自由》議案的文章，真不好作。

九月十六日，我也曾在大會發言，就上面兩點，批評議案詞令的缺點。

昨日午後，我參加各國主教團秘書和代表會議，研究有關大會的事項。今天午後，我則參加傳教委員會會議，討論有關傳教工作議案的各項意見書。下週星期一，大約可以結束《論宗教自由》的議案，開始討論教會的現時代的議案。我的身體和精神都很爽快，適於工作。　此祝

主佑

羅光　頓首

民國五十四年九月十八日

第三函

可敬的諸位神父，可愛的諸位教友：

第四期大公會議的第二星期，成績很好，結束了討論宗教自由的議案，又討論了教會與現代化社會議案的大綱。

對於宗教自由議案，大會討論得很熱烈，樞機中發言者也很多。星期二，討論會議結束，大會通過一提議：接受《論宗教自由》的草案，作爲委員會編寫修正文的藍本，委員會編寫修正文時，宜根據教會論真宗教的原則，並根據大會主教所發表的意見，修正草案，再

提交大會投票通過。

去年大會對於《論宗教自由》議案，雖也很注意，但是趕不上今年的熱烈。這或者是因為去年大會閉幕前一天，因著這宗議案，曾發生了一次波折，引起了大家的注意，但也是因為議案所討論的問題很重要。今年大會對於第十三宗議案，即是《論教會與現代社會》的議案，所有的注意，則不如去年的熱烈。去年發言的人很踴躍，聽的人也很留心。今年大會的情緒則很平靜，發言的人和聽的人也很輕鬆，一點也不緊張，這是因為對於這個議案所該說的話，去年都說過了。對於議案的各種問題，所有的意見，去年也都發表了。今年則是就議案的文字來討論，大家的情緒當然就冷淡了。

就大綱上說，大會主教認為這宗議案的文字，過於鬆弛，在原則和觀念上，措辭不清晰。在拉丁文法上，更是不通順。在第一天討論時，白雅樞機說自己曾用拉丁文講書四十年，於今捧讀這宗議案，有些文句不懂是何意義。昨天德國傅靈格斯樞機批評草案，對於教會，天主子民，社會以及草案的目標，這些觀念，都不清楚，應該徹底改正。

下一星期，可能要開始討論議案第二編。第二編所講的是當前的各種重要社會問題。那時，發言的人和聽的人，大約又要像去年討論時的熱烈了。

在這一星期內，大會曾一次上書教宗，致謝教宗頒佈建立主教會議的諭令，並祝賀教宗

祝

主佑

羅光　頓首

民國五十四年十月廿四日

第八函

諸位可敬的神父，諸位可愛的教友：

大會休會了一星期，這一星期又繼續開會。會議的工作在於投票。大會的秘書長向主教們說，投票是最神聖的事，主教們決不能放棄自己的一票，大會主席團和監督樞機們，都請主教們出席會議。可是要使主教們靜靜坐兩個鐘頭，單單爲投票，這是個很難的問題；因此要設法有人在大會說話，大家須坐著聽，會場的秩序纔不會大亂。本星期一和星期二，便繼續討論司鐸生活和職務的議案，發言的主教，都代表七十位以上的主教說話，星期三有美國一位本堂神父，代表全球的本堂神父，在大會發言。星期五，則有羅瑪一俄語的歌詠團，在大會裡歌唱聖歌。

本週所投的票，第一是最後一次表決，《論教友協助佈道》議案和《論天主的啓示》議案。這兩宗議案在本週完成了一切的法定程序，於今只等教宗在大會公佈了。本週又就《論宗教自由》議案，舉行第五次投票，主教們所送的意見書，仍舊很多，須經委員會再度研究，再加修改，以後再投交大會，舉行最後一次投票。

十月廿八日，大會舉行公開大會，教宗在大會中公佈了五宗議案；即是《論主教牧民職責》議案，《論改革修會生活》議案，《論修院教育》議案，《論基督教育》宣言，《論天主教和非基督教關係宣言》。五種議案於今成了教會的正式法規，於明年六月底生效。這一次的公開會議，是四年來大公會議的第三次公開會議，也是第三次公佈議案。第一次公開會議，是第二期大會的閉幕會議，公佈了兩宗議案，第二次公開會議：是在去年第三期大會的閉幕日，公佈了三宗議案。今年十一月十八日，將舉行第四次公開會議：以後，在大會閉會以前，尚有第五次公開會議。兩次所該公佈的議案，尚有六宗議案。

本週午後，我也常有會務。星期二午後，《中國主教團組織法》起草委員會開會，我與會，開了兩點半鐘，星期三午後，傳教委員會全體會議，討論議案修正的條文。討論了幾乎四小時，纔投票通過。十月十一日，我曾在大會中提議不宜改變議案中傳教工作的定義，以遷就南美一部份主教的要求，又提議將議案中討論本地教會的一段，改爲一章，使本地教會看爲傳教工作的重要主體，而不是僅作外籍傳教士的工作目的。因爲本籍聖職人員於今不是單單應受外籍教士的栽培，而且應是策動傳教事業的主動者。這兩點，都受到委員會的支持，而蒙接受。爲滿足南美一部份主教的要求，委員會接受我的意見，在議案裡加以註釋，說明中南美類似工作的教務，包括在傳教工作的涵義以內。前幾天，羅瑪報載印度主教團提議，將在傳信部設立的傳信事務最高委員主教，應由各國主教團推選，可是這個委員會的委員主教，人數不能過多，若由各主教團推選，教宗將不易處置。我以爲應用《論主教牧民職責》議案，對於主教會議所用的方式，即是以產生委員會的方式，由教宗規定。我們委員會決定了，也用這種方式。

十月廿八日傍晚六時，比國傳教協助會與鳴遠服務團在羅瑪傳信大學聖堂，舉行雷鳴遠神父逝世廿五週年紀念彌撒。傳信部長雅靜安樞機主祭，十二位亞非主教共同行祭。十二位主教中即有我。組織人請我代表中國主教，又請我在彌撒中講道。彌撒後，雅樞機向我說：「以中國主教講道紀念雷神父，乃是理所當然。」別的參禮人則都說：「我講道所暗示的事，比較所明說的事多的多。」這一點也是勢所當然。

昨天下午和今天，我開始作一點學術研究工作，預備寫正中書局所約寫的《二十世紀的歷史哲學》。此祝

主佑

羅光　頓首

第九函

民五十四年十月卅日

諸位可敬的神父，諸位可愛的教友：

這一星期，是大公會議休會的時期，也是各委員會結束修改議案的日期。傳教議案已重新付印，下星期二可以分發與大會主教，下星期三或星期四，就可以投票表決。但是我們相信，在投票時，主教們所將送的意見書，一定還不少。委員會在下週末須再費兩天的時間，審查意見書中何者可以接受。不過在議案條文已經表決通過以後，委員會只接受修改條文文字的意見，不會接受修改條文內容的意見了。審查工作較輕。

《羅瑪觀察報》（教廷機關報）昨晚公佈教宗的一封勸諭，教宗勸諭全教會的聖職員和教友，預備舉行大公會議閉幕大典，大公會議能於四年之中，順利進行，抵於完成，大家應該感謝天主鴻恩，四年中，大公會議所定議案，學理豐富，原則明智，尤其在四年中，大公會議引起全球教內外人士的注意，造成一種進取的新精神，教宗敦囑主教、神父、修士、修女和教友，勉力繼續這種精神，使自己的生活，日新又新，使自己的工作，符合大公會議的決議。因爲大公會議的效力，不僅在於議案的多又好，尤其在於會後能夠實行大會所有的決議案。全教會人士，應該上下同心，嚴守紀律，通力合作。另外在大會閉會以前數日，宜熱切祈禱。教宗乃指定在聖母無原罪節前八日內，各本堂，各修會舉行三日敬禮，求天主賞賜大會圓滿結束，會後效果豐碩。我們臺南教區的各本堂，以及修院和修女會，在十二月五、六、七的三天內，特別在五號主日的一天，應為大公會議舉行祈禱，明年二月將舉行的教區傳教討論會和教區聖體大會，就是為研究在我們教區內逐漸實行大公會議議案的辦法。最近我在臺南市座堂側所買的一座樓房，作為教友活動中心之用，將取名為「德教館」，我的目標，是要用這座德教館，策動按照大公會議的決議，教友們在傳教方面，所該作的工作。

對於教友在傳教方面，所該作的工作，大公會議有三宗議案，最重要的是《論教友使徒事業議案》，其他兩宗議案，是《論傳教事業》和《論教會與現代社會》。在三宗議案裡，凡關於教友協助傳教的理由、範圍、組織、訓練和精神，都有詳細的說明。今後，我們要盡力按照去作。關於主教、神父、修會、修院、學校，大公會議也都制有個別的議案。在大會以後，整個教會要有一種新氣象，新的氣象是活動的，是進取的，是新時代的。在四年來，大公會議開會的期間，這種氣象已經開始了。

大會將於十二月八日，聖母無原罪節閉幕。十一月十八日、十二月七日，將有公開大會，公佈尚未公佈的決議案，閉幕大典日，教宗或將公佈有關教會齋期、大赦、及婚姻法規等法令。在這數星期日，教宗已陸續提出這些問題，令各國主教團開會研究，並呈送意見書。

中國主教團現在正籌備自身的組織，草寫組織法，因目前中國主教團的處境，乃是非常的情勢，和其他各國不同，我在這一星期內，曾三次參加了起草組織法委員會，組織法草稿已經擬定。

本來想在大會休會和傳教委員會結束了工作的一週內，讀點哲學書，研究歷史哲學問題，可是只能夠讀了一天的書，其餘的九天，不是開會就是寫信，我越來越相信，在肩上負有主教的職責時，很難有時間研究學術。

星期五上午，梵蒂岡電台預備下星期日傳教欄的廣播，邀我同一位非洲主教和一位比國傳教士，討論在本籍教區主教和修會的關係，當時便錄音，在星期日傍晚播放。錄音後我赴電台參觀，電台台長報告電台廣播情形，在國際的各國廣播時間說梵蒂岡居第十四位。每週廣播時間，最多的是蘇聯，第二位即是中共，美國之音居第三，英國BBC居第四，共產國家以宣傳爲第一政策足以使我們警覺！　此祝

主佑

羅光　頓首

民國五十四年十一月十四日

第十函

諸位可敬的神父，諸位可愛的教友：

上一星期，大公會議由星期二到星期六舉行了大會，先是在星期二投票表決《論教友使徒事業》議案（教友協助教務議案）的最後修正文，後來在星期三和星期四，對《論傳教事業》議案，逐節逐章舉行投票，在星期五和星期六，對《論司鐸的生活和職務》，舉行同樣的表決。《論教友使徒事業》的議案，已完成了法定手續，在本月十日公開會議中，可以由教宗公佈了，公佈以前，當然還有一次就整個議案的票決，不過那已是形式問題，但這種形式問題的投票，在法律上和歷史上，卻是每種議案正式票決之票數。

對《傳教》議案每章投票的結果，只有第五章《論傳教事業的調整》，沒有通過，因爲主教們投了附有意見書的贊成票，多達七百餘人，其餘各章都得有極多數的贊成票，對於我負責的第一章，主教們所送的意見書有兩百八十多封，《傳教》議案的起草小組委員會委員，於上星期一上午，臨時放棄了大會，赴羅瑪近郊耐密湖畔聖言會別墅，開始審查，可取與不可取者，都予以答覆，並寫出取捨的理由。我們從上午十點半到下午四點，除了吃飯的時間外都在埋頭工作，我們先就多數的共同意見書，予以審查。在第一章，第六節所有的意見書最多。關於這一節，有一百一十多封的意見書，而且有一百封都是同樣的，並且還是油印的。在審查方較簡單，關於其他兩節，也有多封油印的同樣意見書，我們也先審查了。意見書既是油印的，數目也必定多，數目多，必定使我們注意；然而，我們雖然注意，不一定就接受。議案的條文既然已經大會投票通過的，意見書無論怎樣多，也不能改變條文的內容。

星期五下午，四點鐘，我由耐密趕回羅瑪，因為當天是十一月十二日，國父誕辰百週年紀念日，我須參加我國駐教廷大使館的紀念會，並且在大會上講述國父生平的事蹟。五時，使館舉行紀念會，留學羅瑪的中國神父和修士全體都到，共約四十人。在羅瑪開會的中國國籍主教也都到會，張維資參事代表大使致開會詞，繼由于總主教演講，以後由我述說國父一生大事。散會後，使館以酒點招待。

星期六，我不能再回耐密，但先囑附幾位神學顧問繼續審查工作。我在星期二上午十點，正值大會開會時，赴梵蒂岡參加關於無信仰者的委員會，會議由委員長格寧樞機主席。會中討論委員會工作的計劃和方針，在正午十二時始散會。下午，我動身赴米蘭，米蘭輔理主教邀我往米蘭的最古聖盎博羅削堂講道。第二天是主日，我在大堂講道五次，陳說臺灣傳教事業的狀況。今天，星期一，返回羅瑪。

上星期《中國主教團組織法》起草委員會也開了幾次會，我則因為傳教委員會的工作，又因身體太累，故沒有能夠參加，但是事先我都曾說了意見。

上星期二，大公會議秘書長，在大會中宣讀教宗致大會主席團首席樞機的手書，在手書上，教宗規定梵蒂岡大公會議在十二月八日正式閉會。

上星期，每天大會開會時，各國主教團主席，發表本國主教對於修正大赦法令的意見，各國主教就教宗所交下的這個問題，都已經開會討論。中國主教團在上星期一上午，也曾經集會研究。

目前，大公會議的氣象：是大事將成的氣象，主教們都喜氣洋溢。大公會開幕時，沒有人知道在什麼時候可以結束，也不知道可以有多大的收穫，於今到了快要閉會時，大會的成績已經擺在眼前，大家心中都覺得滿意。　順祝

主佑

羅光　頓首

民國五十四年十一月廿日

第十一函

諸位可敬的神父，諸位可愛的教友：

這一星期，從星期一到星期五，大公會議舉行五次大會；星期四的大會則是公開會議。在四次大會裡，主教們就《論教會在現代社會》議案，分章投票，並送書面意見書，全篇議案各章都經大會通過；但是主教們所附的意見書很多，委員會尚要費幾天的心血，細細予以審查。在星期五的大會裡，主教對於《論宗教自由》議案的意見書審查報告，舉行投票，又就全篇議案舉行最後一次表決，結果，議案既通過；但是投反對票者，有兩百多人。

星期四的大會爲公開大會，教宗在大會裡公佈了《論天主啓示》和《論教友使徒工作》（教友協助教務）兩宗議案。前一宗爲神學議案；後一宗爲革新生活的實際方案，在第二宗議案公佈了以後，教宗親自將議案原文授予在大會旁聽的三位男教友和三位女教友，指示全教會的教友，應熱情的接受這宗文件，努力去實行。

在這次公開大會，教宗所致的訓詞，意義特別重大；因爲教宗所講的，都是實際的問題。大公會議已將閉幕了，然而各宗議案，只是議而不行；教會不能取得大公會議的效果。所以教宗勉勵主教、神父、信友，一致群策群力，首先革新各自的精神生活，然後從事應作的工作。爲積極進行大會的議案，教宗將執行大會議案的委員會，將改革教廷中樞各部院，又將公佈特別聖年，並成立庇護第十二與若望第二十三諡封聖品的法庭。我們主教們聽了教宗的訓話，大家都很興奮，曾經熱烈的鼓掌。

在星期五的大會中，秘書長報告在閉幕以前，只有五次大會，四次爲投票，最後一次爲公開大會，將公佈餘下的四宗議案。

我在這一星期裡，最忙也最緊。星期二下午，中國主教團覲見教宗。同時覲見者，尙有亞洲許多國家的主教。每一國的主教，集合在一廳內，教宗繞廳而行，和每一位主教握手接談。教宗握我的手時，笑說：好朋友，你於今在臺灣，我降福你教區的神父、修士、修女和教友。教宗又提起曾在米蘭讀書又服務的李震神父和錢志純神父，囑我代爲問候。

星期三午後，傳教委員會全體會議，討論對於《傳教》議案所有意見書的審查事項，通過小組委員會，對於意見書的取捨。星期四午後，傳教委員會繼續開會，我因身體過累，沒有去參加。

星期五午後，我冒大雨去參加主教團代表會議。三年來代表會議每週開會，對於大會的進行，頗多貢獻。這次集會則是最後一次了。大家討論主教團的互助和合作方式，並規定大會閉會前，舉行惜別聚餐。今天，星期六，上午我赴傳信部，拜訪次長、副秘書長和聖伯多祿善會秘書長，商談臺南教務。

星期三，本月十七日，《羅瑪觀察報》發表教宗所任命爲無信仰者委員會之廿三委員名單，名單中有我的名字。東亞各國主教中們委員者有日本一位主教、印度一位主教和中國一位主教。這個委員會的任務在於研究目前各國社會中無信仰者所以加多的原因。在無信仰者中，共產無神派當然是居第一，但是非共產同黨而為無神論者，各國都很多。無神思想是現化社會的一大癥結，我們要探源病原，然後再求投劑的良方。

下週大會休會，我希望能稍事休息，也能稍稍看點書。　順祝

主佑

羅光　頓首

民國五十四年十一月二十日

第十二函

可敬的諸位神父，可愛的諸位教友：

這一星期，大公會議休會一星期，只有一二委員會在加緊工作。傳教委員會的議案起草小組委員會，在星期一上午集會，審查晚到的主教意見書，昨天，我又審閱最後決定的議案文稿，就第一章再修改數字。今天，傳教議案可以付印，在十二月七日的公開大會裡由教宗公佈。傳教委員會籌備會議和正式委員會議，在五年來工作，纔可以算是成功。三十頁的議

案文章，每一句話，不知費了多少心血，也不知花了多少錢。但是聖言會會長說：爲招待傳教委員會委員，要花多少錢，就花多少錢，寧可在聖言會的傳教區中少建一座堂，因爲《傳教》議案乃是百年的傳教大計。

本週星期五，傳教委員會審查主教意見書的總報告，已由大公會秘書處分送大會主教，在下週星期二大會中，按照每章的取捨，舉行投票。

目前，大家的目光，已經不在於大公會議的會議了，因爲只有四次投票會議，再有一次公開會議大會就閉幕了。於今大家的目光，都注意教宗將發表的執行議案的各種委員會。大公會議的工作已經結束了，大家開始看大會的結果。議決了的文件，雖是重大結果；然而最重大的結果，還是將來議案的見諸實行。

議案的實行，目前已經開始。禮儀的改革，就大家所看到的。還有教宗所定的主教，及天主教和東正教及基督教的互相接近，也是執行大會的議案。尤其是大會精神，更是早已充滿教會。這次大公會議是以耶穌爲中心，一切都發自耶穌又歸於耶穌。教宗保祿六世以身作則，首則往朝傳道聖地，次則往孟買，欽拜耶穌聖體，仿效耶穌而憐視窮人；最後又赴紐約，向聯合國宣講基督的和平。教宗最近進聖伯多祿殿主持大公會議時，頭不戴三層皇冠，身不坐十二人御轎，只是頭頂主教高帽，手持十字杖，步行入大殿，教宗已拋棄傳統的萬王之王的思想，只願身任眾牧之牧，代表基督而治理教會。參加大會的主教中，有人組織了一個效法耶穌貧苦的團體。他們自己許下甘於粗衣糟食，捨棄金珠寶石，不置產業，不理金錢。視窮苦人如兄弟，以救窮爲己職。他們在大會的每宗議案裡，常要求加人仿效耶穌愛窮的詞句，在《傳教》議案裡，我們多次說耶穌愛貧，宣傳福音特別是向窮人傳道。他們尚不以爲足，最後又發表長篇的意見書。我以爲矯枉不必過正。在傳教區本來就很窮，愛貧窮的這句話，應當多向富貴的歐美主教們說，不過窮人而心不愛貧的也多，我們窮的傳教士，更當利用貧窮以修神貧。

在臺灣爲實行大公會議的議案，第一的工作，在於翻譯議案。我正在計劃教務協進會怎樣可以進行這項工作，而且要進行得相當快，歐美各國在大公會議的每宗議案公佈以後，馬上就有譯文。我們至少希望在一年以內，可以有幾件主要議案的漢譯。

有了譯文，還要講解。第二步工作，便是召集神父，召集修女，再又召集教友，講解有關的議案文件。否則，不知則不行，議案將成死的文字。我知道你們各位神父都在等待研究議案，都有心火再向教友講解。這種心情是我所喜歡的。我就此降福你們各位。

天主保佑

羅光 頓首

民國五十四年十二月五日

第十三函

諸位可敬的神父，諸位可愛的教友：

大公會議已經在昨天閉幕了，閉幕大典的隆重和美麗，超過世界任何其他國家的大典，真如張群特使所說：看了這次大典，其他任何典禮，都可以不看了。聖伯多祿大殿殿前圓場裡，擁滿了三十萬信眾，殿前平場兩邊塔上特使團、外交團、貴賓、主教和樞機主教的參禮台，中間還有教宗的寶座和祭壇。昨天上午，羅瑪天氣不冷不雨，且有一陣一陣的太陽。兩千多位主教頭頂白色高帽，身披白綢氅。六人一排，魚貫入場。似乎一條銀龍，悠然而進。教宗乘肩輿殿後，抵祭壇前，下輿，舉行彌撒，全場數十萬人，同應答，彌撒後，七位樞機宣讀大會致社會各界通電，大會秘書長頌讀教宗閉會諭令，最後五位主教代表歌唱祝辭。五位主教中，我充亞洲代表。

張群特使於十二月五日晚間抵羅瑪，我國駐教廷和駐意大利的兩館館員，由謝壽康大使率領，全體至機場敬候，教廷與意大利政府代表，我國在羅瑪開會的主教，以及留學羅瑪的中國神父，也在機場歡迎。翌日，十二月六日中午，謝壽康大使設宴，爲張特使洗塵，八位中國主教作陪。七日上午，張特使參加大公會議最後一次會議，下午在西斯篤殿，張特使與副使及團員，和各參觀特使團，集體覲見教宗。覲見畢，張特使單獨拜見教宗，呈送　蔣總統親筆函，與教宗對談十分鐘，談話畢，赴教廷國務卿酒會，晚間，意大利總理漠洛以意大利特使身份，宴各國特使。八日，中國特使團參與閉幕大典完，接受中國主教團歡宴。九日晚，張特使離羅瑪。

張群特使在六日中午歡宴席上，答覆謝大使的盛情，曾說他本人信奉基督，知道事事都有天意。在國家大事上說，臺灣的割讓，和臺灣的歸還，冥冥中實在有天意的安排，使我們有一個復國的良好時機。在他自己私人小事上說，這次奉命出使，也有天意主使。他自己去年，曾有意來歐洲遊歷，于總主教曾邀他參觀大會。因時局變化，致未能成事，這次在不想出國時，忽然能夠有好機會，來羅瑪參與大公會議，豈不是有天意嗎？

在八日晚開，中國主教團的歡宴席上，張特使則陳說參加大典的感想。七日和八日的大典，飽足了他的眼福，看了這種大會，其餘的會都不必看了。只可惜自己不懂拉丁文和法文，在會場裡作了聾子，但是眼睛看了儀禮的莊嚴，進退的次序，心中油然起敬，所得印象甚深。對於大公會議的經過，他雖沒有研究，但對於大公會議的影響，則頗能理會得到。我們在臺灣的建設，很要緊有教會精神力量的支持。張特使表示七日傍晚拜見教宗，心中非常滿意。在教宗百忙之中，能夠和教宗交談十分鐘，在九十個特使團中，算是很特別的。張特使見教宗時，先送上 蔣總統親筆函，又送英文翻譯，教宗對 總統的美意甚表感激，又表

示對　總統的敬仰。臺灣在各方的進步，另外是天主教的發展，教宗說本人常有禱告，心中很爲關懷，也很爲愉快。張特使乃向教宗陳述臺灣進步的成績，又說明臺灣建設的精神，是三民主義。本年是創立三民主義的　孫中山先生百年誕辰，國家盛大慶祝，以加強這種建設的精神。同時希望天主教會也以基督的精神協助臺灣的建設。張特使說教宗的智慧很卓越，見識很高。

在參加大典的餘閒，張特使驅車參觀羅瑪的古蹟和博物館。離開羅瑪後直飛威尼斯，由威尼斯赴米蘭，再赴翡冷翠。張特使笑謂：在六十年前讀書時，只知道意大利是靴子，於今樂意的看看靴子裡究竟有什麼？

大會的最後幾天，會務很少，禮節和應酬特別多，十二月五日主日上午，七位中國主教在羅瑪一本堂共同行祭，爲中國祈禱。六日午後，有爲大會舉行的音樂會，演唱新制的聖伯多祿行傳曲。七日午後有羅瑪市政府的酒會，我因在兩處本堂爲大公會議閉幕三日敬禮講道，更是一番疲倦。

大會留給主教們的紀念，有教宗賜贈每位主教的戒指，戒指爲金質，不嵌寶石，金葉上刻有耶穌、伯多祿、保祿的聖像，內面刻有教宗的徽章。還有頒佈大赦年的諭令。

每位主教自明年元旦到聖神降臨節期，在主教座堂，舉行特別大赦聖年，我將在元月一日在臺南主教堂開啓聖年，在二月聖體大會，同你們共同得到聖年大赦。正月六日，三王來

朝節，則將降福南市中區新聖堂。今後和你們見面的機會很多。　特祝

天主助佑

羅光　頓首

民國五十四年十二月九日

百代同堂

坐在聖伯多祿大殿裡，雖然頭上戴著白色高冠，身上披著金邊的圓氅，胸前佩有鑲著寶石的十字，我卻想不起自己是主教。周圍一看，全殿也都是高冠圓氅，我也似乎不理會全殿裡坐著的人都是主教。

主教素常是出入有人侍從，行典禮時，常是獨自坐在教座上，受人鞠躬敬禮。於今在聖伯多祿大殿裡，這一群高冠圓氅的人，各自整冠，各自攜書，坐在兩尺見方的綠布凳子上，一排一排地列著，一千兩千。大家好像一群聽講的學生，可是這群聽講的學生，乃是全球天主教的主教，是掌握全球天主教各教區的首長。

就是因爲主教暫時忘記主教在教區的尊嚴，暫時變成聽講的學生，聖伯多祿殿內的大公會議更顯得偉大。素常受人尊敬的主教，在聖伯多祿殿內彼此平等，彼此招呼有如常人。白色的，黃色的，黑色的，各國主教，很親熱地握手交談。參加彌撒典禮時，大家同聲應和。開會發表意見時，各人都說同一的語言。兩千位主教，我們感覺真是一家人。

教宗保祿第六世，高冠圓氅，乘著肩輿入殿。全殿主教起立，免冠致敬。教宗登御座，大家頓覺會場圓滿了。普通每日開會時，正中祭壇前空著的御座，今日有教宗坐在上面。御座不空了，會場就滿了。我們的心也更安定。像一家之長坐在家裡時，家中的每個人自覺負擔輕了，諸事有家長作主。

去年第一期會議休會時，坐在御座上的是教宗若望二十三世，時隔一年，若望第二十三世已葬在聖伯多祿殿下了，殿裡正中祭壇前的御座，是保祿第六世坐著。保祿第六世致詞，追慕若望第二十三世，述說若望教宗的精神仍舊佈滿在會場裡。我們主教們看看御座上有教宗時，我們敬禮我們的家長，家長的名號人稱，無關緊要，不能變易我們的心。御座下葬有聖伯多祿的陵墓，御座前供有耶穌的《聖經》。《聖經》和聖伯多祿墓乃是教宗御座的基石。坐在這塊基石上的教宗，便受我們的敬禮。

但是教宗在頒佈大公會議議決案時，先和全殿的主教，跪唱聖詠，伏求聖神光照，然後吩咐主教們投票表決。議案雖然已經在委員會經過主教們的研究，又在大會裡經過主教們的討論和表決。今日在頒佈以前，主教們再正式投票。雖然投票的方式，不異於普通大會的填寫票紙，我們覺得這一票很是神聖。所覺到的神聖意義，且不是一般人所說的投票神聖意義，我們自己知道，天主教的大公會議，是由聖神指導。在我們最後一次票決一項議案時，我們寫票，心內有聖神的指引。《禮儀》議案表決結果，反對者只有四票。《社會傳播工具》議案表決結果，反對者一百餘人，教宗乃起立，聲明與大會會員，通過議案，以宗座的權力予以頒佈，命令實行，全殿轟然鼓掌。

我看著坐凳旁的綠色地氈，絨毛已經褪色。經過兩期大會，主教們每日上下的步履，地氈逐漸由新而舊了。地氈已經舊了，大公會議所頒佈的議案，僅僅只有兩件！

教宗卻在休會的訓詞裡說：禮儀的決議案，很明顯地表示聖教會的中心生活，是虔誠的敬禮天主的生活。禮儀決議案所規定的改革，將使教友們宗教生活煥然一新。這件決議案的意義既然這樣深，大公會議所費的時間，就不是白費了。社會傳播的工具乃是現代宣傳思想的捷徑。大公會議決定這件議案，表示聖教會努力向前的心火。而且這次第二期大會，討論了一個中心問題，研究聖教會的生命和工作，即是耶穌的生命和工作。

我看著殿內的高冠，都起來了，高冠下的目光，都注射正中祭壇前的御座。最近幾星期的疲倦氣色，不存在主教們的面色上了。

忽然在訓詞快要結束時，主教們已經不看手頭的訓詞譯稿，殿內高冠多已左右轉動，教宗忽然說自己將往巴肋斯坦朝拜救世耶穌生活的聖地。我們大家驚愕相顧，忽又喜極而躍，極力揮手鼓掌，教宗又說從第一位教宗聖伯多祿由巴肋斯坦動身來羅瑪後，再沒有一位教宗回到巴肋斯坦。殿內的高冠連連點頭，我們主教都理會了教宗朝聖的意義深長。

當保祿第六世，乘肩輿從我們中間走回梵蒂岡宮時，面上，舉手祝福。我們主教們面上也是喜笑，舉手鼓掌。

聖伯多祿大殿空了，一排一排的綠色座位，冷靜無聲。座位上的已經驅車向飛機場，奔向火車站。再過兩三天，每個人都在自己的公署裡，發號施令。但是每個人的心裡，都有新的感覺。因爲我們坐在聖伯多祿殿裡，好像一群學生時，親身體驗到聖教會是活的，是大的，是新的。我們每位主教的活動，是兩千主教一同的活動，是整個教會的活動，是耶穌的活動。我們每個人的心，變成了聖教會的心，變成了耶穌的心。

一九六三年十二月二十八日於Jakobsbad

希望

一個一個的長鬍鬚的主教走進來，我向每一個人都笑著說：「主教，好嗎？歡迎！歡迎！」

「很好！很好！」他們每人都說著中國話。——這個地方不大容易找，城中心轉來轉去，瞧見了「天津」兩個中國字，纔知道到了「天津飯店」。

這一天的集會是在羅瑪的一個中國飯店裡。我們佔據了整個的飯店，店內擺了品字形的長桌，三方面預備坐六十位主教。

這些長鬍鬚，是在大公會議裡少見的了。兩千多位主教，百分之九十都是不留鬍鬚的。遇到長鬚的長者，我們知道他是在亞洲或者非洲的老傳教主教。中國的傳教主教們的鬍鬚，都是斑白或純白的了，都是年在六十以上了。

在天津飯店裡，我們先開會，討論有關中國主教團的問題，然後吃中國飯。

我看到這班老主教，自知受了很多的折磨，身體害了病；而且在被中共驅出了中國大陸以後，他們每人都關心在大陸教區，因爲教區是他們的家，看了家庭被摧殘，怎麼不憂心如焚，未老先衰呢！

我提議中國主教團應成立一長久性的組織，彼此互通聲氣。老主教們不但感覺興趣，還以爲這種組織不單單是友誼性的組織，應該是真正的一個「中國主教會議」，他們雖然在中國主教以外，他們仍舊是中國的主教，當然願意擔任關於中國教會的職責。

這班白鬍鬚，不但可敬，也很可愛，他們拿著中國筷子，運用靈活；他們看見中國菜蔬，滿臉喜歡。我想起昔日住在羅瑪時，一遇到吃中國飯，心裡就開心，胃口特別好；因爲是吃家鄉飯。長住國外，碰到吃家鄉飯，心頭有說不出的高興，在家鄉菜蔬裡，夾著滿懷的鄉思。老主教們吃中國飯，絕不像外國人進中國飯店，每盤嚐一嚐，一半好奇，一半懷疑。老主教們是在吃家鄉飯，不時聽見他們說：「這盤菜真好！」

坐在我旁邊的，是老河口的費主教。于斌總主教問他說：「主教，吃飽了沒有？請多吃一點。」

費主教的兩眼發光，鬍鬚一伸，口中說出中國話：「吃，吃了。今天吃的很多！」我記得這位主教從大陸被共黨臨逼出來時，瘦得只有皮包骨，一共只重三十四公斤。他到了羅瑪，我往醫院去看他，只看見他的一雙眼睛還很靈活，其他全身已像死人的枯骨。共黨怕他死在獄裡，造成了一位殉道者，纔把他送出來。於今他居然好了，居然來參加大公會議。

在天津飯店聚會後的一個下午，教宗保祿第六世召見參加大會的中國主教。那天傍晚，白鬍鬚的主教們都披紅掛紫，坐在梵蒂岡宮中最富麗的御前大會廳，聚精會神地聽著教宗的訓話。

保祿第六世表示接見中國主教，是大會期內接見各國主教，最令他動心的；因爲中國主教代表一個遭難的教會，中國的主教都是爲著聖道而迫害的。他喜歡中國的主教，還是團結一致。他囑咐他們不要氣餒。

這時候長鬍鬚的主教們，在眼睛裡都含著珍瑩的淚珠。教宗不是代表耶穌嗎？耶穌今天向我們說：不要怕，不要氣餒，中華民族是有希望的，中國大陸聖教會是要復興的。白鬍鬚的主教都睜眼看著教宗，他們全心在教宗的耳後，想看見耶穌。耶穌的言詞是不能錯的！

一位八十多歲的老主教，半身不遂，寸步難移，我扶著他走到教宗跟前。他的兩頰發紅，有青年的氣運。

大家步出梵蒂岡宮時，我看著長鬍鬚的主教們，步履輕鬆，他們的神氣，有似乎馬上回中國大陸的神氣，每人都滿面春風。

但是我知道這班長鬍鬚的主教們，在大會休會後，又回到自己本國的會院去了。他們每人所有的，只有一間小房，小房內放著幾冊書。會院內的神父多半年輕的，大半又是有職務的，每人每日忙忙碌碌，誰注意住在院內的長鬍鬚主教？主教的心是孤單的，主教的週圍是冷靜的。他們所有的，都是過去的歷史，都是已往的事跡。目前，只能回想著中國大陸的教區，回想所能想到的，又都是凶殘可怕的影像。他們看著胸前所佩的十字，瞧手指上所帶的權戒，十字和權戒代表他是一教區之長，他們對於自己的教區，竟束手無策，讓人毀滅！

然而在大會期間，我注意他們的精神，並不消沉，並不悲觀。去年中國主教覲見教宗若望第二十三時，一位傳教主教會挺身向教宗說：中國大陸教會一定不會毀滅。

平素在他們冷靜的會院裡，回想自己的教區而不得要領，他們的心必定由佩帶胸前的十字而轉到耶穌。教區的教友，是耶穌的羊，他們是代替耶穌牧羊的牧童。他們於今不能牧放羊群了，只有求耶穌自己想辦法。他們愛惜教友，耶穌豈不愛惜教友？目前共黨迫害羊群，耶穌豈不知道？耶穌握有上天下地的權力，必定有復興中國教會的良法。主教們知道自己只有安心等待。

在這種漫長的孤苦生活裡，他們的精神是安定的。鬍鬚越長越白了，他們的心越向耶穌。聖保祿宗徒在牢獄裡曾說：「這場好仗，我已打完；這場賽跑我已跑到終點；這信仰，我已保全，從今以後，正義的冠冕已爲我預備了。」（第茂德後書 第四章第七—八節）

一九六三年十二月廿九日於Jakobsbad

四、略有所思

孔子的人格

孔孟學會臺南支會成立大會致詞

「叔孫武叔毀仲尼，子貢曰：無以為也，仲尼不可毀也。他人之賢者，丘陵也，猶可踰也。仲尼，日月也，無得而踰焉，人雖欲自絕，其何傷於日月乎？多見其不知量也。」（論語　子張）

「仲尼，日月也」。日月懸在天空上，光照宇宙。地上的人，誰不喜歡日月的光明？誰又不依靠日月的光明？就是假使有人不喜歡日月的光明，咀咒日月的光明，他也沒有辦法可以掩蔽日月！孔子的人格，就像日月一樣，在中國發放光明，光照中國人的生活。使中國人在兩千多年來，都追隨他的指導。

孔子的人格怎樣？

「子曰：吾十有五而志於學，三十而立，四十而不惑，五十而知天命，六十而耳順，七十而從心所欲，不踰矩。」（論語 為政）

孔子好學，從少到老，常是發憤忘食。孔子自己介紹自己說：「其爲人也，發憤忘食，樂以忘憂，不知老之將至云爾。」（論語 述而）又說：「吾非生而知之者，好古敏以求之也。」（論語 述而）

他更具體地說：「十室之邑，必有忠信如丘者，不如丘之好學也。」（論語 公冶長）孔子所說的學不是讀死書，乃是「下學而上達」（論語 憲問）由近及遠，以知立身之道。

孔子好學以求自立，自己建立了自己的人格，而又以自己的人格去教導弟子。孔子曰：「德之不修，學之不講，聞義不能徙，不善不能改，是吾憂也。」（論語 述而）他常常孜

孜地以求健全自己的人格，不善則改，聞義就照著做，修德講學，使能夠「己欲立而立人，己欲達而達人。」（論語　雍也）

既然知道立身處世，而又能立人達人，孔子乃能遇事不惑。孔子對於人，認識的很清楚，他曾說：「視其所以，觀其所由，察其所安，人焉瘦哉！」（論語　為政）對於事情，他也曾經教訓子路說：「由誨汝知之乎，知之爲知之，不知爲不知，是知也。」（論語　為政）而且孔子又主張正名，每件事有每件事的名字，每個名字有自己的意義。孔子說：「故君子名之必可言也，言之必可名也。」（論語　子路）

孔子對於事件，心中不亂，不僅僅因爲自己有主張，而是因爲知天命。孔子以天道爲立身處世的原則，以天命爲一切人事的主宰。「子畏於匡，曰：文王既歿，文不在茲乎？天之將喪斯文也，後死者不得與於斯文也，天之未喪斯文也，匡人其如予如！」（論語　子罕）又一次桓魋想謀殺孔子，門生都害怕，孔子鼓勵他們說：「天生德於予，桓魋期如予何。」（論語　述而）知道了天命，便也知道畏天命，孔子曾罵子路曰：「由之行詐也？無臣而爲有臣，吾誰欺？欺天乎！」（論語　子罕）

知道了天命，處處以天命爲依歸。耳朵所聽見的事，在心裡不會引起慾情的亂動。事事心定，內外相合，人便成爲至誠的人。孔子在《中庸》上說：「誠者，天之道也；誠之士，人之道也。」（中庸　第二十三章）《中庸》又說：至誠的可人以通天地。既然與天地通，當然對於自己本人的內外，一定通順，由耳到心，由心到耳；由眼到心，由心到眼；由口到心，由心到口，常常是通順的，常常是內外一致，沒有口是心非，也沒有心淫而眼淫，內外都以天理爲歸依。

孔子能夠修身到這一地步，於是乃能「從心所欲，不踰矩。」他一心的規矩，就是天理，就是仁道。孔子曾說：「君子無終食之間違仁，造次必於是，顛沛必於是。」（論語 里仁）每時每刻都常守著仁道，養成了仁德。常是「非禮勿視，非禮勿聽，非禮勿言，非禮勿動。」（論語 顏淵）因此他能夠說：「不怨天，不尤人，下學而下達，知我者其天乎。」（論語 憲問）

達到了這種境地，無論外面的遭遇怎樣，心裡常是愉快。又能體貼旁人的痛苦，孔子說：「唯仁者能愛人」（論語 顏淵）又言自己的志向說：「老者安之，朋友信之，少者懷之」（論語 公冶長）愛人因此便善於教導人。顏淵讚美孔子說：「夫子循循善誘，博我以文，約我以禮。」（論語 子罕）而且又因此願意教導社會的人，都遵行聖賢之道，棲棲皇皇，在各國奔走，「微朱畝謂孔子曰：丘何爲是棲棲老，與無乃爲佞乎？孔子曰：非敬爲佞也，疾固也。」（論語 憲問）孔子爲化俗而棲棲皇皇，不是爲富貴。他自己曾說：「飯疏食飲水，曲肱而枕之，樂亦在其中矣。不義而富且貴，於我如浮雲。」（論語 述而）

孔子這樣高的人格，真真是像日月一樣地光明，真不愧萬世的師表。乃不料在中華民國的時代，有人提倡打倒孔子。更料不到有中國共匪，實行毀滅孔子的遺教，使中國人成爲禽獸。然而「仲尼，日月也，無得而踰焉。人雖欲自絕，共何傷於日月？多見其不知量也。」打倒孔子和毀滅孔子遺教的人，都是自己願意斷於人道，自己不量自己的力量，對於孔子不能有傷害。

臺灣於今成立了孔孟學會，不是替孔子做宣傳。「仲尼，日月也。」用不著人替他宣傳。孔孟學會的目的，是要使中國人不要自己願意閉著眼，不看日月的光明。白天閉著眼睛瞎撞，較比黑夜開者眼睛還要危險。我們中國人本來有一個指路的太陽，現在許多中國人，偏不願意開眼看太陽。尤其是青年人，願意自己作瞎子，弄得無法無天。這樣的社會，真要像齊景公所說：「雖有粟吾得而食諸」（論語　顏淵）

孔孟學會的各位會員們，我希望各位努力，每人要以孔子爲師表，自己造成君子的人格，再以自己的人格去感化社會人士。恢復大陸，要靠武力。恢復大陸，更要靠自由中國同胞的道德。自由中國政府人員以及到社會的普通國民，都有道德，中國的國運，一定可以昌盛。

和平的真諦

——紀念教宗若望第二十三世和平通諭的一週年——

在今天的國際情形中，提倡和平，很容易被人看作張伯倫在慕尼黑會議所主張的和平。慕尼黑的和平，是犧牲一切正義原則，犧牲一個獨立的捷克民族，以避免希特勒所要發動的侵略戰；結果在一年以後，希特勒仍舊因著侵略的狂熱，發動了第二次世界大戰。目前發著侵略狂的，是蘇聯和中共。共黨的侵略狂，是由於他們的主義。他們的主義，以征服世界為目的；和共黨談和平，等於向他們屈服。

但是歐美的人，於今都厭棄戰爭，都希望再不動兵戈。他們大部份人都抱著慕尼黑會議時的心理，寧願犧牲一切，以求暫時的苟安，第二次大戰停戰已快二十年，天下仍舊是搖搖不定，始終受蘇聯和中共的威脅。歐美人士生活在搖搖不定的心理下，外而思定，渴望和平。

教宗為世界精神力量的主導人，為基督博愛的代表，他不能不愛和平。但是教宗所愛的和平，乃是基督的和平，是由正義和仁愛而成的和平。因此，當目前歐美人士渴望一種苟安的和平時，前教宗若望第二十三世乃於去年四月十一日頒發和平通諭，發揮和平的真諦，使全球人士知道和平不是苟安，和平應當建築在穩固的仁義原則上，而且要有堅強的制度，以作保衛。

一、和平是維持人與人間的合理秩序

「亙古以來，世界萬民所熱烈願望的和平，祇有在遵守天主制定的秩序下，始能在世建立，永恆鞏固。」㈠教宗若望第二十三世在通諭的開端，提了這一項大原則。

和平表示一種關係，混亂也是表示一種關係。關係不是一個主體單獨所有的，乃是兩個主體所共有的，即是應有相互的兩端。關係的兩端，不僅是關係的出發和終止點，而且也是關係的性質的基礎。和平關係的兩端是人，和平是人與人的關係。人與人的關係，而能使人彼此相安共處，便是和平。爲能使人相安共處，彼此間必須有秩序。要有秩序，則每個人應站在自己應站的地位，否則就會產生混亂。因此中國儒家平天下的大道，在於齊家修身，齊家修身會產生的大道，在於確守五倫的次序，《中庸》上說：「君臣也，父子也，夫婦也，昆弟也，朋友之交也，五者天下之達道也。」（中庸傳 第二十一章）孔子因此也特別注重正名。「子路曰：衛君待子而為政，子將奚先？子曰：必也正名乎！」（論語 子路）「齊景公問政於孔子，孔子對曰：君君臣臣，父父子子。公曰：善哉！信如君不君，臣不臣，父不父，子不子，雖有粟，吾得而食諸。」（論語 顏淵）五倫的名分，便是社會的秩序。然而五倫的名分怎樣成立呢？《中庸》第一章開端便說：「天命之謂性，率性之謂道，修道之謂教。」教人守倫理以修身齊家，乃是遵守人性之大道。人性由於天命所定，社會五倫的秩序，便是以天命為基礎。於是我們就可懂得教宗若望第二十三世的話：「世界萬民所熱烈渴望的和平，祇有在遵守天主制定的秩序下，始能在世建立。」

現代社會的關係，已經不能用五倫去包括。現代社會關係，越進越複雜，沒有一本社會學的書，或是一冊法律學的書，可以完全列舉出來。因此於今為求人類的和平，也是一項最複雜，最難的事。概括說起來，則有國與國的國際關係，國民與政府的政治關係，一個人由職業而生的社會關係。因此教宗若望討論和平時，就這幾個關係去講。

二、人性天理為和平的根基

無論國際關係，政治關係，社會關係，都是人的關係；而和平就是使人的關係達到相安共處的良好境界，使人的生活能夠安樂。既如是，和平便應人性天理爲根基。人之所以爲人，在於有人性；人之所以動作，在於順從人性。人若反性而行，那不能算是人，而是衣冠禽獸了。

人和人相處，乃是天然的而又必然的事；在人性的天理上，豈能沒有相處關係的基本原則？人類相處的關係，從基本說來：是做與不做兩句話，也就是普通學術上所說的權利和義務。人類相處的關係，乃是人類彼此的權利義務。

人類的權利義務，以人性爲根基，人所以能有權利義務，因爲每個人按人性都有「人格本位」「就是說人的本性具有理智和自由意志，人亦由此而有權利義務。」㈡

「任何人都有他本人生命的權利，身體完整的權利，以及一切為獲得適當生活必須應用方法的權利：這些方法中，其主要者為衣、食、住、休息、醫藥治療和其他一切社會福利。」㈢

這種權利爲人的最基本權利，用於現代的社會裡，則爲生存於適當生活水準中的權利。

「人由於自然法（天理）的需求，有權利享受人性的尊嚴；有權利享受應得的聲譽；有權利探求眞理；在遵守倫理秩序，並爲謀求全體公共利益下，有權利自由發表並傳佈自己的意見；也有權利自由發展藝術創作；最後他並有權利獲知客觀的報導。按自然法的要求，人有權利得到教化，所以他也有權利獲得基本教育，以及爲發展其社會所應有的技術和職業教育。」㈣人在有了物質生活的應有條件後，又應有發展精神生活的條件。所以有權利保護自己的人格，發展自己的技能。

「人人都有權利按照良心的準則崇敬天主，並在私人或公共生活上實行宗教儀式。」㈤精神生活的中心，爲宗教生活。人有權利而且也有義務，崇敬造物主天主。

「任何人者應有完整的權利，自由選擇他的生活方式。」㈥婚姻是生活方式，職業是生活方式，每個人享有天性的自由，可以結婚，可以不結婚，可以選擇結婚的對象，又可以選擇自己的職業。

「在經濟範疇方面，很明顯的，按照自然法，人人都有權利得到工作，並在經濟界自由發展其才能。」㈦工作爲謀生的條件，每個人便都有得到工作的權利。人又有權利要求工作，不損害人的身體，不侵犯人的道德。

「人生來便有合群的天性,從而亦有權利集會,有權利結社。」(八)

「任何人都有完整的權利,在其所隸屬的地區內定居或移居,並且如有正當原因,亦有權利向其他國家遷移及定居。」(九)

以上的各項權利,在民主國家的憲法上,都有明文規定。憲法上所規定,是權利的基本,權利的實行,則隨時代而變。例如人的生存權利,於今已進而為工作權利,以及享有適當水準的生活權利。

以上的各項權利,在民主國家的憲法上,都有明文規定。憲法上所規定,是權利的基本。權利的實行,則隨時代而變。例如人的生存權利,於今已進而為工作權利,以及享有適當水準的生活權利。

權利的實行,範圍既加寬,人按人性所有的義務也加多。每個人對於自己所擁有的權利,有義務執行,而且有善於執行的義務。同時對旁人所有的權利,有義務予以尊重,不加侵犯。

「如要一個社會井然有序,必須人人互相承認權利,克盡義務。從此。每人

都應慷慨為建設社會秩序而努力，使權利義務能更有效更廣泛地遵守。」(十)

談何容易？在那一個國家裡，上面所講的人權，都能得到適當的發展呢？不能得到適當的發展，社會便不安寧，社會上就會混亂；雖是沒有動兵相爭，國內也不是昇平的氣象。中國古代所講的「昇平」，乃是國家沒有戰爭，人民又能安居樂業，纔能稱得起國家昇平，纔能說國泰民安。

和平的基本條件，在於不侵犯人權。和平的發展，在於發展人權，使人權能夠充分實行。

三、和平的保障

「屬於人格上的另一基本權利，則為有權為其各種權利獲得合法保障；這種保障且應是有效的、平等的，並合乎正義的。」(土)

有權利而沒有保障，等於沒有權利。每個人爲保護自己的權利，所能有的方法，很有限，而且不是每個人都可以有的。因此，人的天性就使人合群而居，結成團體，由團體負責保障每人的權利。團體中最有效而最合乎人性要求的，乃是國家。

國家的存在，是爲保障國民的人權，而又幫助國民，發展自己的人權。

若望第二十三世說：「人的社會，如要它能有秩序，有豐碩的效果，就必須有擁有合法權威的人來維護社會的法制，並盡力謀求全民的公共利益。」(十一)

國家政府擁有天賦的權威，政府權威行使的方式則按照國民所定的制度。在合法的制度內，政府再訂立法律，約束全國人：「任何個人，任何中間性團體，都應在各自範疇內努力謀求公共利益，因此他們應在不損及公共利益的條件下謀求自己的福利。」(十二)

國家的目的，在於謀求國民的公益。但是「既稱謂公益，則在其本質上必須所有國民都能分享；縱然，按照各人的職業、功績、身份而有各種不同的分享方式。因此政府官員應致力全民的公益而服務，不得偏私於個人或社會的某一階級。」(十四)

國家公益，不能夠是一個階級的利益；因此不能祇是資產階級的利益，也不能祇是勞工階級的利益，應該是全民的利益。而且還應該是國民的整個利益，而不是僅僅物質方面的利益，心靈方面的利益也應包括在國民的利益以內。所以教宗說：「公共利益應及於人的整體，即包括肉體和心靈的需要，因此政府爲謀公益應有適當的政策，俾能尊重各種事物的價值等級，謀使國民獲有肉體和心靈合度的利益。」㈤

一個政府若真能有這樣適當的政策，而又能切實施行，人民可以享受所應當享受的福利，國家一定可以昇平了。

爲謀人民的福利，政府的基本責任，在於保障人權。「在我們這一代，公共利益既特著重於保障人的權利義務，則當政者的主要任務，一面應是使人的權利義務獲得承認、尊重、協調、保護和發展，另一方面使每個國民能多方面履行自己的義務。」㈥

國民彼此之間有自己的義務，國民對於國家政府也有應履行的義務。中國古人說人民的義務，在於奉公守法。這種思想，雖不能說完全是消極的思想，但是積極的成份究竟不多。國民除奉公守法外，還應該按自己的才力，遵照合法的方式，參加政治，以謀對於公益有所貢獻。教宗說：「人民參與國家的政治，乃爲出源於心性尊嚴的權利之一。」㈦

但是在今日的社會裡，沒有一個國家可以孤立，也沒有一個國家的內政，不牽涉到國與國的關係。在今日的世界，一個國家爲求國民的公益，爲保障人民的人權，已經不能完全只靠自己的政府，也需要國際的協助，因此國際關係也是保障人權的要素。各國國民的人權能因國際關係而得到保障，國際間乃有和平。

國際的關係日新月異，愈來愈複雜。然而在千變萬化的國際關係裡，藏有基本的原則。

「即國與國之間相互的權利和義務，彼此間應按真理、正義、團結、互助、自由等法則，協調相互的關係。」㈥國家的責任，爲維護國民的人權；因此在國與國的關係裡，每個國家也不能放棄自己的責任。承認這種責任，即是承認真理和正義。教宗說：「國際間的關係，首應以真理來管制。而真理則要求在國際關係間不得留有絲毫種族歧視的痕跡；故各國間應守此一神聖而堅定的原則：所有國家在天賦尊嚴上一律平等。每一國家都有權利生存，有權利發展，有權利獲得必要方法以求發展，有權利肩負自己固有的責任以獲致發展，並有權利，獲得他國的尊重和應有的榮譽。」㈨上面這幾句簡單的話，說盡了國際關係的大原則。把這一項原則引伸下去，針對著今日國際的許多重要問題，可以得到很多重要的結論。教宗若望在《和平通諭》裡，特別注意國際關係的互助和自由。教宗說：「故各國間，在各自追求自己的利益上，不獨不可加害於他國，尚應集合各方的計劃與資源，俾能共同達到各國以孤單力量所不能達到的目標；但在此，切應避免祇求若干國家的利益，而使其他國家蒙受損害。」㈩

國際關係的意思，就是在於共同追求各國的利益。但是各國的利益。決不能是損一國而利他國，或損多數國而利少數國。

「一件人人可以共見的事實，即在世界若干地區，呈現可耕地，與人口比率的不平衡，有的地區，土地資源豐沃，而開發工具貧乏；此一情況，需要各民族間團結合作，給予互通資金、財物和人工的便利。在此事上，我們認為最應指出的，即在可能範圍內，應移動資金以適勞工，而不宜移動勞工以適應資金。因為如此，則工人可以改善其家庭生活，而不必離鄉背井，帶著憂苦的心情，另尋一工作場所。被迫適應新工作環境，而學習其他人民的生活習慣。」㈢

爲增加國際合作的資源，教宗乃主張裁軍。爲達到裁軍的目的，務必要國際間真誠合作，「由人內心掃除戰爭的恐懼心理。爲達到此目的，則需放棄『和平出於軍事平衡』的原則，而代以『真正和平建立於互相信任』的至高原則，惟其如是，各民族間的真正和平纔能達成。」㈢

不僅在裁軍方面，應有互相信任；在資源協助上，也應有互相信任。爲援助經濟落後的國家，教宗說：「我們尙應加以強調者，即給予是項協助時，不得附任何有損他國自由獨立的條件，且應使受惠者感覺到自己是社經發展的主施者及主要的負責者。」㈢

每個國家有自己的尊嚴，有自己的自由；決不願爲接受外援而失去自己的尊嚴和自由，不懂這種心理或藐視這種心理的強國，每每在施予大量經援以後，尙不能得到援助國的感恩和信任。

但是，在社會裡，我們不能假想社會上的人，都是守信守禮的君子，爲保護人權，用不著政府強力干涉。因此道家的理想社會，無法實現。同樣在國際上，我們絕對不能假想各國都遵守信義，爲保護和平，用不著強力，加以制裁，因此教宗主張建立一種國際的有力組織。「其權力，其組織，其治事方法，皆具有世界性的廣度，且能實其行動於全球，各地區。」(二四)

目前，國際上已有聯合國組織，教宗「深切期望聯合國能逐漸完備其組織，充實其工具，以適應其廣大而崇高的職務。希望不久的將來，聯合國能採取有效措施，保護一切人權；這些權利因直接來自人性的尊嚴，所以是普遍性的，神聖不可侵犯而不容剝奪的。」(二五)

結論上面所說的和平，誰也不能說是向共產黨政權低頭求和的和平，也不能說是犧牲根本的權利，以求暫時和共產政權的苟安。教宗若望所主張的和平，乃是中國古人所說的天下大同，國家昇平。

爲實現這樣的和平，最大的障礙，就是共產政權；因爲他們根本不承認人權，根本不承認有國際信義。他們所求的，乃是工農階級的專政。有共產政權存在，世界就不能有真正的和平。

教宗談和平時，沒有提到共產政權；然而他所列舉和平的條件，很明顯地和共產主義誓不兩立。

因此，在共產政權正向外求發展，繼續圖謀統治世界的時候，人們不能夢想有和平。怎樣可以抵制共產主義的侵略，而使共產政權受國際的制裁，漸漸趨向和平呢？教宗的理想，是在於加強聯合國的制裁力。

教宗所願說的，是和平的真正意義。至於在事實上怎樣能夠達到真正的和平呢？那是各國政治領袖們的事。政治領袖爲求和平所應遵循的原則，教宗則予以說明，而且是說得既透徹而又圓滿。

（現代學苑）

註：

㈠ 和平通諭　正式譯本　臺中光啓出版社　民國五十二年七月出版　第十頁。

㈡ 十三頁。

(三) 十四頁。
(四) 十四頁。
(五) 十五頁。
(六) 十六頁。
(七) 十七頁。
(八) 十八頁。
(九) 十九頁。
(十) 廿一頁。
(十一) 十九頁。
(十二) 廿九頁。
(十三) 卅二頁。
(十四) 卅三頁。
(十五) 卅四頁。
(十六) 卅四頁。
(十七) 四〇頁。
(十八) 四二頁。

(十九) 四四頁。

(二十) 四九頁。

(二一) 五〇頁。

(二二) 五四頁。

(二三) 五七頁。

(二四) 六二頁。

(二五) 六六頁。

臺灣的社會問題

一、緒論

目前國際上最大的問題，第一是政治問題，第二是社會問題。政治問題爲第一，因爲自由世界正在政治上和共產陣營鬥爭，目的是阻止共產勢力再有伸張。自由世界現在用政治而不用武力，而政治上可以運用爲抵抗共產勢力的有效方法則是社會建設。因此目前社會問題和政治問題混合一起：而社會問題的解決成效，還是爲解決政治問題的基礎，我們只要看非洲的新興國家，這些國家要抵抗共產勢力的侵入。第一應當有良好的社會制度，使國內的社會問題，漸漸得到合理的解決，纔能在政治上有效地抵抗共產勢力，中南美各國的政治問題，也都是因爲國內的社會問題不能好好解決，便容易受共產勢力的撥弄。

我們臺灣目前的問題，以反攻大陸爲第一，反攻以軍事爲最要，但是在準備反攻時，也必須要建設健全的民生，假使臺灣同胞的生活不能夠健全，軍事力量就無法建立。要使臺灣的同胞可以有健全的生活，許多社會問題，應該先有合理的解決辦法。

三年以前，已故教宗若望二十三世，曾向整個教會頒發《社會通諭》，討論目前世界的社會經濟問題，說明解決這些問題的原則。這個通諭在歐美各國，曾引起很大的迴響；但是在臺灣，則很少有人注意過。我以爲在這個通諭裡所講到的社會原則，正是我們於今爲解決臺灣社會問題該採取的原則，所以願同大家加以研究。

二、農村問題

1. 農村生活水準的提高

臺灣的社會，是在由農業社會邁進工業社會的初期，我們從臺北至高雄，沿途可以看見許多工廠的煙囪。但是使我們特別注意的，還不是這些工廠，而是一片青綠的農田，可以說臺灣沒有一塊不是已經耕種的田地。臺灣的社會所以尚是農業爲重的社會。

在歐美於今農村所遇的嚴重問題，是人荒的問題，農人子弟大都離開農村，到工廠或城市裡去，尋求享受較高的生活。

「這種遷徙的現象，幾及於全球所有的國家，有時數字亦頗可觀，因而造成人類生活難以解決的複雜問題。這種情況的形成，是由於經濟愈發展，愈推進，則從事農業的耕農必日形減少，而從事工業或其他職務的人員則日益增加。可是，我們以為，這種由農業區走向工業生產區的大量遷移的原因，不只是由於經濟發展的客觀情況，而多由其他因素所激起。主要的是：因無較高生活的遠景，而起逃避窮鄉僻壤的心意；渴慕現代社會的各項新奇，並企圖嘗試現代五花八門的經驗，貧兒暴富的心理；在居民密集地區或城市中心，享受生活自由和用具方便的幻想……」㈠

在臺灣，現在還沒有這類的遷移現象；但是今天農家的子弟也都希望讀高中，入大學，繼而放洋留學。這些青年是沒有心思再回農村耕種了。大家總覺得農民生活程度較士、工、商的低。能夠取得較優裕的城市生活時，便要放棄比較清苦的農村生活了。

因此爲發展農村，便應該使農村生活和城市生活水準的距離盡量縮小，使農人切實認清本身職務的重要，而沒有自卑感。

「為繁榮農村，首要的任務，是每一個人，尤以政府當局，應該為農民的公共福利，發展主要的公共事業：例如養路、運輸、交通、飲水、住宅、醫療、小學、工業或職業學校、宗教活動、娛樂場所、以及裝修現代化農民住宅所必須的設備。這些公共事業，都是今日達成適度的農民生活水準必要的因素，如在農民區域中，缺乏這類事業，則農村的經濟和社會的發展，勢必停頓或延緩。果眞如此，農民大量遷出必無法遏阻，亦無法控制。」(二)

在歐美工業發達，城市生活水準很高的國家，提高農村生活水準，爲目前最大的一個問題。臺灣目前城市的生活在衣、食、住三方面，較農村的生活，並不算很高，有些地方鄉村比城市更好。例如克難的房屋和違章的建築物，遠不及農家房屋的舒服，然而這是一種過渡時期的現象，今後臺北和高雄的新都市計劃，對於鄉村人民就將有很大的吸引力，我們一面建設都市，一面也該建設農村。

2. 農村生產力的改進

在一個國家的經濟體系裡，農村的經濟自成一單位，但是不能單獨自成一體系。農村的經濟和工業、商業經濟，在一國的經濟體系裡，要互相協調。蘇聯的共產經濟，偏重工業，結果工業進步了，農業仍舊落後，造成了全國糧荒。一個新興的國家，都是想盡力建設工廠，以和先進國家並駕齊驅，假使沒有健全的農業，工業的發達將是畸形的發展。

「國家的經濟發展，應按部就班地推進，且應在各生產範疇間，取得和諧與協調。就是說，在農村區域中，應採用有關改良生產技術的新與設施，按整個經濟生活的需要，以改良農作物種類的選擇和農產機關的組織，使農民生活，儘可能達到工人或其他職業範疇的水準。」㈢

爲提高農村的生產力，在工業化的社會裡，便同時要使農業科學化。臺灣近來因著農復會的推動，又賴著政府的水利建設，農村在改良種子，配合肥料，和水源灌溉各方面，收效已經很大。我仍希望今後努力再擴充，使「農民因逐漸採用新發明的工具，而獲得減少勞

力。」㈣

3. 農村經濟的協助

農村經濟在現代波動的經濟中，代表靜的部份。生產獲利既慢而少，天災的危險性卻更大。投資的人普通都不喜歡投資給農人，因此政府在經濟計劃裡，應特別給農村予以保障和協助。

「政府當局應在農業的領域中，制定明確的經濟攻策；例如稅捐、貸款、社會保險、物價、農業技術的輔導、農村生產設備的改進等等，都屬於這一政策。」㈤

在我們目前的農村經濟裡，稅捐、社會保險和穩定物價，是最足以協助農村經濟的條件，宜善於協調，善於改進。

「關於稅捐，要它能符合正義和公平，其基本原則，應使它配合國民能力。」㈥農民的能力，較之工商界的經濟能力少，因此稅捐絕不應減少農村的生產力。

社會保險制度，在我們目前的社會裡，尙在幼稚的階段。目前立刻談農村的社會保檢，還嫌過早。然而我們爲求社會的安定，必定要建立社會保險制度。

「在農業上，特別有兩種保險制度，似乎是不可缺少的：一、農產物的保險，二、農民本身及其家屬的保障。」㈦

有了保險的制度，農民的生活，更能穩定。臺灣農村裡的天災，第一是颱風和大水，其次是旱災或地震。在天災來時，不能專靠政府的臨時救濟，要緊有保險的制度，以安定受災人的生活。但是保險的制度，和國家整個經濟政策和社會的一般經濟程度，互相聯繫。國家爲發展保險制度，要有嚴密的經濟計劃，同時在道德的信義上，建立威信，使農民在心理上相信保險。

農產物的物價，代表農民工作的收入，又代表他們工作的工薪。在現代的社會裡，農民不能直接把農產物售予消費者，中間經過批發商、小型商和零售商，輾轉增價，結果農產物在商場上的市價，已經不是農產物的市價，而是商品的市價，商人們所贏得的利潤，較比農人所得的還多。這一點既不合於公義，又足以使農民灰心。

「農產品以其性質特殊，為保證其價格穩定，應確立特種有效的章程，並利用經濟技術上所應用的方法。這類規章因有關農民本身利益，可由他們自己訂立，但政府當局亦不可放棄其適度的調節。……固然，農產品主要目的，乃為供應大眾的需要，因此，其價格亦當合理訂定，使全部消費者都有購買力；但亦不得因此而違反正義，迫使這一範疇（農民界）的全部農民，都走入經濟和社會情況較壞的境遇，而奪去他們為求取相稱的生活水準所必須的購買力，那明明是危害公益的。」(八)

三、工薪問題

工薪問題，是現代社會最大最難的問題之首。共產黨所藉以做宣傳的，是工薪問題；工會所發動的工潮和罷工，也是工薪問題。實際上真正和社會廣大群眾發生關係，而足以影響社會生活的，也是工薪問題。因爲工薪代表廣大群眾的收入，代表社會一般消費者的購買力。在通常的工薪問題裡，所討論的工薪，是工人的薪金，而不是公務員的薪金，馬克思的工薪論，完全從工業方面去講工人薪金，以薪金相當於工人的勞力，勞力相當於工業產品的價物，一筆抹殺爲生產工業產品應有的其他因素。馬克思的工薪理論乃成爲剩餘價值論。

工薪，是從事勞作的工作代價。人的勞作，乃是人求生的工具，工作代價便應該使人足以謀生，人的生活隨時向前進；一個時代的人的生活，應讓人適合當時的時代，因此人的生活水準，常隨時代而向前，人爲謀生的工具，也隨生活水準而提高。於是工薪應該和生活水準配合。工薪與生活水準不調和時，社會上便發生不安的現象。可從授與薪金者的一方面去看，薪金可算是投資的一部份，如果薪金不能從產品的利潤裡收回，授與薪金者將沒有授與薪金的能力，勢必破產而停頓所辦的事業。

若是我們把工薪的問題，從工人的工薪而擴張到一切領取薪金人的工薪，包括私人機關和政府機關的薪金在內，則授與薪金者的受薪能力成爲工薪問題的主要因素。

但是無論授薪的能力爲何，總不能抹殺領薪人的謀生需要。工薪而不能使領薪人足以謀適當的生活，便不是合理的工薪，因此政府有責任去改良這種境遇。

教宗若望說：「所以，我們認爲有責任再度忠告：勞工酬報既不宜放任，聽由市場公約自由競爭，亦不可僅由有權勢者任意制訂：而應按正義公平的原則來決定。這一原則，應使工資不獨能使工人度其合乎人性的生活，且應使他們能相稱地負起贍養家庭的責任。但是爲制訂合理的工資，第一，應依照每一工人實際貢獻有效工作的多寡；第二，應根據生產機械的經濟情況；第三，應顧及國家公共利益，尤應顧到運用大宗勢力時，在全國所能產生的影響。」㈨

從生活的水準說：臺灣目前的工薪過低，不足以適當地養身養家。但是從生產機構的經濟情況和國家的公共利益說，工薪不可以馬上提高。目前國家的財政收入，沒有提高薪金的能力。否則，馬上要使國家後台和社會生活都受波動。可是政府的政策，必須要力求改善這種境遇。反共復國的時期，當然以軍事爲要；可是民生的改良，也是發展軍事的必要條件，在歐美的國家，已經推行工人參與其工作公司的產權。這一點尚不是我們目前社會所容許的，然而工薪的提高，應是國家的政策，則無疑義。

四、國際經濟的調協

對於我們臺灣的社會生活，除我們本身所有的社會經濟問題外，還有國際經濟問題，關係也最密切。如果國際經濟不能和我們國內的經濟相協調，我們也難解決本身的社會問題。

美國在第二次大戰後，盡力以經濟援助共同爭取自由的盟國，美國的經濟，目的是援助經濟落後的盟國建設自己的經濟力。其他工業先進的歐洲國家，也有援助經濟落後國家開發資源的計劃。

但是這些援助，不能出於施濟的心理，而是要出於正義之心。因為「現代各國間相輔而成，關係密切，日益增進；如各國間經濟社會情況不平衡的現象有增無已，希望長期保持和平，乃是不可能的事。」(十)

農產物有剩餘的國家，不應銷毀或浪費人生必須的物質，宜盡援助貧乏國家的天賦。經濟生產技能高的國家，應給予生產技能低的國家各種科學技術的援助，「我們更期望經濟發展迅速的國家，應加倍努力，為經濟發展正在進行的國家，多予協助，使能獲得科學，技術及經濟上的進步。」(土)

對於出產推銷方面，工業先進國家應該不和經濟落後而願進步的國家所有產品競爭市場；反而放寬稅則，助之暢銷。經濟落後國家的產品能夠外銷，國內工業纔可以發展，人民對於消費品的購買力漸漸提高，工業先進國的產品，在這些國家裡，便能找到更大的銷路，因此助人也是助己。

人口與生活供應，在亞洲的國家裡，情形很不平衡。許多歐美自私的人，乃大聲疾呼，並實際上出力出錢，在亞洲推動節育，避孕墮胎。

「但我們坦誠地承認要解決這些問題，不能依據遺害人格的理論和方法，雖然這些理論和方法，正由那些認爲人和人生整個屬於物質的人們高唱入雲。然而這種問題只能在下述方式下求得解決：即不論個人，或全人類，經濟或社會的發展，必須有益於社會，並加增其真正的財富。而在經濟和社會發展上，首先應注意的是確保人的尊嚴，及其寶貴的生命。此外，各民族間精誠合作，使一切知識、資金、以及人力，都能爲公共利益，相互配合，彼此交流。」㈩

臺灣的人口，近年的增加率相當高。可是臺灣土地的開墾，於今也是有增無已，農產品的改良，使產量也是每年增加。所以目前臺灣並沒有生活供應品不能供養出生人口的現象。臺灣目前的人口問題，是青年人和壯年人，不容易找到工作，有人浮於事的現象。爲解決這個問題，要緊的在於加設工廠，吸收可以工作的人。同時，政府也應實行移民的政策。政府若沒有慎密的移民政策，或是完全讓人民亂向外國跑，或是完全閉關不許人民出去，這兩方式的後果都不會好。向外移民，應由政府在國家的利益和人民的利益下，謹慎地定出辦法，認真照辦；然後國家和人民纔可以兩得其便。

五、社會道德問題

於今我們在社會上做事，常常感到最難的問題，就是彼此不敢信任。以往，我們在社會各方面的關係，都覺得容易，因爲可以相信人，「說一句話，算一句話」，現在誰還敢這樣相信？社會上沒有道德，無論有什麼改進社會生活的良法，也不能生效。

「這種彼此不信任的原因，是由於人在行為上，對於人生的看法，各異其趣，而身為國家領袖者尤甚。因為有人竟敢武斷世界沒有一種超然的、絕對的、普遍的、以及為人人有同等價值的道德標準。人類既然沒有一致的正義的法律，當然在任何事上都不可能完全情投意合。」(圭)

各人以各人私利爲標準，各國以各國的利益爲原則，彼此間自然互相衝突，而施用詭詐欺壓了。

這一點大家都明瞭，大家也都知道要提高道德；但是真心願意去做的人則不多了。而且很多人不知道怎樣下手。

「然而談到道德律，當以天主為本。沒有天主，道德律必然會煙消雲散，影跡全無。原來人不僅有肉體，更具有心靈，使他能享用理智和自由。心靈需要以宗教為出發點的道德律來培植；為解決個人生活或集體生活，或有關國家或國際問題，實遠較其他任何力量或利益有效。或以為當此學術昌明時代，人類可以置天主於腦後，憑一己能力，建立高尚文化。今日持這一類論調的，實不乏其人，而事實上由於學術的發達，人類反而遭到普遍的困難，只有承認人類和整個宇宙的創造者和統治者權利，這些困難方能迎刃而解。」㈣

中國古人本來信天，天即天主教的天主。若每個人良心裡沒有上天所定的天理；若是每個人的良心，沒有「戒慎乎其所不睹，恐懼其所不聞」（中庸）的心理，以敬天主，道德律怎樣可以成立呢？所以我們建立社會道德，便應該建立道德律的根基。

這便是社會問題的中心問題。

（現代學苑）

註：

㈠教宗若望第二十三世　論近代社會與經濟問題　臺中光啓出版社　民國五〇年　第六〇頁。
㈡六一頁。
㈢六二頁。
㈣六二頁。
㈤六三頁。
㈥六三頁。
㈦六四頁。
㈧六五頁。
㈨三八頁。
㈩七四頁。
(十一)七七頁。
(十二)八五頁。
(十三)九〇頁。
(十四)九一頁。

一、辯證唯物的無神論

無神論主張不是馬克思所創立的，在古代希臘已經有伊比鳩魯享樂派的無神論，在古代中國也有老、莊和魏晉清談派的無神論。中外的無神思想，不但發生很早，而且自古到今，常有人繼續。同樣唯物論也不是馬克思所創立，在歐洲和中國，也都早有唯物的思想。但是唯物論要到了馬克思的辯證論，纔算是徹底的唯物論，無神論也要到了辯證唯物論，纔算是徹底的無神論。

馬克思批評以往的唯物論爲機械的唯物論。機械的唯物論是呆板的唯物論，這種唯物論雖然主張宇宙萬物都是由物質而成，可是物質的變動，不是自成的，要假外在的原因和動力；物質的變化，也只有在位置上產生量的變化，不能有質的變化。

馬克思認爲這種唯物論是不徹底的唯物論，因爲不能解釋宇宙萬物所有的一切變化，更不能解釋社會的進化。而且發動物質變動的外在原因和動力，也很可以是精神，並且可以是神。

馬克思創辯證唯物論，想修改以往唯物論的缺點。辯證唯物論的來源有二：一是來自費爾巴哈（Feurbach），一是來自黑格爾。費爾巴哈是唯物論者，但不是辯證論者。黑格爾是辯證論者，但不是唯物論者。馬克思竊取了費氏的唯物論，加以黑格爾的辯證，乃成立他的唯物辯證論。

辯證唯物論，主張宇宙一切都是物質，物質常在變動。變動的物質，不是人的主觀印象，乃是客觀的實體。宇宙物質的變動，有一定的規律，不是機械式的移動位置，而是有機的聯繫。物質中間的聯繫，能夠是外在的和偶然的，也能夠是本質的和必然的。機械的唯物論只承認外在的和偶然的聯繫。辯證唯物論則主張物質變動的規律，應該是物質中間的必然的本質聯繫，反對以偶然的動因與動機爲變動的原因。

辯證唯物論又認爲宇宙間自然界和社會裡人事的變動規律，是正反合的矛盾律，由矛盾相對而結成一新事物。毛澤東曾寫過一篇很長的文章，討論矛盾。任何事物，都包含著互相反對的對立方面，都包含著矛盾。任何事物的發展，都要通過自己內部對立方面的衝突和鬥爭；發展就是對立的鬥爭。發展的過程，就是事務內部矛盾的暴露和解決的過程。

事務內部的矛盾是多方面的，矛盾中又有矛盾；但是常有一種大矛盾，作爲主要的動因。矛盾是在事務內部，而且是事務本身所有的。因著本身的矛盾，事物自然起變動。因此變動的原因，是內在的，必然的。

矛盾鬥爭的結果，產生一件新的事物。新的事物和舊的事物的分別，不是量的差別，乃是質的差別。辯證論主張客觀世界發展的過程，不僅是量的生長過程，而是從量的變化到質的變化過程。質的變化的實現，不是逐漸的，而是迅速的和突然的。這種變化，出之於一種狀態到另一種狀態的飛躍式的轉變。

毛澤東迷於這種飛躍式的轉變，事事都倡飛躍。前幾年他大倡土灶煉廢鐵，以爲由土灶地廢鐵可以飛躍到巨爐煉鋼！

這種辯證唯物論，是一種徹底的唯物論，自成一系統，不再要求唯心的或精神的原因。在認識論方面，辯證唯物論，當然以爲認識只是經驗。毛澤東早些年又寫過一篇很長的文章，題爲「實踐論」，討論實際的經驗。毛的認識論以人的認識起於經驗，終於經驗。認識的過程有三步：印象、觀念、結論。人在認識時，先就實際的經驗而得一印象，印象是孤立的、簡單的、籠統的。再就印象用心去觀察，乃得事物的觀念，觀念是複雜的，包括事物內面的關係。再又按照觀念去推論，然後得出結論。結論有真假，在於是否能夠好好見諸實行。這似乎有點像墨子的三表法。墨子說：「言必有三表，何謂三表？……有本之者，有原之者，有用之者。於何本之？上本之於古者聖王之事。於何原之？下原察百姓耳目之實。

於何用之?發以為刑政，觀其中國人民之利。此所謂言有三表也。」(非命上)可是墨子的三表，只以經驗為言論的證據，並不像毛澤東以人的認識只限於經驗。而且墨子所提倡的利，多是精神方面的利益，不是共產黨的唯物利益。

二、

由上面所說的辯證唯物論和唯物論，我們可以看到辯證唯物論的無神主張，是徹底的無神思想。

在思想方面，毛共主張徹底無神。宇宙和社會中所有的，既都是物質，物質由內在的矛盾而起變動，由矛盾的鬥爭而產生新物。在這樣的宇宙內，完全不能有神的存在，而且也用不著有神的觀念。世間的一切宗教，毛澤東認為都是以往社會的陳舊物。太古社會的實際經驗不能產生科學的智識；因此以宇宙人事的重大變故，都歸之於一種不可知的超然力量，名之為神，呼之為思，因而產生了宗教信仰。後來社會的封建勢力興盛。封建勢力為鞏固自己的統治力，利用宗教思想；宗教乃能延存到今日。今日科學昌盛，辯證唯物論徹底推翻神的觀念，宗教將不打自倒，逐漸消滅。

在政治上，毛共卻想利用宗教，以鞏固共黨的勢力，在大陸強迫各宗教團體供共黨的驅使。中共驅使佛教協會以聯絡東南亞的佛教徒；驅使回教徒，以聯絡阿拉伯民族；驅使基督教徒以聯絡歐美的基督徒。然而中共最後的目標，是在於根絕宗教。

毛共的無神論，在思想方面，可以說是很幼稚，沒有脫出一般反對宗教者的窠臼。蘇聯共產主義在哲學方面所有的無神思想，則比較毛澤東的理論更高深了。

歐洲從文藝復興以後，各派的哲學思想和政治思想，都漸漸以人爲中心，造成各派的人文主義。以「人」爲中心的人文主義，是和中古時期以「神」爲中心的宗教思想，互相對立。啓蒙時期的人文思想，以人的理智爲一切智識的權衡；凡是人的理智所不能認識的事件，都視爲不存在的。實驗科學興盛以後，科學的人文主義，以科學智識評判一切。宗教信仰雖不違背科學智識，但不能由科學的實驗予以證明，不能像胡適之先生所說：拿證明來。因此實驗科學的人文主義，也是無神主義。然而這些人文主義的無神論，都是消極的無神論，只是因爲神「不可知」。唯心的人文主義，則進一步轉向積極的無神論。唯心的人文主義，以自己的心權衡一切。佛教曾經主張萬法唯心，現代歐洲的唯心論，也以觀念爲主觀的產物。不過唯心的無神論，不是由認識論出發，而是由人心出發。人心是精神，人心既能權衡一切，人心便是絕對的精神；絕對的精神乃是神，人心便是神。黑格爾的絕對精神，尼采的超人，都是唯心的人文主義的無神論。

馬克思竊取黑格爾的辯證論，卻極力反對黑氏的絕對精神。馬克思的辯證論中只有物質，物中有人類，人類中有被壓迫的人。馬克思的人文主義，便是被壓迫者反對壓迫者的鬥爭。宗教信仰是壓迫者用爲壓迫人的一種方式，馬克思的人文主義是在階級鬥爭中，反對宗教，以求被壓迫者的自由。

辯證唯物的無神主張，便是從宗教信仰的壓迫下，解放被壓迫的人。宗教本身沒有價值，宗教的價值只是封建制度的一種壓迫人民的方式。辯證唯物的無神主張，乃是追求人的絕對自由，使人成爲絕對的主人。不過，所謂人，不是私人，而是一個階級，即是被壓迫的無產階級。

三、

現代歐洲的存在論，也大多是以人爲中心的人文主義，而且以每個人自己，爲唯一的存在，沙爾特爾（Sartre）的存在哲學就是無神的哲學，以存在爲虛無，以無神爲自由。

「或有神，或有自由。若有神，一切都由神管理，我是沒有自由的；若沒有神，一切都由我自己處理，我的意志便是至高、絕對的。」

這一段話，是俄國的大小說家陀斯妥耶夫斯基（Dostojevsky）所著的《魔鬼》一書中，一個主要的人物所說的。這一段話就代表現代各種無神論的中心思想。現代的人文主義，也大多帶有這種思想的色彩。但是在私人方面，沒有一個人實際上敢說自己的意志是絕對的、是至上的；因爲就是說沒有神，至少還有政府的法律和權威。政府的法律和權威，不會承認私人的意志是至上的絕對自由意志；否則，就要變成無政府了。

共產主義以階級代替私人，以無產階級爲人文主義的中心。於是無產階級的意志，成爲至上的和絕對的意志，一切都由這種意志去決定，在上面沒有神的意志。無產階級由共產黨作代表。因此共產黨便無法無天了，因爲他自己就是天、就是法。所以共產黨的無神論無論在理論上或實際上，是一種徹底的無神論；也就是無神論的最徹底的結論。其他的無神論，或者是只走到半路，或者是口頭說而不敢實際去做，共產黨把無神論按照理則方法，推到了終點。

我們要批評辯證唯物的無神論嗎？誰也知道共產黨所講的爲爭自由而反對宗教，是一幕悽慘的滑稽劇，就如共產黨所講的打倒資產階級去解放無產階級，一樣的悽慘，一樣的滑稽。在辯證唯物論中不能有自由，所有的只有矛盾的鬥爭。

矛盾的鬥爭，從科學方面去看，不是物質變化的規律，從社會人事方面去看，更不是文明進化的途徑。馬克思的唯物史觀，以經濟現象去解釋歷史的一切史事，把人做成了一架機械。他反對機械的唯物論的思想，不爲創造一個有幸福有自由的人，而是創造一個唯有物質的機械社會。辯證唯物論的無神論，可以自誇爲最徹底、最積極、最有建設的無神論。可是他「殺死了」神，「絕滅了」神，同時也殺死了人，絕滅了人！

唯一可以算是有價值的，是辯證唯物論有勇氣，膽敢由前提而徹底推到結論，由結論而徹底去實行。其他無神論或者是柏拉圖的玄想，或者是只有勇氣走到半路。因爲凡是所謂無神論，若願意貫徹到底，便只有走到辯證唯物論的無神論。不過走到徹底處，卻是走到了自殺。人願意摧毀神，卻摧毀了自己。

（現代學苑）

近代歷史哲學思想

近代歷史哲學思想，和近代歐洲的哲學思想互相聯繫，所謂歷史哲學思想家，也就是當時的哲學家。

近代哲學由笛卡爾開端，到馬克斯結尾。這一段很長時期的哲學，派別很多，趨向不同，很有點混亂的現象。然而其中也有幾點共同的趨勢，這幾點共同趨勢對於歷史哲學影響很大。

近代哲學在笛卡爾的一句名言裡：「我思想，我就存在」，已包孕了兩種新趨勢。第一是注重人，而且注重自我；第二注重人的心理，以人的意識爲主。中古的哲學，和宗教結合在一起，哲學的起點和終點是神，是天主。聖奧斯定和聖多瑪斯乃中古哲學的代表，兩位哲學家都兼爲神學家，他們講哲學是用哲學以講神學。近代哲學則以人爲哲學的主體，由人的觀點去看宇宙萬物。而且逐漸由抽象的人性漸漸轉到具體的個人，當代哲學乃以自我爲哲學主體了。這種趨勢影響了歷史哲學，使哲學家對於歷史的看法，由人方面去看，而不由神的方面去看了。雖說近代歷史哲學家尚多有人信歷史由天主掌管，但是已經放棄聖奧斯定以天主爲歷史中心的思想，而以人類爲歷史中心。又因哲學思想注重自我，歷史哲學家也注重個體的人在歷史上的地位，以歷史爲偉人所造成。既然注重偉人，則不能不注重人的心理。因此心理現象的解釋，在歷史哲學上漸漸佔重要的位置。同時不單是注意個人的心理，且也注意到社會團體的心理。社會心理的研究，也就成爲歷史家的工作。

近代哲學以認識論爲最重，實徵論、實在論、唯心論等學說都是認識的學說，這些哲學家都討論人的智識究竟有什麼價值，人是否可以認識眞理。這種研究當然影響了歷史哲學，有人便問歷史智識有什麼價值呢？當代歷史哲學便由認識論去研究歷史。

近代政治思想，趨向民主，尊重平等自由，歷史家乃由這種思想去研究古代民族的文化，於是有神權、君權、民權的進化論。

由政治思想，歷史家更進而研究民族文化，近代的歷史家漸漸放寬歷史的範圍，由政治史而伸張到文化史。歷史的範圍乃能包括民族生活在各方面的表現。

爲明瞭這一時期的歷史思想，我們簡單地先介紹意、英、法、德等國的歷史思想，然後舉出黑格爾和馬克斯兩人的歷史哲學，以作這個時期歷史哲學的代表。

一、意大利的歷史哲學思想

在政治上，意大利在第十九世紀以前，不成爲一個統一的國家，沒有意大利的名字；但是在文化史上，意大利繼承古羅瑪的文化，在中古和近代的思想史，意大利已自成一單位，且有適當的地位。而且文藝復興，興自意大利。

在歷史哲學上，意大利有一位學者，乃是現代歷史哲學的前驅，這位學者稱爲魏各（Giambattista Vico 1688-1744）。魏各爲意大利南部拿波里人，性喜哲學，尤好法律，曾著《世界法學》（De universiiuris uno principio et fine uno. De constantiaiuri-sprudentis. 1720-1723），後轉而研究歷史哲學，著：《新學術論》（Principi di una scienza nuova d' intorno allacomune natura delle nazioni. 1725, 1730, 1744.）。在這兩冊書裡，魏各正式講論歷史哲學，開啓後代歷史哲學的途徑，因此講歷史哲學演進史的人，都推魏各爲歷史哲學的開創人。

1.

魏各反對笛卡爾的諺語：「我思想，我就存在。」因爲僅只思索不能知道眞理究竟怎樣，思索不能作爲眞理的標準。認識正確的標準，該是知而能行（verum ipsumfactum）有點相似王陽明的知行合一。魏各所謂知而能行，把眞理和行爲合而爲一，行爲就是眞理，又有點類似黑格爾所說「存在的就是合理的。」但是他對於這句話的解釋，則和王陽明、黑格爾都不相同。

魏各以爲我們的智識，爲成一種完全的智識，爲成一種正確的智識，我們應該知道對象的各方面，好像一個工人做一件傢具，我們在腦子裡能夠把對象分析清楚，能夠在分析以後把各部份結合起來，構成這個對象。認識的對象，不是我們腦子所造的；但是我們對於對象的認識，不是我們腦子所造的；但是我們對於對象的認識，要能達到完滿的程度，我們眞可以創造我們認識的對象。

在我們各種智識中，較爲更完全、更正確的智識，按照魏各所說的標準，應該是歷史智識。歷史智識的對象是史事，史事的前因後果都是人所造的；我們研究歷史可以知道清楚歷史所講的史事，史事的因果歷歷在目。

魏各因此主張歷史可以成爲一種學術(科學),因爲歷史的智識可以是真理,可以是正確。歷史的知識乃是正確的,因爲歷史的每樁史事,都可以用證據去證明事情的實在性。歷史是真理,因爲歷史的史事含有一貫的原則,原則乃是古今不變之道,以人性爲基礎。

2. 歷史的演進

人類歷史逐漸演進,歷史的演進即是人類的演進。人類在開始時不知道使用理智,只憑感覺和想像去認識,對於自己的人性尚不明瞭,對於自己本人也沒有反省的意識。後來漸漸進化,人漸漸知道使用理智,由理智去認識自己和事情。魏各分人類歷史的演進爲三個階段:即神靈時期、英雄時期、人的時期。人類在這三個時期內,開始祇是感覺不知道現象的意義;後來漸漸注意各種現象,心中感動而起害怕;最後自己知道反省,用冷靜頭腦去思索,人自己知道自己是誰。

人類演進的一個大問題,是從野蠻時期怎麼樣能夠進入文明時期。

魏各不承認人是從獸進化而成的。初民雖是野蠻,有如野獸,但已經是人,具有整個的人性。這個具有整個人性的人,爲什麼不知道使用理智,生活沒有倫理道德,有如野獸一樣呢？這樣的一個愚蠢的人，怎麼樣後來竟能夠利用理智，創造了現代的文明呢？魏各認爲這是歷史上的一個大問題，在理論方面沒有答案，祇能由天主教的信仰去答覆。初民的愚蠢乃是聖經舊約所說人類原祖因犯罪而墮落，失去了人性的完整，人類的人性乃是墮落了的軟弱人性。這樣的人性，後來怎樣又能發揚而創造文明呢？魏各相信這是天主的指導，天主指導人類的的歷史，不用非常的靈蹟，而是引導人在日常的途徑上，趨向高尙的目標。宗教的信仰，引導人修身，建立倫理秩序。初民野蠻的性格，若沒有宗教信仰的引導，決不能改善自私和殘暴的惡性。

宗教信仰既是文明的起點，文明的進化和退化也和宗教有關。如文明進化使用理智而排斥宗教信仰，理智的使用使人自尊而濫用自由。濫用自由則自私心盛，自私心盛則倫理墮落，人將返回初民的野蠻時代。這種野蠻不是物質的野蠻，而是精神的野蠻。

人類既退化到精神野蠻，則應開一新時代使人類再度前進。人類的一進退，便成爲歷史演進的途徑。然而這種途徑並不成爲歷史進返的原則，歷史並不是永遠地在一進一退中周旋。因爲人類文明的進退，沒有規定何時必進何時必返，進返的時期，也不是進時常有同樣的史事，退時常有同樣的史事，進返祇是歷史演進的形式。

3. 文明進化

初民的生活爲野蠻的生活，野蠻的生活也有智慧，野蠻的智慧是直覺的智慧；魏各稱這種智慧爲詩人的智慧。詩人的智慧是直覺不是反省，是想像不是理性。初民生活的智慧也就是普通一般人的智慧。普通一般人作事時，不多思索，不多反省，祇憑直覺和經驗，對於事情的判斷並不常是錯誤。

野蠻人民既祇憑直覺，在遇到大雷大風暴時，便直覺到神靈的造物主。然而他們不知道使用理智，於是便想像各樣的神靈。希臘人民乃有太陽神的神話。在太陽神的治理下，人民進於文明生活。文明的第一種表現，即是家族制度和君王制度，家長和君主統治人民。在君主制度下，貴族制度興起，貴族的家庭作社會的領導，平民服從並崇拜他們。在這種制度下，民族的語言文字漸漸發達，國家的法律漸漸成立。文字和法律乃是每個民族文化的要素。這種時代爲「英雄的時代」，也是想像和詩歌的時代。貴族制度衰敗以後，平民握得政權，於是開始「人的時代」，以民主制度爲特徵。人的生活以理性爲主，想像和感覺的支配力減少，理性的產物，乃有各種不同的學說。魏各希望能出一位羅瑪皇帝，重整社會的秩序。假使羅瑪皇帝也不能整頓社會，社會必日趨墮落，反歸於初民的野蠻時代，歷史乃有一進一退。

三、法國的歷史哲學思想

法國在近代的歐洲思想上，以法國革命影響最大。法國革命的標語爲自由平等。自由平等爲人性的基本權利，歐洲思想乃以人性爲重，由看重人性而成立人文主義，以人作生活的中心。文藝復興的思潮，本以提倡人的美好爲主，人體美的藝術。大家憧憬人身和人心的美善，興起浪漫的情緒，遂形成了浪漫主義。浪漫主義的正式成立，雖是由德國十九世紀作家所造，然而十七世紀和十八世紀的英國和法國作家，早已實行浪漫的思想。法國近代的歷史哲學思想，也就是這一派的歷史哲學。

1. 盧　梭

第一位浪漫思想家，是法國的盧梭。

盧梭（Jean-Jacques Rousseau.）生於一七一二年，卒於一七七八年，一生浪遊瑞士、法國、英國，著有《民約》、《愛彌兒》及《懺悔錄》。

盧梭的基本思想，爲返歸自然。他主張人性爲善，初民的非文明生活，乃是人性自然的流露，天真無損。文明的進步，破壞了人類的天真。在初民的社會中，人人平等，不分階級。歐洲貴族階級，爲文明的流毒，應該完全廢除。文藝復興以後，英國盛行理性主義，盧梭極攻擊這種思想，他以理性的智識，爲人類墮落的原因。智識使人巧詐，使人作惡。他似乎像老子的主張，要棄聖絕智。

爲救當時的社會，盧梭提出《民約論》和《愛彌兒教育論》。《民約論》以國家的組織，出於人民的公約，人民的公約在內，可以規定自由平等的私人權利。《愛彌兒教育論》則主張教育以個人爲主體，教人自由發展每人的人格。

盧梭的歷史哲學思想，在否認歷史的意義。他推崇初民生活的價值，咀咒文明的進步，主張返回初民自然的生活，他就是否認了人類歷史的價值，以爲人類可以純淨地擺脫幾千年歷史的成績，回到歷史的開端。但是另一方面，他對於社會和文明的批評，留下了許多觀察歷史的原則。如從自由平等去觀察文化的進步。

2. 孟德斯鳩

孟德斯鳩(Charles Louis Montesquieu)生於一六八九年,卒於一七五五年,爲法國革命的政治思想家,曾著有《論羅瑪興亡》及《法意》等書。《法意》一書爲孟氏最重要的作品,開後代社會學的先聲。又具有歷史哲學的觀念。

宇宙萬物在物質和精神方面,都受造物主天主的掌管。然而在人類社會方面,則受自然律的統治。這是孟氏《法意》一書中的重要點。所謂自然律,不是形上的抽象自然法,乃是具體人事的關係,在這些關係中,有一種統治的規律。統治社會的規律,是由地域環境和社會因素而成的。每一種社會具有自己的精神,這種精神稱爲共同精神。

因此,每個民族在文化進化上,自成一個單位。

以往的社會,按照每個民族的精神,有君王獨裁,有貴族制度,有君主立憲,有民主。在已進化到民主制度時,則應實行分樣,立法、司法、行政應互相分別,以避免一人獨裁。

孟德斯鳩的歷史哲學思想,在於講人類社會的逐漸進化。進化的原因,由環境和社會因素而造成。他的思想不多帶浪漫氣氛,而注重實際的觀察,頗具有實際科學的精神。因此他研究法律、研究自由、研究政治組織、研究國家和私人的界限。在這些問題中,他主張自然律。

人類社會雖有自然律；然而人類的歷史則不能完全用理性去解釋，因爲人類有感情、有情慾。這些力量對於人的行動有很大的影響力。人類社會的宗教，也是歷史不可理解的原因。研究社會學和歷史者，不能忽略這些原因。他的思想影響了後來的孔德。

3. 孔德

孔德（Lsidore Auguste Comte）生於一七九八年，卒於一八五七年。他是法國大革命大亂後的思想家。眼見國家因著幾十年的大亂，人心分離，社會散亂，他想尋找一種思想使全國團結一致。他是研究哲學和社會學的，思想的趨勢，已經遠離了浪漫主義而進入了實徵主義。他看重實徵性的科學，以實徵科學的精神去講哲學；但是結果他的哲學、社會學和宗教等方面的思想，卻是一種懸空而不實際的空想。這種空想變成了形上原則，支配了現代的社會學和歷史哲學。

孔德把科學分成有機物理學和無機物理學。無機物理學包括天主和地理，地理再分爲物理和化學。有機物理則分爲生物學和社會學。歷史當然包括在社會學內。

社會學所研究的對象，爲人類的生活。社會學的研究法是比較研究法，比較研究法由兩方面進行，一由空間、一由時間，由空間去比較研究，即研究現在各民族的社會生活；由時間去研究，則研究以往各民族的社會轉變。

現在各種民族的社會生活，已經是進化的生活。社會的中心爲家庭，社會組織的原則爲分工。家庭和分工的維護者則爲政府。政府乃是推動社會生活的動力。

社會組織的因素，第一在物質和勞力。從這兩種因素去研究，社會組織的因素，乃有工人和雇主。第二在於智識，社會智識的代表是明智人，即是教會負責人和學者。第三在於婦女，婦人在當時尚不參加工廠及社會智識工作，然而她們也是社會組織的一個重要因素。

從時間方面去研究社會，孔德創立了三階段的學說，他由各民族的風俗、思想和文化的各種表現，比較研究，認爲人類社會的進化，是依循神權、君權、民權三種階段而進化的；同時人類的學術思想，也是由神學到哲學，由哲學而進到科學。

初民的頭腦幼稚，不能理解自然界的現象，以爲都有神靈主持。自然現象對於人類生活關係很大，人的力量不能抵抗，於是便信仰而敬禮主持自然現象的神靈。不僅是自然界由神靈主持，人事也由神靈主持。社會的初期組織，處於神權之下，人們的智識也是一些神話和宗教智識。

智識漸漸增多了，理性運用漸高，人便漸漸自己管理社會，於是有君王代行天道，社會由君主治理。明智的人開化如運用理性而造出哲學思想。哲學是空洞的，是冥想的智識。後來人們智識更多，理智運用更高，人們便自己主理自己的生活，社會組織是民主，思想的發展爲科學。

人類可以是宇宙的主人。

孔德夢想創立一種自然宗教，敬拜人類。孟德斯鳩曾說社會民族有一共同的精神，孔德以社會共同精神爲至高的存在。至高的存在（Grand'etre）乃是人類（humanite'）自然宗教以「人類」爲信仰對象，以實徵哲學爲教義，竊取天主教會的禮儀和制度，訂教儀和教士。孔德望想這種宗教可以團結法國人民，而使人類進化到最高峰。

孔德的歷史哲學思想，是他的社會進化論。他把人類的歷史，分爲神權、君權、民權三階段。他對歷史的評價，完全由社會組織去觀察。

三、英國的歷史哲學思想

英國近代的哲學思想，由牛頓大科學家領導，趨於理性主義。以宇宙的一切運動，均按自然法進行，運動的變易，可以按照數學的方式而推出。人類社會的生活，也有性律的統治。性律是不變而且是不能變的，萬世常新。

由理性主義一變而爲實徵主義。實徵主義是反對理智的，所看重的乃是感覺。感覺的知識纔是確實的知識。

1. 代表實徵主義的哲學家爲休謨

休謨（Hume）生於一七一一年，卒於一七七六年。他除哲學著作，著有英國史《大不列顛史》。

休謨對於認識，採懷疑主義。人的認識，即是對本人的反省認識，都是一束的感覺印象。這些印象互相繼續、互相替代，像水流一樣，沒有固定的一刻。人的自我既不是固定的存在，「實體」（Substance）的一個觀念便沒有意義，而且可以說「實體」根本不存在。

對於已往和將來的認識，我們不能有感覺的直接證明。我們所有的歷史知識，只能說是「可靠的」，而不能說是「確實的」。休謨且不承認因果律，他以因果爲印象連續所結成的習慣；歷史的因果也便沒有內在的價值。

人類的進化，由低級上升，這種進化不能用理智去解釋，只是人性的要求：人性的要求是盲目的，是不可理喻的。既然是盲目的，便是確信的，牢固不可破的。

休謨著英國史，記述大不列顛民族的社會組織。休謨信仰人生，以人性爲社會組織的基礎。人性的表現，按照英國人的天性乃是實際有利於人生的事，英國人因此講實際、講利益，在實際和利益之中，英國社會尊重君權又尊重自由。

2. 布爾克

布爾克（Edmund Burke）生於一七二九年，卒於一七九七年。

布氏爲愛爾蘭人，不是哲學家而是政治家，他的哲學著作乃是一本關於美術論的小書，頗對康德發生影響。在政治思想上，他的思想和歷史哲學發生關係；因此他在歷史哲學上可以有一席的地位。

布氏的政治思想，爲自由主義。他反對盧梭的自然民主論、烏托邦論；也反對法國革命。布氏主張自由應有限制，自由不是天生的，而是人所爭取的，也是人所建造的，人要知道爭取自由之難以善用自由。自由和歷史相連，自由的運用要適合具體的歷史環境。社會上的自由，是各種不同或相反的社會組織的調協。歷史的進步，不能像法國革命，完全推翻以往的傳統。歷史的進步是繼續以往前人的工作成績，逐步向上。這種思想便是他的歷史哲學思想。

十八世紀的英國思想，趨重實際，已經拋棄理性主義的路線，走上實徵主義的道路。這種主義重經驗、重實利。英國學者對於歷史的看法，也就不帶浪漫色彩，而加上實徵的色彩了。

四、德國的歷史哲學

歷史哲學的成立，在於德國。德國在十七和十八世紀盛行浪漫主義，浪漫主義的名詞，發源於德國。在十八世紀末期，英國文藝界曾用「浪漫」的名詞，指著一些奇異的傳說。在第十七世紀，英國文藝界用「浪漫派」的名詞，指著中古世紀的哥德式藝術。德國的學者乃使用浪漫主義的名詞，以反對古代藝術和古典藝術。古典藝術重在理智，重在顏色和形體美；浪漫藝術則重感情和想像，重線紋和顏色的調和。在哲學思想方面，乃有赫爾特的浪漫哲學思想，更有康德集其大成。

1. 赫爾特（Johann Gottfried Herder）

赫爾特生於一七四四年，卒於一八〇三年，曾從康德受教，和詩人哥德爲友。他的思想由拉丁文與德文之爭而起。他反對拉丁古文，主張用本地德文，因此他便開始研究語言的哲學意義。語言不僅是一些抽象的名詞，也不僅是理智的工具；語言乃是具體上表現整個人的思想、感情、心理和精神生活。語言應該是活的，而不是死的。拉丁文在剛開始時是一種活的語言，以後和具體的生活相脫離而成爲死的文字。赫爾特於是進一步主張一個民族的文化，可以由民族的語言去研究。民族的文化是各民族所創造的，因爲人的內心具有創造能力。人的創造力來自造物主天主，是天主的肖像。人用內心的創造力使自己成聖賢，聖賢的標準是在人的心內，人能實現這種完人的標準便是完全的聖賢。

世間的一切，都是人的創造力所成，宇宙的目的在於宇宙以內，但是在宇宙的內在目的中，便是實現造物主天主所定的原則。赫爾特曾任基督教的牧師，他的信仰很誠懇，他深信天主對於宇宙萬物，不僅支配無靈之物，也支配有靈的人，因此人類的歷史也在天主掌握之下。人類歷史上的許多重要事蹟，很明顯地可以看出是天主預先定了事實的途徑。

人雖用理智去創造歷史，然而歷史並不完全是合於理性的產物，也不是成一直線往前進，後一時代並不常較前一時代進步，人的幸福也並不是步步增加。就如每一個人並不是事事都好，事事如意，同時每個時代也並非常常好，常常如意。歷史是委蜿曲折地向上進，每一時代有一時代的特徵，有好有壞。

赫爾特的歷史觀，很切近自然。人雖用理智去求進步，周圍的環境則常使人創造受許多限制。赫爾特承認每個人和每個民族在歷史上的價值，也承認每種文化的歷史價值。他的歷史爲文化史，在文化史中理智有自己的地位，感情也有自己的地位，自然界也有其地位。所以他的歷史思想稱爲浪漫派的思想。

2. 黑格爾的歷史哲學

正式能稱爲歷史哲學家的人，當推黑格爾。黑格爾寫了歷史哲學的專書。他在晚年寫歷史哲學，以歷史哲學完結他的哲學思想，做他思想的結論。我們爲明瞭黑格爾的歷史哲學，便要先明瞭黑格爾哲學的大綱和內容。

a、黑格爾哲學的系統

黑格爾是一位唯心哲學家，他主張精神包括一切，一切都是絕對精神的變易。精神的變易，按照正反合的方式而進。正反合即是絕對精神的我，非我，自覺精神是自由，非我則反對自由，自覺乃是自由的自覺。歷史，便是精神求取自由的自覺史。

黑格爾的哲學建立在精神變易的觀念上，他以精神常變便以「絕對精神」爲運動。絕對精神之運動應有法則，法則乃是理性；但是理性並非一種特能，而是絕對精神本身。絕對精神本身是變易，本身也是法則。變易的法則，不單是理性推理的範疇，同時也是所有存在體的本體形式。因此黑格爾的邏輯學，既是理則學又是本體論。

（一）黑格爾的邏輯學分爲三大部份：存在的邏輯、本質的邏輯、觀念的邏輯。存在和本質合爲客觀的邏輯，觀念爲主觀的邏輯。

存在或稱爲有，是一最廣最普通的觀念，祇說「在」，不附帶任何性質。他的內容最空虛，可以和「無」或「不存在」沒有分別。存在爲我，不存在爲非我；我爲正，非爲反。存在和不存在沒有分別，即是我和非我同時有，也就是正和反同時有。怎麼樣可以使正反相合呢？則是變易，變易使我和非我相合。

當存在發生變易時，存在給自己附加特性，便是存在自己、限制自己、確定自己，然後有個體性的觀念。個性乃是具體的存在，具體的有，或稱爲生存。

存在在變易時，有變易的本體，變易的本體就是存在的本質。存在的本質使存在是真的。存在本質在變易過程，有三項的決定：第一，爲本質的「存在在己」，即是自己限制自己，或稱爲反映。第二、本質既是自己限制自己，所成的乃爲一非我，構成反映中之「他存在」，即是差別。第三、本質既自己限制自己成一非我，非我實即自我的表現，這種表現造成生存，存在本質乃有現實性。現實即是本質和生存的結合。本質表現自己於一串的現象中，乃構成物。

主觀的邏輯，爲觀念的邏輯。觀念的邏輯，即是通常的理則學和認識論，解釋觀念和價值和觀念的法則。

在邏輯學以後，黑格爾講自然哲學。自然哲學包括三部份：力學、物理學、有機體論。

（二）自然是絕對的精神的非我，絕對精神或稱理性在變易過程中，自己限制自己而有外在的我。外在的非我便是自然。自然應有空間、時間、物質等因素。

物質是什麼呢？物質是一個代表，代表什麼呢？代表自然的各種個體的統一性。理性在自己限制自己的過程中，構成許多無窮的個體性，個體性怎麼樣可以統一呢？乃有一理想體，自然界的無窮個體性是屬於這個理想體，因而乃歸一統。這種理想體稱爲物質。

物質怎樣聯繫無窮的個體性呢？是以理想的體系。理想體系之成，在於力，乃有力學。物質因力而構成自然的個體性。研究這種理論的，便是物理學。力能統一個體性，這種統一程序能表現於一個體以內，而使個體爲自己而存在，這便是有機體。

（三）黑格爾的第三部哲學，乃是精神哲學，精神在變易程序中，有了非我的「自然」，非我和我重新相合，這就是精神哲學。黑格爾以精神哲學之「精神」為自我與存在的統一，主觀和客觀的統一，為己和在己的統一。

在精神哲學之中，黑格爾又分正反合。「正」為主觀的精神，主觀精神的哲學有人類學、心理學、意志論。「反」為客觀精神，客觀精神的哲學有法律、道德、政治。「合」為絕對精神，絕對精神的哲學有美學、宗教、哲學。

主觀精神是每個人的本人，求其精神發展。每個人的精神發展，即是追求本人的自由。因此先有人類學而研究人，然後有心理學研究人的心理，由心理作用而知道人運用自己的意志以求自由。自由乃是主體向外的發展。主體向外發展，馬上遇到別人為求自由向外的發展，為能使大家都可以有自由，於是便有法律、有道德、有政治。這三者就是人群之道，或稱為團體的理性，使團體的生活合於理性的生活。由團體生活每個人的精神再回到自己的精神裡，每個人自覺為一絕對的精神。在美術裡，每個人自覺和絕對的美相結合，以欣賞美術之美。在宗教裡，每個人自覺和絕對的精神相結合，自己的精神，廣大無垠。在哲學裡，每個人自覺和絕對的理性相結合，講說絕對的真理。

但是歷史哲學呢？歷史哲學為黑格爾全部哲學的結論。

3. 黑格爾的歷史哲學

歷史是甚麼呢？黑格爾認爲歷史是人類精神追求自由，漸有自覺的經驗。黑氏又以爲歷史表現最高神靈統治人類的計劃。

絕對精神在存在中，自加限制而成爲有限的精神，即是人類的精神。人類的精神繼續活動而有變化，精神本身是自由的，精神的變化便是自由的變化。但是有限的精神的變化，便常在追求自由。有一分的自由，有限的精神對自由多一分的自覺心。精神繼續變化，繼續追求自由，繼續增加自覺，這種自覺的經歷就是人類的歷史。

人類的歷史，便要由變化方面去解釋。歷史的變化，爲人類精神求自由的變化；這種變化乃是永遠創新的變化。在人類生活中，一切都變，變則是有毀滅後毀滅，又有新的以替代舊的，像佛教的輪迴說，新舊相繼續。又毀滅又繼續。歷史究竟有沒有目的呢？黑格爾答說歷史有目的，歷史的目的在於表現絕對的理性，理性支配一切，理性規定一切，歷史按照理性的計劃繼續前進；在歷史裡面，理性可以表現出來。這一點，乃是宗教的信仰，信歷史受絕對理性的支配，絕對理性即是神意，即是神。黑格爾不承認世界爲一偶然的原因，世界的一切不是偶然而生，而是由神意去支配。

人類追求自由的自覺經歷，可以分成三大階段。第一階段爲精神的幼稚時期，人類對於自由，沒有自覺心，大家都不自由，祇有一個統治者運用自由；這一時期可以由東方各國的君主專制做代表。第二階段爲精神的青年時期和成年時期，青年時期以希臘爲代表，成年時期以羅瑪爲代表。在這時期內，人類漸漸知道有自由，少數人並能享受自由，希臘的民主制度和羅瑪的封建制度曾給予貴族和執政人自由。第三階段爲精神的老年時期，人類已經自知有自由了，以自由的自覺支配一切，一切都在自由裡去實行，這個時代，以日爾曼德國民族爲代表。

黑格爾既以精神的活動爲自由，人類對於自由則不自覺，爲使人煩自覺，乃有偉人爲自由而奮鬥。這些偉人即是爲人類造歷史。黑格爾的歷史哲學崇拜已往的偉人。到了人類有了自由的自覺，以自由支配一切，便應該有完全的政府，以完全的法律和倫理去規範人的自由，使自由合於理性。因此黑格爾乃崇拜國家，很有國家主義的色彩。在現代的民族國家中，黑格爾認爲日爾曼民族最能守法守倫理，日爾曼民族的政府最能代表自由的合理化。於是黑格爾又成了日爾曼民族主義者。

黑格爾主張在今於理性的國家裡，人類纔能得到人類的意義和人類的價值，纔能得到人類的本身。他便主張人類的歷史乃是國家的歷史，國家的生活則是文化，因爲文化是民族精神在各方面的表現，因此國家歷史乃是國家文化史。

國家的文化，第一是法律，法律爲政府的生命，可是民族精神活動則在於藝術、在於宗教、在於哲學。黑格爾尤其注意宗教，他以爲宗教是全民族意識聯合的最重要形態。因此他主張在國家的生活裡面，宗教乃是中心點。

這樣，歷史哲學包括了法律、藝術、宗教和哲學。

五、馬克思唯物辯證史觀

1. 辯證唯物論

黑格爾的學說竟影響了希特勒獨裁的國家社會主義，這是黑氏自己所不能預料的。另外還有一種影響，也是他所不能想像的，則是馬克思的唯物辯證論，黑格爾的思想，以精神爲主，精神的變心按照正反合的辯證式而造出歷史。馬克思竊取黑格爾的思想骨架，卻把骨架內的主體內容，即是精神，換爲物質，乃成爲唯物辯證論。

宇宙的一切都是物質，物質常在變動，而且動作即是物質，不祇是物質的種種狀態。物質本身就是變動，因爲物質即是力，力是動。物質之動，不是因受外面一種力的發動而後動，乃是因自己內在的力而動。這一點是馬克思唯物論和以往唯物論不同之點。物質既因自己的力量而動，動及永久繼續，物質便是無始無終。

物質的動，按照黑格爾的正反合方式而動，因而造成辯證唯物論，物質的動不是如同以往唯物論所說，只是地位變動或是量的變動，而是包括質的變動；而且必定有質的變動，物質纔可以繼續存在。當然物質的變動，不常是質的變動，但若一正一反的變動最凶最大時，則所得的合便是質的變動，產生新的物質。

在宇宙物質變動裡，有必然性的定律，因果的關係必定實現。然而也有偶然的現象，偶然和必然互相成全。既然有必然的定律，宇宙的變動不能有一定的目的。

從宇宙變動講到人類社會的變動，馬克思把宇宙自然變動的辯證律應用到人類社會的變動上去。他肯定自然界的現象和人類社會的現象，具有普遍的連接關係，人類社會的正反合辯論式由革命工作去實現，革命乃是對立矛盾的鬥爭，因著鬥爭乃產生新的社會。於是馬克思對於自然界和人類社會的變動，規定有三項定律：量的變易可以成爲質的變易，對立的矛盾互相鬥爭以求統一，統一的方式是以否定的否定而成的。

2.

辯證唯物史觀黑格爾的歷史哲學爲黑氏哲學的結論，辯證唯物史觀便是馬克思和黑格爾辯證唯物論的結論。

人類社會既然和自然界不能分離，自然界的變動律用之於人類社會，人類的歷史也就等於自然界的自然科學。辯證唯物史觀乃決定人類社會的變動或稱人類活動，都是物質的變動。人類社會的物質乃是經濟，經濟的來源出自生產，因此生產乃是人類社會變易的基礎。

生產是有兩方面的意義：一方面是生產的工具，一方面是生產的關係，生產工具創造生產，因著創造生產，生產關係於是成立，生產工具是人用爲生產的器具和方法。生產關係是生產者和生產者，生產者和消費者，相互發生的關係。生產既然造成了生產關係，一定要有分工合作。分工合作爲社會進化的一個重要條件。

然而社會變易的基礎是建立在生產上，生產又以生產工具爲根基。生產的工具有變易，生產的關係便隨著起變化。

教育叢刊發刊辭

天主教在臺灣創辦的中學，今年已經有廿五所，分佈於全省各縣市。廿五所中學爲促進一致的精神，爲達成共同的目標，彼此間經常的聯繫非常重要，因此教務協進會乃發行《教育叢刊》。

我雖曾在羅瑪傳信大學，教了廿五年的書，沒有注意教育問題。到了臺南，因爲設立天主教學校，乃漸漸看到臺灣教育的各種問題，而且看到這些問題都很複雜，都很棘手。尤其因爲參加天主教中學校長會議，更感到天主教學校，對於目前各種教育問題，要有鮮明的立場，要有一致的主張。

臺灣目前的第一個教育問題，是辦學校的目標。從國民小學，到初中、到高中、到大學，都是以升學爲目的。升學率高的學校，便自然爲最好的學校，也會受到輿論的恭維。教育的目的，本來應該是培植學生的人格，教育學生做一個成全的人。當今辦學校的人，以升學主義爲目標，沽名釣譽，甚或唯利是圖，因而產生嚴重的惡性補習，或任意操縱學生的投考志願。我們天主教學校，必定要堅持我們的主張，以培植學生人格爲教育的目的，不誇張本校的升學率，而提倡人格教育的健全風氣。

臺灣目前的第二個教育問題，是民族意識的教育。我們自由中國的國策，是反共復國。現在臺灣的中學學生，以及大學學生，或在臺灣出生，或在臺灣長成，他們對於大陸，可以說完全不認識，對於共匪的暴政，更難明瞭。想要這般青年認識反共復國的重要，必定先教育他們，使他們有強烈的民族意識。可是很多學校，只會鼓勵，甚而強迫學生專習爲升學考試的幾門課程，對於歷史、地理都拋棄不顧，在這種教育風氣下的學生，怎麼可以愛中華民族的歷史，愛中華民國的土地，愛中華民國的思想呢？我們天主教學校，應該表明我們的立場，我們對於學生的民族意識，應予以深刻的培植。青年民族意識，若是薄弱，爲我們反共復國的國策是很危險的。

臺灣目前的第三個教育問題，是人生教育。共黨在大陸強迫青年學習共產主義。共產主義不僅是一種經濟政治學說，而是一種反人性的人生觀，也是一種無神的宗教。我們自由中國爲反共復國，對於青年教育，也應該有完整的人生觀，教育以反駁共產主義的人生觀。目前臺灣的學校，只零亂破碎的講些傳統的道德思想，只求標語化，很少有人認真講人生問題。青年學生不辨善惡，一意任性恣情。不良少年，充斥社會。這種青年，怎樣能夠徹底反共呢？天主教設立學校，不是爲宣講教義，但是對於青年學生，必定應該授以基本的人生觀，沒有人生觀，則沒有善惡的正確觀念，不教學生分別善惡，則不是辦教育！

《教育叢刊》，對於目前臺灣教育的各種重要問題，將自由提出討論。相信我們各中學的校長和教師，會把這本刊物看成自己的工作，使它成爲自己興學事業的一部份，即以溝通消息，增進友誼，又以交換意見，互策鼓勵，於是教務協進會爲大家服務的目的，便可達到了。

臺南天主教大專同學會會刊弁言五則

第一則

成功大學的校訓，是　蔣總統所題的「窮理致知」。

窮理致知的解釋，按照王陽明所說，是反觀自心以盡天理，力行以致良知。

按理說，人心具有天理，良心乃是人行事的標準，但是良心的天理只是基本的天理，爲能窮理盡性，致知修身，人應另求一至高至上的天理，這種至高至上的天理，則是《聖經》，《聖經》是天主的金言玉語，是天主的聖訓，是天主教人修身的大道，窮理致知便是研究《聖經》，力行以成完人。

完人乃是孔子所說之仁，孔子說：「仁者立己立人，達己達人。」成功大學天主教同學會的會員，都懷著實行校訓的大志，他們都努力窮研《聖經》的天理，又力行以致天理之知，人人立己達己，又求立人達人。

余來主理臺南教區，爲時剛滿三個月，而又在外月餘，和區內教友接觸尙少，而接觸較多的,還要算成大的公教學生,更喜這輩青年的朝氣洋溢,更喜這輩青年實行校訓的大志。對於他們,余懷有很大的希望,故立即委派賈彥文神父為同學會的指導司鐸,願假賈神父指導學生的經驗和熱忱,以促成大公教同學立己立人,達己達人的完人目標。

茲當同學會會員錄付印時,故喜為書此數言。

羅光 民國五十一年正月三日

第二則

賈副主教來信說:本區大專同學會籌備發行通訊錄,要我贈言。我雖遠在羅瑪,也很願意寫幾句鼓勵的話。

大公會議已經開了三個星期,全體大會舉行了十一次。雖是發言者多,討論會進行太慢,但是會場秩序井然,和氣盎盎,絕對沒有爭辯的舉動,更沒有侮謾的言詞。大家用同一的語言,懷一致的精神,這種開會的情形,只有在我們的大公會議裡才見得到。

我所以希望大專同學們,都要充滿基督的愛,大家一心一德,彼此互相照顧,天主教大專同學們,應該作基督愛德的宣傳者,以愛德去充實自己的生活,以愛德去團結同學們,以愛德去改造社會。

聖若望宗徒說：「天主是愛，誰若守在愛德以內，他就在天主心內，天主也在他心內。」

羅光　民國五十一年十一月三日　寫於羅瑪

第三則

我很喜歡你們青年人，對你們的希望很大，不單是對你們將來，就是對於你們現在的工作，也懷著極高的評價。

《聖經》上記載耶穌的譬喻。常講年輕人比成年人好。一次耶穌講浪子回頭，年輕的兒子成了浪子，把家產嫖賭光了，但是他在飢寒交迫的時候，醒悟了自己的錯，回家做工贖罪，父親宰牛設宴，歡迎他回家，他的大哥卻心中不平，怨父親待幼弟太好（路加　第十五章）。又一次耶穌講一個父親吩咐大兒子往葡萄園作工，大兒子答應去卻沒有去。他吩咐第二個兒子去，這個青年人竟說不去。等一會兒，年輕人悔悟自己說錯了，就往葡萄園作工去了。耶穌稱讚第二個兒子較大兒子更孝順（瑪竇　第二十八章第二十八節——第三十二節）。

耶穌講這兩個譬喻，很懂得年輕人的心理。青年人容易錯，但是一經反省，就能改過，向善的熱情愈高。

我引這兩個比喻，不是想你們都做個浪子，但是像第二個兒子不願聽父親的話去做工，則是常有的事，孔子說：「過而不改，是謂過矣」（論語 衛靈篇），兩個比喻裡的年輕人都改過，故都成了好人了。

青年人所可貴的，是心理的一股熱情。雖然這股熱流有時引年輕人作惡，卻只為青年人對世事沒有看清楚，容易衝動。但當看清楚了事情的好壞，必定懷著這熱誠去做好事，肯吃苦，敢冒險。所以對你們現在的工作，我懷著很大的希望，就是知道你們有行善的熱誠。

從耶穌的福音裡，我們知道立身處世的大道。立身是於今就要立身，不是等到將來才立身。因此你們須很熱忱地按著耶穌的教訓，約束自己的生活，創造自己的人格。兩年以來，我看見你們在立身方面的努力，使我很高興。

年輕人容易錯，因為容易看事不明。在你們的同學裡必定有些看事不明的同學，你們能讓他們走錯路嗎？你們應熱切地指引他們走向正路，這一點也使我對你們現在的工作懷著很大的希望。

你們同學會的紀錄，清描淡寫地錄下你們在這方面的工作，我把它讀了一篇，使我對你們的希望越加堅定了。

大專中心是你們的家，同學會是你們的家，你們應熱情地愛你們的家和你們的家庭。我做你們的家長，心裡當然很高興，當然很喜歡你們。聖保祿宗徒曾寫信給迦拉達教友們說：「我的孩兒們，我和母親一樣操心照顧你們，一直到基督在你們心中變成了你們的精神。」（迦拉達書 第四章第十九節）我對你們的愛護及希望，也和聖保祿一樣。

第四則

《聖經》上說：「一個貧寒而明智的青年，勝過一位年老愚昧，而不知採納忠言的國王。」（訓道篇 第四章第十三節）天主這樣恭維青年人，青年人真是可貴重、可愛惜的了。但是天主所恭維的青年，是貧寒而明智的青年，不是富貴而愚昧的青年。

孔子在他的三千弟子和七十二門生中，所最愛惜的門生，乃是顏回。爲什麼孔子最愛顏回呢？孔子自己說：「賢哉回也！一簞食，一瓢飲，居陋巷，人不堪其憂，回也不改其樂，賢哉回也！」（論語 雍也篇）哀公問：「弟子孰好學？」孔子對曰：「有顏回者好學。不

遷怒，不貳過，不幸短命死矣！今也則亡，未聞好學者也。」（同上）

孔子對於青年人的看法，很合於聖經的看法。

安貧樂道的青年，是貴重，可愛的青年。

成大的天主教同學們，你們都是像顏回好學的青年。你們的寢室，雖不在陋巷，你們的飲食，雖不算簞食瓢飲；但是在戰亂時期的生活，不是有物質享受的生活，你們都有顏回安貧精神，你們的目光高、胸襟寬，你們所追求的，乃是精神的快樂。

爲使你們所追求的精神快樂，能夠充滿於心，洋溢於外，我所以造了大專學生中心。大專學生中心，想幫你們和耶穌多接近；因著耶穌的愛而又和同學們相交遊。因此我可以用聖保祿宗徒的話，鼓勵你們：「你們在上主以內應當常常喜樂；我再說一番；你們應當喜樂。……你們什麼也不要掛慮；但是一切事上，以懇求祈禱，懷著感謝之心向天主呈示你們的請求。這樣，那超乎各種意想的天主的平安，必要在耶穌基督以內固守你們的心思念慮。」（斐理伯書 第四章第四節—第七節）

大專學生中心，便成爲一所快樂的中心；來到中心的同學，也就要感謝心中常有精神的快樂。

（民國五十三年）

第五則

「到聖堂，在靜寂中拜謁聖體，那是我唯一樂事。天主才是唯一眞正的友人。」（聖德蘭回憶錄　七九頁）

交友，是青年人最快樂的事；交友，是青年人最要緊的事。

孔子曾說：「益者三友，損者三友。友直，友諒，友多聞，益矣。友便佞，友善柔，友便辟，損矣。」（論語　季氏）

大專同學會，大專學生中心，乃是爲幫助大專同學擇友。但是天主教大專同學會和大專中心，對於大專同學的擇交朋友，另外有種幫助。因爲上面所引聖德蘭的話，在天主教大專中心，可以成爲每位同學的親身經驗。每位同學一進我們的中心，在聖堂裡可以拜謁聖體，可以同唯一的真友人——耶穌基督談心。

由耶穌的友情，再去擇交同學朋友，所交的必是益友，所締的交情必能純潔，必能持久。

信仰不減低人的身份，不縮小的工作，不摧殘人的感情；反而提高人的身份，擴大人的工作，發揚人的感情。沒有信仰的人，自以為自己是一切的主人，實則自己成為一切物質的奴隸。

明年二月，本教區將舉行教區聖體大會，為鼓勵教友愛慕聖體的熱忱。成大天主教同學會，要把聖體大會列為同學會在這一學年內的大事，盡心籌備，熱情參加，使同學會的會員，都能以天主耶穌，為自己唯一的真正友人。

(民國五十四年)

我對善導報的希望

編者先生臺鑒：

我一年來爲著教務行政，焦費心思，實在沒有時間寫文章，爲紀念貴刊的第七週年，只能寫幾句話，表示我對於貴刊的重視和希望。聊作紀念之意。

我素來是看重報界人士，我看他們和教育人士一樣，負有教育國民的義務。報紙不僅是人民的口舌，代民眾說話；同時也是人民的導師，指導人民的生活。

因此當代的幾位教宗，向報界人士說話時，特別指出他們職務的高貴，說明他們責任的重大，囑咐他們要健全自己的生活，以克盡一己的職責。

公教報紙的目的，當然也不出乎聖教會的目的；爲光榮天主，爲愛人，在公教報界服務的人，是以報紙光榮天主。報導聖教會工作，記述教會人士的善行，闡揚福音的思想，這些都是可以光榮天主的文字。這些光榮天主的文字同時又能裨益於人，鼓勵人愛敬天主，加強人互相友善。凡足以傷害教友愛德的文字，一字也不能光榮天主。這類使人分而不使人合的文字，不宜見之公報報紙的報端。

爲能忠實報導聖教會的工作，闡揚福音的思想，執筆和編輯的人，宜有充實的神學學識和教會常識。於今我們公教刊物的文字，膚淺的文字太多。對於各種問題，能以公教真理去分析研究者實在很少。就是關於教會常識的事，公教刊物上也常有缺漏的地方。例如很簡單的一樁事：遇到臺灣一地有教會典禮，多位主教去參加時，公教報紙爲報導典禮消息時，對於主教們的名字排前排後，大家都感到困難，結果大家隨便寫一寫，實際上對於這一事，聖教法典有明文的規定，只要有一位神父翻翻法典，就可以解決。至於報導羅瑪教廷的消息時，能有缺漏更多。我在羅瑪住了三十年，而且還在駐梵蒂岡的外交團裡混了十多年，我對於教廷和教宗宮內的典禮和習慣，還不能知道清楚，至於在外邊的人更難知道。最近田樞機爲關吉玉先生授勳時，報載于總主教在致詞時曾說受了這種勳位的人，享有可以出入教宗宮廷的特權。這大約是報紙上的報導有了缺漏，于總主教大約不會這樣說。因爲教廷頒授勳章與一人，除獎勵以外，沒有賜給任何特權。就如我國政府給某某授勳，除獎勵以外，並沒有給他任何可以出入中國或中國總統府的特權。我記得當政府初遷臺灣時，中國護照在外國許多地方行不通。一位曾經得了教廷勛章的中國教友，給我國駐教廷來信，請替他向教廷發一冊梵蒂岡的護照，因爲他既得有教廷勳章，有出入教宗宮廷的特權，當然可以領取梵蒂岡護照，謝壽康大使只好委婉答覆他，憑著勛章，對於教廷沒有任何權利。于總主教所說的，一定是指著教廷的袍劍侍衛榮銜。這種榮銜全不是勳章，乃是一種爵位。得了這等爵位的人，成為教宗宮廷人員，有權利可以在教廷宮廷為值日侍衛。我國教友得有這種榮銜者，只有陸伯鴻和吳經熊兩先生。這等知識，是教會常識，普通教友可有可無。在公教報界服務的人，則宜於是有。

上面我不過舉出兩個近例，就可以看到為做一位成全的公教刊物編輯者，尤其是公教報報紙編輯者，在精神生活上和教會學識上，都要高人一等。

我對《善導報》的希望，就是希望當有忠實於辦報最高目的文字，既光榮天主，又誠切愛人。孔子曾說：「君子之德風，小人之德草，草上之風必偃。」（論語　顏淵）《善導報》乃是五子之德風，善能引導他人向善。

此祝

撰安

愚羅光　頓首

民國五十一年八月七日晚臺南

《善導週刊》

聖衣會革新修院四百週年紀念

——紀念日彌撒中講道——

孔子曾說：「知之者，不如好之者；好之者，不如樂之者。」（論語 雍也）認識一個人，不如愛人生大道；愛人生大道又不如樂於人生大道。這是我們人對於接受真理所有的層次。

不認識天主的人，當然趕不上認識天主的人。一個人不認識天主，就不知道人生的意義。一個人活著而不知道自己生活中的意義，他的生活不能是快樂的。人認識了天主，纔能知道自己生命的來源和目的。但是認識天主的人，趕不上愛天主的人。認識了天主而不知道愛天主，那是知道人生的目的，而不向目的走；知道了人生的大道，而不肯追隨天道；那便是罪惡。或者雖是按照天主的規誡去生活，然而心中並不熱切愛慕天主，這種人的生活，必是枯乾無味。可是愛天主的人，還趕不上樂於天主的人，樂於天主的人，是以和天主同在爲樂，是一心欣享天主的美善，這等人可以說是達到了生活的最高峰。

聖衣會的革新修院，便是樂於天主的。聖衣會革新修院的生活，就是欣賞天主的最高生活。

為欣賞一物一人，第一個條件，要這件物和這個人在跟前。不在我們跟前的人物，我們不能欣賞，只能思念或回憶。我們欣賞一張畫，欣賞一幅美景，是要我們面對這張畫和這幅美景，我們纔能夠欣賞。

為能欣賞天主，為能樂於天主，要緊常常有天主在跟前。天主本是常在我們跟前，且常在我們心中，但是我們卻不理會，卻不親身體驗到是和天主同在一起。這是因為我們心不在焉。聖衣會的生活，則是使修女常想天主的生活。聖衣會修女每天有很長的時間，為默想，為祈禱。夜裡也要起來，歌唱聖詠。修女的心既然常對越天主，他們一定常想天主，而且常能體驗出來天主是在自己心裡。能夠體驗到這一點，修女們的心目中就常有天主。心目中常常看見天主，於是便可欣賞天主了。

心目中常有天主，還不足以欣賞天主，譬如我有一個好朋友來了，我因為事情很多，只能同他打招呼，說幾句話，我便要同別人說話，討論許多問題。朋友雖然坐在我跟前，我卻不能欣賞朋友的交情。因此為欣賞天主，我們還應該摒退別的事情，一心對越天主。一對相愛的情人，他們為欣賞愛情，是要獨自兩個人，面對面看著。

進聖衣會的修女，不單是和別的修女一樣許願棄捨世上的人物，絕財、絕色、絕意，他們並且和修院以外的人物斷絕關係，終身不出修院，別人也絕對不能進修院。她們見客談話時，她們和客人中間，隔著一層鐵欄，又罩著一層面紗。這樣她們的生活，沒有世俗事務的煩擾，她們一心可以對越天主。這種生活乃稱爲靜觀的生活，或默觀的生活（Vita Contemplativa），默默地靜對天主。

但是爲真正能夠欣賞天主，隔絕了世俗，還是不夠。小姐們進了修院，把世俗放置在修院以外，可是「自我」則是帶到修院以內，孟子曾說人有大體有小體，小體爲耳目之官，大體爲心思之官，「養其小者爲小人，養其大者爲大人」（告子上），小體的情慾常能蔽惑心思之官，人就應讓人克制情慾。我們爲事奉天主，不單是要寡慾，而且還要把自己精神化。耶穌說：「天主是神，朝拜他的人，應當以心神以真理去朝拜祂。」（若望第四章第二十四節）爲能欣賞天主，人要能夠統治自己的情慾。聖衣會的修女，因此苦身克己。一生吃素，半年長期減食，衣服粗糙，冬夏常赤腳。夜晚睡在草蓐上，半夜還要起床。另外又打苦鞭，自己鞭責自己。她們這樣苦行，她們的修院乃稱爲苦修院。不僅在肉體方面，多行苦修；在精神方面，也多行苦修。聖女大德蘭曾聲明自己，或是吃苦，或是死，不吃苦，便不活。聖十字若望曾教人在精神上實行自動和被動的磨鍊，使自己在精神方面無所求，無所選擇，完全順聽天主的聖意。在自己的生活裡，只知有天主，不知有我。到了這種境界，可算是達到精神生活的頂端，常欣賞天主。

聖衣會的這種精神生活，是四百年前聖女大德蘭革新當日的聖衣會而創立的。

聖衣會的歷史很長，會中所有的初期會規，是在第十三世紀時聖亞爾伯所定的。初期會規甚嚴，苦修克己，院無恆產。後代的會士，漸漸呈請教宗，改鬆寬弛。聖衣會修會起於荷蘭，時在十六世紀，遵守鬆弛會章。聖女大德蘭既入會，厭修院生活鬆弛，乃於一五六一年在亞味拉城，創立第一座革新修院。呈請教宗核准，遵守初期的苦修會規。當時西班牙各處，群起反對，罵她精神失常，責她一意孤行。聖女則屹立不搖。第一座革新院建於一五六二年八月廿四日，收容初學生四人。過了二十年，聖女去世。她手創的革新女修院十七座，同時鼓勵聖衣男修會也成立十五座革新修院。卒至後來聖衣會的修院幾乎都成了革新修院。

我們今天在新竹聖衣會慶祝革新大業的四百週年，我們爲新竹苦修院的修女而慶祝，我們也爲我們自己而慶祝。在臺灣新興的教會裡，能有一座革新苦修院，院裡修女，日夕對越天主，長期苦修，這爲我們臺灣的教會是一樁很可慶幸的事。我們身爲主教或身爲神父的人，本應常常站在天主私人的中間，一面奉獻人類的祈禱，一面施捨天主的恩佑。我們本來是應讓人常常對越天主的，但是我們爲傳教，所有的雜務很多，幸而這座苦修院的修女，代替我們日夜對越天主，讚頌天主，爲我們求得許多的神恩，因爲有了這樣一座苦修院，我們爲傳教也覺得更有把握。傳教乃是超性的事，需要天主的扶助，苦修女日夜爲我們祈禱，我們便覺得我們的工作，可以特別蒙天主的祝福，這是我們可以慶賀我們自己的。

（鐸聲月刊）

向聖母軍團員講話

在我正忙著籌備臺南主教座堂祝聖典禮的時候，邱錫凡神父來信，要求我向聖母軍團員說幾句話。臺南主教座堂奉聖母爲主保，定名中華聖母堂。在籌備中華聖母堂祝聖典禮的忙碌裡，加上向聖母軍團員講話，既不相衝突，而且很適宜；似乎還是應當做的事。

來臺南觀光的神父和教友，一看見中華聖母堂，必定要稱讚這座聖堂的美麗。這座聖堂有中國宮殿式建築的莊嚴富麗，又有羅瑪聖殿建築的宏大肅敬。用中國式建築式造聖堂，這座中華聖母堂可以說是用得最合理，最巧妙。

但是免不了或者有人要批評這座聖堂過於富麗，用費過多。在臺灣的環境裡，有點過於奢侈。

實際上，這座主教座堂的建築費，並不比臺北、新竹的主教座堂，所費更多。假使就是更多，我認爲也是值得做。我們爲「在中國之后」之「中華聖母」，建造一座堂，我們應盡我們的能力，造成一座最美麗的中國聖堂，以供奉中華聖母，纔可以顯我們孝心。

中國人最重孝道，孝道裡最重尊親。中國古人做了官有了錢，父母若在世，就要爲父母起造宅第，父母若去世了，立約要爲父母營造墳墓。中國皇帝爲自己的皇太后，修建宮殿，務必盡善盡美，如今我們爲恭奉中華聖母，難道不應該盡力建造一座美麗的中國聖堂嗎？只可惜我的力量還是太小，否則，臺南的中華聖母堂定要造的更宏壯，更美麗。

聖母軍的團員們，你們雖不能建造聖母堂，你們也應讓人在自己的生活上，向聖母表示孝心。

「大孝尊親，其次引辱，其下能養。」奉養父母，是奉以衣食。你們奉養聖母，在於出力出錢，裝飾聖母的聖堂，籌備聖母的敬禮。弗辱父母，是口語不詈父母，行爲不違禮法，所以《禮記》上說：「居處不莊，非孝也。事君不忠，非孝也。蒞官不敬，非孝也。朋友不信，非孝也。戰陣不勇，非孝也。」若是犯了法，以致於身死刑戮，那更是辱及先人遺體，罪莫大了，你們爲孝敬聖母，便要不辱聖母，凡是犯罪，都是非孝，都有辱於聖母。你們便要小心翼翼，避免大小罪過。

「大孝尊親」，顯揚父母的姓名，加高父母的祭禮，乃是尊親的大事。爲尊奉聖母，你們要顯揚聖母的聖名。不僅是自己恭敬聖母，還要向別人宣揚聖母的聖名。使聖母的聖名多受人讚揚，加高聖母的敬禮，是使恭敬聖母的敬禮，越加隆重，越加誠懇，越加普遍。你們團員誦玫瑰經，還要鼓勵親戚朋友也誦玫瑰經。你們舉行聖母的敬禮，還要邀請別人也參加聖母的敬禮。你們的生活行動，要關注一點，求更加顯揚聖母。

你們求顯揚聖母，以顯孝心；你們便和耶穌相親近，耶穌是聖母的聖子，耶穌常求顯揚自己的聖母。你們對聖母有孝心，你們乃是和耶穌心情相同了。而且耶穌看見你們孝敬自己的聖母，一定喜歡你們，一定感激你們，怎麼不大開自己的心門，讓你們進去呢？

（聖母軍月刊）

臺南《聖經》展覽會致詞

「子在齊聞韶，三月不知肉味，曰：不圖爲樂之至於斯也，」（論語 述而），韶樂的美好，在能陶冶人的精神，孔子聽了覺得精神上非常舒服，非常痛快，我以爲假使孔子若生於今日，他一定要讀聖經，一定要以讀聖經爲快樂，而且高興地說：「樂之至於斯也。」

今日中國有一位以讀聖經爲樂的人，即是 蔣總統，總統每日必讀聖經，在抗戰期間，當戰亂而人心不寧的時期，常以聖經的詞句以振作自己的精神，所以八年之中，戰事失利時，仍舊心定不移，卒獲勝利。目前在滅共復國期間，國際風雲變化無常，總統又以聖經的訓言，穩定信念，一心向復國的道上走，因此聖經這書是一冊寶書，是一冊人生指南。爲我們信仰基督的人，聖經又是一冊天書，所載的文句，乃是天主之言，天主的教訓。爲不信仰基督的人，聖經也算是書中之書，經中之聖，因爲流傳之廣，讀書之多，信者之誠，感召力之大，世上沒有另一冊書可以趕得上聖經，歐美今日的文化，即是聖經的文化。

因爲聖經的價值是這樣高，翻譯也就很多，而且很早。

中國翻譯聖經，最早是在唐朝。在紀元前八世紀景教傳到中國建有翻譯經書殿。第二次翻譯聖經是在元朝。元朝天主教索高味總主教，翻譯聖經歌詠。第三次翻譯則在明末，當時利瑪竇入中國，重新宣傳天主教義，選擇聖經文篇，翻譯爲中文。清初艾儒略、利類思，也選譯聖經文篇，以教信友。紀元前第十八世紀初年，當清康熙時，巴黎外交傳教士巴設（J. Barset）用白話文翻譯《聖經》，但未能出版。以後，第十九世紀和二十世紀，天主教常有譯經的人，近時最主要的譯本，有蕭靜山神父的《白話新經全集》和吳經熊先生的《文言文新經全集》。古經的譯本，在中國天主教裡從來沒有全文，思高聖經學會乃集合五位同志，即雷永明、劉緒堂、李志先、李士漁、陳維統五位神父，由雷神父爲導，自一九四五年開始譯經，後來又有翟煦、牛漢謨、李少峰、楊恆輝、李智義五位神父，參加譯經工作，從一九四六年到一九五三年印刷了八部古經譯本，從一九五七年到一九六一年印刷到了三部新約譯本。於是中國天主教乃有了整部的聖經譯本。

中國基督教對於聖經的翻譯，努力也很多。新舊約全書在一八二二年有馬士曼（Morrison）和米憐（Milve）的合譯本。以後重譯者漸多，從一八九〇年以後，中國基督教規定聖經全譯本，分爲文理，淺文理和白話文譯本，此外又有各地方言譯本。

在我們中國文學史上，有佛教譯經一門。佛教譯經的工作，非常重大，從漢魏直到隋唐，幾乎繼續了一千年，所譯經典，大約有一萬卷。

佛教譯經開始於漢明帝時，番僧迦葉摩騰和竺法蘭在長安譯經，漢桓帝的建和二年，安世高在洛陽譯經。但是，漢魏的佛教經典，都是選譯。

佛教的正式譯經時期，是從第四世紀末葉到第五世紀末葉，那時龜茲僧人鳩摩笳什在長安開譯場，共招弟子八百人，合譯經典四百卷。其中最重要的，有大品般若經、法華經。在南方建業有覺賢和尚，翻譯華嚴經。佛教譯經的第三期，則是玄奘大師，以中國和尚通曉梵文，在長安弘福寺，譯出七十五部經典。

佛教所有的經文譯本，於今在大藏經裡都可以看到。經典的譯文怎麼樣？譯文自成一種文體。有的很雅，有的很通順；但是對於佛教哲學沒有研究過的人，根本不能懂，就是我們下過功夫研究佛教的人，讀佛經也很費氣力，很不容易懂。

思高聖經學會的譯經工作，比較以往中國翻譯聖經以及佛教翻譯經典，有幾點特殊之點，也就是優於以往譯經之點。

第一、思高聖經學會譯經由原文而譯成漢文，兼又參考希臘、拉丁和小亞細亞的古代譯本，在信學上做得很準確。以往中國天主教和基督教翻譯聖經，是由拉丁譯本和英文譯本轉譯過來的。就是佛教高僧譯經時，一面有番僧由梵文譯成漢語，由漢僧寫成漢文，中間常有一段距離，只有玄奘譯經時，是本人由梵文譯成漢文。

第二、思高學會譯經工作，非常認真。佛教譯經工作，是由一高僧主持，手下有徒弟數十或數百人助譯,高僧口譯,徒弟筆記。因此翻譯的工作很快,所譯的書也很多。可是翻譯過快過多,翻譯便不大認真。思高學會譯經,每卷由一人作譯稿交由學會五會員,每人繼續修改一遍,這是每卷譯稿,至少要依照原文修改五次以上,因此他們爲翻譯舊約新約,從一九四五年到一九六一年,一共費了十六年的工夫,翻譯工作很慢,但是作的很認真。

第三、思高學會譯經,加有學術性的註解和緒論。佛教經典很難懂,因爲沒有詳細的註解;佛教經典很不容易研究,因爲沒有人作過考據,思高學會所講聖經,每卷又很詳細的考據,又有很明瞭的註解。我們讀了思高學會的一冊聖經譯本,對於聖經的原原娓娓都知道清楚了。

有人說思高學會的聖經譯本對於雅字,尚有欠缺。

依我看來,思高學會的譯本,文字很通達,雖不能像佛經一樣雅,但較佛經並以聖經譯本,更容易懂,我們人做事,很難雙管齊下,何況說信、達、雅三管齊下呢!今後,思高學會預備印聖經單行本,一定可以注意雅字了。到那時思高聖經譯本,便將是信、達、雅的全璧譯文,面面俱好了。

(善導週刊)

修會生活的精神

向聖家獻女傳教修會修女講話

諸位修女：在百忙中我今天抽身來看你們，本向你們作一次談話：這表示主教特別關心聖家會，特別看重你們。上一次在二月十一日公佈批准本會的會規時，在主教公署小聖堂裡我曾向在堂裡的修女和初學生們講過話。後來你們的會長來說：可惜那次沒有帶來錄音機，錄下主教所說的話，使全會的修女們都能夠聽到。我答以可惜並沒有稿子以抄寫，只有在後來有機會時，再講一遍。這就是今天所以抽身來向你們講話的緣故。

聖家會於今是一個完整的修會，有所屬的主教，有正式選出的會長，有正式批准的會規，有發了永願修女。今後聖家會將度著正常的修會生活，循規蹈矩向前，天天追求進步。為能使修會向前走，天天有進步，修會應該有優美的精神。聖家會目前尚是一個年輕的修會，尚在青春發育的時期，全會的修女們差不多都是青年的女子。於今你們要緊建立優美的精神，以作本會的傳統精神。

本會正式聲明屬於臺南教區的一天，是聖母升天節；本會會規由臺南主教正式批准的一天，是聖母露德顯聖節。爲這兩個主要的日子，我爲你們所以都選定了聖母的節期，不僅是願意求聖母特別做你們的主保，也是爲教訓你們奉聖母做你們的模範。

聖母瑪利亞是一切修女最好的模範。

聖母瑪利亞在無始之始，被天主聖父選爲天主聖子的母親。瑪利亞之所以生，就是爲懷孕聖子耶穌，就是爲養育耶穌。聖母瑪利亞生了，長大了，許配了若瑟，那時候她雖然還不知道天主聖子降生的奧妙，她的心則是完全歸於天主，她已經許下了守貞，不配男人。在與若瑟成婚以前，天使嘉卑厄來報福音，說明天主聖子將以她爲母親，降生爲人。聖母瑪利亞從此以後，一呼一吸，都是爲著聖子耶穌了。她所有的，是爲服侍耶穌；她所想的，是聖子耶穌；她所受的，是聖子耶穌。普通一個母親，對於自己所有的獨子，全心愛護。聖母瑪利亞不單是愛耶穌自己的獨子，而且愛耶穌是自己的天主。聖母瑪利亞愛耶穌，絕了財，絕了意，絕了色，所以是一切的修女和每個修女的最好的模範。

聖家會修女奉聖家爲主保，在聖家和耶穌、瑪利亞和若瑟當中，當然是要奉聖母瑪利亞爲模範。

修女的生活以三聖願爲基礎。聖願的精神，在於全心和耶穌相結合，即是全心爲服侍耶穌，如同聖母一生完全爲服侍耶穌。把修女的生活，完全提高到超性的境界。

神貧的聖願，使修女不貪錢財，不貪錢爲女人們本是小事。女人們普通都不管錢，女人們普通所貪的也不在於錢。但是女人們普通很貪戀一切物質，她們喜歡衣服穿的好，喜歡好打扮，喜歡戴首飾，喜歡有零花錢；甚至於因爲這些東西，和父母和丈夫吵架，使父母和丈夫爲難。修女們宣誓絕了對錢財的貪心，還絕了對這些東西的貪心，而且要徹底斷絕這種貪心。一個修女喜歡自己家裡送好布給自己縫衣服，嫌修院的布太粗，這是不合於神貧的精神。一個修女手裡的錢，不問長上的許可隨便用，這又是不合神貧的精神。神貧的精神，在於徹底不愛外面的東西；凡是所有的東西，都用爲服侍耶穌。如同聖母把一切所有，都爲服侍耶穌而用，修女所服侍的耶穌，是自己的修會，是自己的傳教工作。

貞潔的聖願，使修女們冰清玉潔，不戀愛任何人。女人們不愛錢很容易，不愛裝飾品，較難；不愛人更難。女人的人，是常向於一個人。你們爲守貞潔聖願，應注意保守自己的心，使自己的心，整個地歸於耶穌。同會的姐妹們，固然該當愛；但是不可以心裡常掛念一兩個姐妹，常常想要在一起。你們所管教的學生和小孩們，當然要愛；但是不可以偏愛一兩個，當作自己的寶貝。你們的神師和你們的本堂神父，一定也該當尊敬；但是不要把他們當做自己不可缺少的人，以爲缺了他們就不能活，就不想做修女。你們唯一不可缺少的，是耶穌；你們唯一該心愛的，是耶穌。別的人，你們愛，是因爲耶穌命你們相親相愛。你們雖然愛他們，你們的心，則整個地都是耶穌的。聖母瑪利亞不是全心愛耶穌嗎？聖母愛別的人，是因爲耶穌而愛人。

聽命的聖願，使修女們心地光明，樸素誠實，一心服從長上的命令。中國古人說「女人有三從之道，在家從父，出嫁從夫，夫死從子。」於今的社會已經是男女平等的社會，不能過於偏重三從之道，然而通常說來，女子們總是容易服從的。男子們則多喜歡發號施令，喜歡自作主張。聽命的聖願，對於修士們，實在很難。但是修女們在聽命一點上，也很不容易。然而聽命服從，乃是修會生活的根基；假使每個修士或是每個修女都愛自己所有的職務，或是愛自己所在的地方；若是一聽會長要調動她，小則同會長吵，大則要求出會。這樣修會還成什麼修會？這樣的修士或修女還成什麼修士修女呢？我希望在你們中間，不會出現這樣的修女！你們全會的修女，都要服從會長的調動；任何修女也不能說，而且也不能想；「我高興在那裡，就在那裡？」你們所該想的和所該說的，是「天主高興我在那裡，我就在那裡。」誰代表天主呢？不是你自己代表天主，乃是長上代表天主。

修女們中間，公然反抗長上命令的，是很少有的；可是有的修女繞彎而不聽長上的話，以行自己的主張，或是背後口語尖利，批評長上，弄得長上無法管束，同院修女也無法安心。這種修女的行爲是違背聽命聖願的精神。聽命的精神，先把天主放在自己以上，事事看著天主，不看著自己。批評長上，違背上命的修女，是把自己放在天主以上，是求做自己所喜歡的事，這樣的修女，還配稱爲耶穌的淨配，事事求耶穌的歡心嗎？

三種聖願的精神，所以是使修女全心愛耶穌，對於世上的物，世上的人，世上的事，不貪不求。

修女宣誓絕財、絕色、絕意，把自己的靈魂整個地獻與天主耶穌。天主耶穌接受了修女們的奉獻，便自己引導修女們，教導她們好好生活。耶穌對修女們的教訓，就是修會的會規。

聖家會修女們，你們不能輕看你們的會規！別人也不能輕看你們的會規。你們的會規，是創立聖家會的兗州主教定的，曾經經過聖座傳信部的修改。這次又重新經過傳信部的審查，又經過臺南主教的批准，這本會規便是代表耶穌給你們的指導。你們遵守會規，你們就是遵守耶穌的指導；你們按照會規走，就是跟隨耶穌走。有耶穌給你們領路，你們還怕什麼呢？

會規所以是你們生活的保障；保障你們心靈平安，精神愉快。世上最苦的事，是心裡彷彿不安，不知道向那方面走。你們有了會規，你們常常知道在生活上所該走的路，你們心裡便可以常常安定。心裡安定了，精神上也就愉快，做事有興趣。

會規又保障你們不陷於罪惡。聖家會不是閉門不出的苦修會，聖家會的修女是要在外面傳教。你們這一年輕的女子，夾在目前道德淪落的社會裡，怎樣可以不同流合污，反而能夠實行你們的聖願呢？那就是遵守你們的會規。聖詠上說：「嗟爾青年，何以潔身？其惟立志，聖訓是遵。一心仰主，守節惟勤。恆將法度，藏之於心。」（聖詠 第一一九首）

會規並且保障你們的自由。年輕的女子們，或許以爲守會規，太受拘束。她們知道自由並不是不受拘束，世界上沒有一個不受拘束的人，自由是在合理的範圍內，能夠發展自己的才能，發展自己的工作。你們遵守會規，在會規以內，你們可以盡量去做傳教的事，誰也不來阻止你們。至於有些年歲稍大的修女，或是已經發了永願的修女，自己以爲資格高了，對於會規上所定的小事，她們認爲事情太小，她們可以不守。這般修女自以爲資格高，實際上是資格最低，連初學生都不如，因爲她們根本就不懂什麼是修女。修女進會越久，越該守會規，纔能表現出來，知道修身克己。

諸位修女，我今天來向你們講話，就是爲把本會的會規交給你們。不單單在管理會務方面，你們的長上應該遵守會規，就是在每天的生活上，你們也該遵守會規。

修女生活的精神，在於和天主耶穌相結合，你們宣誓聖願奉獻自己服侍耶穌，耶穌用會規引導你們生活。你們是在世界上生活，然而你們的生活已經是超於世間的生活。你們每天還是穿衣吃飯。同別人一樣；然而如同聖保祿所說的：「我活著，已經不是我活著，是耶穌在我裡面而活著。」（迦拉達書 第二章第二十節）你們同耶穌一同活著，這乃是最高尚的生活，最聖潔的生活，最幸福的生活。

（善導週刊）

大公會議提高教友們的責任心

民國五十三年三月一日向臺南天主教大學生講話

一、

在近百年來，我們聖教會的教友們，對於教會的事，常常採取被動的態度，養成了旁觀的精神，終而和聖教會脫離聯絡。教友們把教會的事情，看做主教、神父們的事情，他們不願意參與。教友們望彌撒和參加典禮時，自己念自己的經，或是靜靜地站在旁邊看。他們認爲教友的責任，只是在於遵守十誡四規，念經和望彌撒。他們和聖教會不發生別的關係，和同教會的教友也不發生別的關係。這樣教友在教會裡，都是獨立的單體，不知道自己是一個團體的份子，形成了一盤散沙。

普通大學都說我們天主教會的組織很嚴密，這一點是真的。天主教在系統方面，上下分明，號令一致；在教義方面，東西如一，古今不變。世界上沒有任何別的宗教，像我們公教的組織這樣嚴密。但是在事實上，教友們則是很渙散的。

歐洲在中古時代，社會的宗教氣氛很濃厚，人民不出鄉裡，娛樂的方法不多，人民常以宗教節期的典禮爲社會生活的要素，社會上的各種表現，常以信仰爲原則。文藝復興以後，歐洲的思想多不對宗教。工業發達了，人民的享受提高，娛樂的方法五花八門。人民便離開聖堂，放棄宗教典禮。因此今日歐美的社會，已經不是信仰宗教的社會；今日歐美的社會生活，已經不是信仰宗教人的生活。宗教信仰成了私人的活動；信仰宗教的人也是一個一個的單體。

於是主張自由主義和獨裁主義的人，都喊叫口號，說宗教應該退居教堂以內。除了宗教儀禮以外，宗教不能有任何其他的活動；除了祈禱彌撒以外，宗教不能支配社會的生活。歐美的社會，乃和教會脫節，信仰天主教的國家，社會上的表現，都和教義不單是分道揚鑣，而且是背道而馳。

這次大公會議，便是想挽救這種危險的局勢，想設法使信仰教義的人，生活多受宗教精神的陶冶，再藉熱心教友的感召力，使歐美的社會，不再和所信仰的教義，背道而馳。使亞洲信仰天主的人，大量加多。

爲發動教友的感召力，大公會議並不是要創新教義，不過是把教會的性質伸說明白，使教友們大家多加注意。

二、

在第二期大公會議所討論的議案，最主要的是討論教會的議案。這項議案是一項神學議案，是這屆大公會議的中心議案，議案的用意在說明天主教的性質。

天主教是怎樣的一個教會呢？

天主教會是耶穌所創立的教會，是耶穌在世的替身，是耶穌的妙體，是耶穌的家庭。天主教會既是耶穌所立的教會，耶穌是天主，天主是一切權力和法律的主，天主教會的教義和組織，便由耶穌自己規定，他人不能更改。天主教會是耶穌的替身，教會的生命便是耶穌的生命，教會的工作便是耶穌的工作，這種說法並不是象徵式的說法，實際上真正是這樣。在人方面說，這不是人可以辦得到的。人死了，就離開世界了，不能再在世上繼續他的生命和他的工作。耶穌是天主，他被釘死了以後，自己復活了，升天了。但是耶穌仍舊活在世界上繼續他的救贖事業，他如今在世上的生活便是天主教會。

不過如今耶穌在世上的生活，和他降生在世時三十三年的生活，不是一樣；又和他升天後在天上的生活也不一樣，他如今在聖教會的生活，乃是一種妙性的生活，奇妙不能言。

整個的教會乃是耶穌的妙體。聖保祿宗徒曾經很明白地說明教會是耶穌的妙體，教會的信友都是耶穌的肢體。凡是領過聖洗的人，都因著洗禮取得一種新生命，這種新生命是耶穌的生命。領了聖洗的人，加入了耶穌的妙體，成了耶穌的肢體，便參與耶穌的生活。因此領了聖洗的人，彼此都是血親了。這種血親不是受生於父母的血親，乃是受生於耶穌的血親。領了洗的教友於是彼此便成了一家人，天主教會也就是耶穌的家庭。

三、

從上面的幾端大道理，大公會議在論教會的議案裡，規定了一章討論教友，稱教友爲天主的兒女和百姓。

教友因著聖洗成了耶穌的肢體，參與耶穌妙體的生活。耶穌的妙體是我們的聖教會，教友便參與教會的生活。教會的生活在繼續耶穌的救贖工作，一方面欽崇天主，一方面引人歸向真理，脫離罪惡而得救。因此教友對於教會繼續耶穌的工作，不能袖手旁觀，更不能阻撓或反抗。

一個人的生活是整個身體的生活，一個人的工作是整個身體的工作。當然在參與生活和工作上，每個肢體的職務不相同，頭有頭的職務，心有心的職務，腳有腳的職務。肢體的職務雖不相同。肢體則是一同在生活，一同在工作。一個肢體不活了不動了，肢體本身便是死了，全身也就殘廢了。聖保祿宗徒因此說凡是領洗的人，在教會內都有工作的職務。職務的系統，上下相屬，有如一個身體的肢體。上部的職務很重要，下部的職務也重要，都不能輕忽。

因此，一個教友因著聖洗聖事，對於聖教會有領取其他聖事的權利，以增高自己的耶穌妙體內的新生活；同時對於聖教會也負有責任，以發展耶穌妙體的生活。因爲一個身體的肢體，共同營養身體，以發展身體的生活。每個教友便負有推廣聖教會，傳揚聖教會的責任。

這項責任在領堅振聖事時，更加增高。教友領堅振聖事，領受聖神七恩，爲增強自己愛主信主的誠心，又爲加高自己在生活上表現自己信仰的勇氣。有了愛主信主之心，又有了表現信仰的勇氣，當然便要宣揚自己的信仰，引人也歸向天主了，引人歸主，便是發揚教會，便是發展耶穌的妙體。

在以往，教友們不理會自己的這種責任，養成了對於教會的旁觀態度。最近幾年來，羅瑪教宗極力提倡教友的責任心，鼓勵教友們組合各種善會，協助主教神父傳道。這次大公會議用更隆重的勸告，提高教友的責任心，這種勸告在神學議案方面，算是這次大公會議的創舉。在本年下期大會時，還要討論教友協助傳道的議案。在這一宗將要討論的議案裡，大公會議要說明教友爲協助傳教，可以採取的方式。這宗議案也是以往大公會議所沒有的，從此可見這屆梵蒂岡大公會議很注意教友的責任問題，設法使教友提高自己的責任心。

四、

前年第一期大公會議所討論的禮儀議案，目的也是在於加強教友的責任心，改變教友的被動和旁觀的態度。教會的禮儀，是教會的一部份生活。因爲教會要繼續耶穌欽崇天主的工作。教會舉行宗教禮儀，另外是舉行彌撒，乃是和耶穌一同欽崇天主，或者更好說是耶穌用教會的禮儀去欽崇天主聖父。教友在參加宗教禮儀時，在望彌撒聖祭時，不能以爲行禮儀和行彌撒的是神父，神父是教友的代表，自己則是在旁觀禮，這種思想不正確。神父所行的禮節，是整個教會的禮節，是教會的生活；教友即是教會的肢體，乃是和教會度同一的生活；

教會的禮儀便也是教友的禮儀；教會的彌撒聖祭，便也是教友的祭禮。神父在行禮儀時，爲主體人；神父在行彌撒時，爲主祭人。可是參加禮儀的教友，乃是助禮人，乃是助祭人。教友在禮儀中，有自己該做的部份；在彌撒裡，也有該做的部份。

幾百年來，教會用拉丁文舉行禮節，教友不懂拉丁文，便不懂禮儀的意義，也不知道在禮儀該做的部份。神父行彌撒，教友便念自己願意念的經，一點也不知道自己的助祭身份。前年第一期大公會議乃決定可以用本國話舉行宗教儀禮，而且可以用本國話舉行彌撒。這項議案，在去年第二期大公會議時，已經正式通過，而且已經由教宗批准公佈，付諸實行。

用本國話舉行宗教儀禮，不單單是使教友可以懂得禮儀的意義，乃是爲使教友知道自己在禮儀中所有的部份，可以和神父一同舉行禮儀。這樣教友不是旁觀者，不是不負責，而是舉行禮儀的人，自己盡舉行禮儀的責任。因著參加舉行宗教禮儀，教友有了責任心，便更能知道參與教會的全部生活，更能知道自己對於教會的全部責任。同時教會的禮儀，因著教友實行了自己應做的一部份，禮儀便不單單在名義上是整個教會的禮儀，實際上也真是神父和教友們共同舉行的禮儀，意義便更完滿。

諸位同學，你們都是青年人，都是青年有爲的大學生。青年人的精神在於勇於負責。大公會議向你們說明你們在聖教會的責任。這種責任是高貴的責任，是參加耶穌的生活，是參加耶穌的工作。《中庸》上說最大的聖人，在於能夠參與天地的化育。教友的工作，則在於參加耶穌的化育，這種工作還不大嗎？你們所以便要明知自己的責任，便要勇敢地負起這種責任。責任雖然高，在實行上卻很平易，在參加宗教禮儀，你們知道禮儀的意義，和主體的神父，互答互應。在平日生活上，表現自己的信仰，參加各種宗教活動，在同學裡宣揚教義。你們每個人便是耶穌的一個活肢體，便是教會的一個成全的教友。

（善導週刊）

大公會議提高教友的自尊心

一、民國五十三年三月十五日向天主教中學教員聯誼會會員講話

諸位老師：

前兩星期，我向大專同學們講話；曾講了大公會議提高教友的責任心。今天向你們諸位我要講幾句，說明這次大公會議怎樣提高教友的自尊心。

陸徵祥院長當年和我講他一生的經歷時，曾經浩嘆說：「我爲中國爭自由平等，在日本二十一條件時失敗，在巴黎和會時也失敗。但是於今要爲中國爭一種真正的平等，即是修德成聖。國際上廢除不平等條約，教會內選任中國主教，這是別人可以給我們的，不必問我們有沒有資格，但是修德成聖，則是全靠我們自己。中國聖教會有了聖人，纔可以說是和公教先進國，並駕齊驅了，纔和他們真正平等了。」中國前駐教廷公使吳經熊先生也曾經向我

說：「對於但丁、莎士比亞、拿破崙，我們懷有景仰；但是我們不會向他們下跪。聖女小德蘭和聖方濟，雖然是無名的平民，我們卻誠心向他們下跪，敬禮崇拜，就是因爲他們是聖人。」

我們中國人對於孔子，就是我們敬禮聖人的最好例證。論勢力，漢武帝、唐太宗、清康熙，較比孔子大得多；論學術文章，莊子、司馬遷、李白、杜甫也比孔子長得多，然而中國人世世代代敬禮孔子，不敬禮漢武帝以及李白、杜甫，就是因爲孔子是聖人，漢武帝、唐太宗、李白、杜甫都不是聖人。在社會上聖人是最高尚的人，是最可尊敬的人。孔子自己曾說：「若聖與仁，則吾豈敢。抑爲之不厭，誨不倦，則可謂道而已。」（論語 述而）

我們聖教會特別尊重聖人，特別恭敬聖人，聖教會所尊重的聖人，是心靈上沒有罪，富有天主的聖寵，和天主很相密的人。聖母領報時，聖加俾厄天使問候聖母，稱讚她說：「滿被聖寵者，主與爾偕焉，女中爾爲讚美。」聖母沒有原罪，也沒有原罪的餘毒，心靈上充滿了天主的聖寵，胎中懷有耶穌，和耶穌血脈相通了，所以聖母是一切聖人最高最大的，也是最受我們尊敬的。

二、

因爲聖人是社會上最高尚的人，普通人們都以爲聖人是特別的人，不是每個人都做得到的，自己便甘自下流。中國儒家爲矯正這個錯誤觀念，曾主張人人可以做堯、舜，堯、舜是人，和普通人一樣，只要人肯努力修身，就可以做堯、舜。

我們聖教會的教友們，也有一種錯誤觀念，以爲成聖人真難，豈是每個教友所能做到的。普通我們更以爲修德成聖，乃是修會裡修士、修女們可做的事。修士、修女們總願絕財、絕色、絕意，苦身修行，遠離塵俗，他們的職業可以說就是爲成聖人。近代聖教會正式諡封的聖人，幾乎也都是修女和修士。

即使有些教友不以成聖人爲修女、修士們所可做的事，他們至少以爲這是主教、神父可做的事，教友們則自己做不到。

這次大公會議認爲這種態度，過於自卑，過於消極，對於教友的生活，有很不好的影響，因此便極力予以糾正，以提高教友的自尊心，號召教友們人人以成聖爲目標。去年第二期大公會議所討論的主要議案，爲論教會的議案，這件議案一共有四章，第四章就是討論修德成聖。在原來的議案裡，討論修德成聖的一章，四分之三是論修會的修身克慾。我當時在大會裡以中國十四位主教之名，發言反對，認爲這一章的構造不合理，我們不能再繼續以往的偏見，以修德成聖爲修會的專業，在這一章裡，我們應當特別強調，修德成聖是一切神父的事，也是一切教友的事，把討論修會生活的部份，移到討論修會的議案裡去，使能澄清視聽。後來在大會發言的主教，都是持這樣的主張。

在本年第三期大公會議將討論的傳教議案，主教們也將強調傳教區新教友的精神生活水準務必要特別高。因爲新領洗的教友，較比舊的教友更熱心，更容易向上，又因爲在傳教區裡外教人比教友多，教友若不努力修身，就會和外教人同流合污；決不能以自己的善表，感召外教人了。新教友的精神生活高，纔可以作證信仰耶穌真正是好的。

三、

教友人人都該成聖人嗎？聖保祿宗徒向教友們說：「原來天主召叫我們不是爲不潔，而是爲成聖。」（得撒洛尼前書 第四章第七節）每個人領洗進教，都是天主召選的。天主召選人進教是爲什麼呢？聖保祿說是爲成聖人。

聖保祿又勸告教友們說：「在乖僻敗壞的世代中做天主無瑕的子女，在世人中你們應放光明，有如宇宙的明星。」──（斐里伯書 第二章第十五節）教友的純潔生活，應能光照不信耶穌的人，使他們也尊敬耶穌基督。

耶穌自己也說過：「所以你們應當是成全的，如同你們的天父是成全的一樣。」──（瑪竇福音 第五章第四八節）

聖人是什麼呢？聖人是一個全人，他守全了天主的誡命，他全心信仰耶穌，他成全了人之所以爲人之道。

教友是不是人人都可以成全人呢？

既然耶穌合一切信仰祂的人都應該是成全的，祂是全能天主，他一定賜給人所以做全人的方法。況且耶穌降生，就是爲救人，救人的目的就是爲使人成聖人。因此耶穌所立的教會，也稱爲聖教會。教會稱爲聖教者，即是表示耶穌的教會，負責去聖化人。

聖人是沒有罪的，是努力守天主規誡的，是克制慾情而使精神與天主相親相近的人。耶穌立有聖洗和告解，爲赦人的罪，使靈魂清潔。耶穌又立有聖體聖事，使人能和他的精神上，體向相合。耶穌又按照聖事，按照人的善功，按照人的祈禱，賞賜聖寵，聖寵是天主的寵愛，是天主的神力，助人行善避惡。每個教友，若能善領聖事，若能善行祈禱，必定可以行善，可以守全天主的誡命，可以發揚精神生活，而成一個全人。孔子曾說：「道不遠人，人之爲道而遠人，不可以爲道。」──（中庸 第十三章）又說：「仁乎遠哉？我欲仁，斯仁至

矣。」（論語 述而）

四、

諸位老師：

歐美的社會，於今是追求物質享受的社會，社會人士大家都輕忽精神生活，大家都不守道德，聖教會要緊倡修德成聖，以挽救社會。我們自由中國的社會，目前是一個大家爲生活而搏鬥的社會。在困難時期，大家不是追求物質享受而是追求能夠生活，能夠養育子女。所以社會上的人只想謀生，而不注意謀生的手段，社會道德越趨越下。因此我們不能不注意道德生活，不能不提倡精神生活。

你們各位是中學老師，你們可以說是社會的中堅份子。若說你們的中學教員聯誼會，更是我們教區的中堅組織了。我今天向各位說明大公會議提高教友的自尊心，號召教友們以成聖爲目標，我是希望你們各位尊重自己的人格，尊重耶穌召選你們進教的聖召，希望你們做全人而做聖人。

各位勉力善領告解和聖體聖事，各位勉力每天祈禱，天主耶穌必定要成全大家的目標，相幫各位在精神生活上前進。你們各位的品德既然高了，第一個得益處的，是你們的學生。中學生時代是一個人種根和打基礎的時代。一個小孩受了良好的中學教育，將來便可做好人。各位的學生若因各位品德的薰陶而趨於善，將來便成良好的人。第二個得你們品德益處的，將是你們的同事和你們的家庭。你們各位便合符聖保祿所說：「在世人中放光明，有如宇宙間的明星。」至於作臺南主教的我，對於你們各位便可以引用聖保祿宗徒向教友們所說的話：「在我們主耶穌來臨時，在祂面前，誰是我的希望，喜樂，或足以自豪的冠冕呢？不就是你們嗎？你們的確是我的光榮和喜樂。」（得撒洛尼前書 第二章第十九節）

天主教的真精神

諸位聽眾：

我在十幾天前，由羅瑪回到臺南，心裡很擔心這次臺南縣受了地震災禍的同胞，便趕緊到白河、東山、大內、山上、玉井等處去看，慰問受災的同胞，給他們分發教宗和德國所贈的救濟款，又召集神父們，商議分送美國天主教福利會的寒衣。以後我還希望可以給受災的同胞服務，減輕他們的痛苦。

爲同胞服務，乃是我們天主教的精神。這次我們天主教的第二期大公會議，就特別的聲明了這一點。

第二期大公會議從去年九月三十日開幕到去年十二月四日閉幕，一共開了兩個多月，討論了四宗議案，四宗議案的內容卻在說明天主教會的性質。

天主教的主教並不是不明白天主教的性質，乃是願意對現在趨向物質文明的人，說明天主教究竟是什麽宗教。

這次大公會議便特別標明出來：天主教是基督所創立的宗教，繼承基督傳道救人的事業，爲人類服務。天主教所以是爲人類服務的宗教，信仰天主教的人，絕對不能是獨善其身的人，尤其是作天主教教士的人，凡是主教、神父，都應該是立己立人，達己達人，爲人類服務的人。

天主教爲人類服務，服務的範圍，是在精神方面。雖說基督在世傳道時，也關心人在物質方面的需要，他發顯靈跡，治病人的病；他發顯靈跡，使飢餓的人有麵包吃。天主教會所以也注意社會的慈善事業，也盡力濟貧救災。但是這些事業，不是天主教的主要事業，天主教的主要事業是精神事業，是在精神方面爲人類服務。

在精神方面天主教對於人類有什麼貢獻呢？

第一、天主教使人知道生活的目的。

大家都知道科學在於解釋事件的當然，而不能解釋事件的所以然。科學只能解釋一樁事件是這樣，但不能解釋爲什麼這件事要是這樣。任憑科學發展已經達到了原子時代，科學仍舊不能解釋人生的目的。天主教以人生的真理，指示人生活的目的，告訴人應該怎樣生活，天主教繼承基督傳道的事業，天主教的第一種職務便是傳道。天主教傳道不是爲擴展自己的勢力，乃是爲人類服務，使人得知生活的真理。

第二、天主教爲人類服務，使人類向善。

科學可以使人增加智識，使人更聰明，更文明；但是有智識的文明人，不一定就是好人；而且越聰明，越可以學壞。用科學的武器去殺人更加兇猛。所以科學是不能使人向善。天主教繼承基督救人的事業，基督救人，是使人向善，使人成聖成賢。天主教因此不單是勸人向善，而且真有方法，真有能力，可以使人向善，使人成聖人。天主教歷代都有聖人，就是證明天主教教化人的能力。

第三、天主教爲人類服務，使人有福。

科學發達以後，物質文明進步，人類的享受當然增加；但是不一定人類就因此有福。人類的福氣，不單是在於感覺方面的滿足，而是在於心靈方面的滿足。心靈方面滿足了，人纔會感到快樂，才覺得自己有福。心靈的滿足，不是科學所能給予的；天主教的精神力量，則可以使人的心靈滿足。

因此大公會議聲明在如今的原子時代，物質文明發達越高，人類越需要天主教在精神方面爲他們服務。天主教的責任，在目前科學極盛的時代，較比以往科學發達的時代，更加重要，更加要緊。

傳教區文化交談

羅瑪傳信大學一九六四年十一月十九日開學典禮講演

（原文爲拉丁文）

樞機、宗主教、總主教、主教、各位教授、青年同學們：

當今教宗保祿六世，在論教會的通諭裡，曾稱自己的宗座任務，爲一種交談對話，教宗說：「基督授予教會的恩惠，本身就要求應與人共享，應分惠他人。這一點我們明明見到。基督曾經吩咐說：你們去訓誨萬民，在這種吩咐裡，包含有基督給與宗徒們最高的訓令；而且也指示教會以宗徒們的名義所不能放棄的職務。在我們一方面說來，我們把這項發於愛德而求表現愛德的任務，稱爲一種交談對話。」

一、傳教的預備

爲能交談對話，先就應該認識交談的人，和交談的時代環境。教宗因此在通諭裡說：我們本人以禮貌，以慎重，以仁愛，去接待天主安排和我們共同生活的人。我們去接待人，第一爲認識他們的心靈，第二爲將真理和聖寵的恩惠分予他們……最後爲使他們分享神聖救贖的大恩，和我們同有得救的希望。」（通諭拉丁文本 第三十七頁第十二行）

每一個民族都是有自己的文化，文化是什麼呢？文化是生活的形式，尙未完全開化的民族，具有一種較爲簡陋的生活形式，然而簡陋的形式，適合於他們所有的環境。進化的民族，則具有由科學和藝術而構成的優美生活形式。但是每一種文化，或者是簡陋，或者是優美，都該受人的重視。

當我們向一個民族宣傳福音時，我們便要認識這個民族的文化，重視這個民族的文化，使我們的傳道，適合他們的智力，而能成爲他們生活的形式。

目前的時代，有一項特徵，就是在各國社會裡，文化事業迅速前進。在歐美的進化社會裡，藝術、科學、技術、宣傳工具，使人的生活，天天更加舒服，更加美化。在亞洲、非洲新興的國家裡，國民也都盡力謀求文化的加高。所有古文明的國家，自己都自覺本國文化在人類歷史的重要位置；所有新開化的國家，則努力使自己的國家工業化、學術化、民主化。

目前社會的另一象徵，是佛教和回教的復興。亞洲、非洲信仰佛教和回教的民族，在近年繼續獨立，佛教和回教便在國內國外，恢復了以往的佈道事業。這些佈道事業。大都是文化工作，回教信徒在近東各國國內創立了回教大學和回教教理研究中心，他們使自己政府的政綱以及民族生活，都以回教教義爲歸皈。佛教的復興，由上世紀歐洲學者發起，專心研究佛經。亞洲佛教徒也從一千多年的死寂裡興起，群起研究經典。一八九二年，在印度加爾各大城，設有佛經研究會（Buddixt Text society）。一八九一年在錫蘭哥倫布城，立有Maha Bodhi會，一九五一年在日本成立印度學及佛學研究會。這些研究會的宗旨，都爲研究佛經，翻印佛教經典。最近世界佛教信徒，又在一九五〇年組織了世界佛教信徒會（World Fellowship of Buddistis）。這個世界佛教會目前極力推行佛教文化事業，訂立宣傳佛教的方案，使佛教在印度又有宣佈之勢。而且佛教僧侶，遠走歐洲和美國，宣傳教義。

在這種情形之下，天主教的傳教士，不能單單地背誦呆板的要理本。跟追求文化的人交談，應該在文化方面進行。這些國家既然正在建立自己的社會制度和民族生活，天主教會要緊參加這些工作，使新組織的社會，不成自己的仇敵，而成爲含有基督精神的社會。

二、基督生活的形式(文化)

若是一個社會的生活,含有基督的精神,以基督精神爲骨髓;這種社會便可稱爲基督文化,便可見證基督信徒的生活,已到圓滿的程度。

歸皈天主,信仰基督,是全心接受基督的福音。這種信仰,在內心應該是虔誠的,在外面生活,也該虔誠表現出來。因爲信仰沒有行爲,信仰便是死的(聖雅各伯書 第二章第十七節)。信仰在歸皈的人身上,指導他的思想,也指導他的行爲。受了聖洗的人,在判斷事情時,應該以信仰爲標準;在做一切事情時,也應該以信仰爲標準。因此他的生活方式,跟領洗以前,一定不同,一定是新的生活方式。可是新的生活方式,並不是和領洗以前的生活方式,完全斷絕關係,以黃河爲界,劃成兩段;只不過是把以前的生活方式,按照基督信仰,加以修正,加以補充,加以成全。

在信仰基督的信徒中,幾乎沒有建立起來這種基督生活方式——基督文化,基督的信仰,在這種民族裡,不能深深種下種子,便不能是根深蒂固,而且也不能迅速地傳揚。這種事實在亞洲的傳教史上,我們就能見到。

在另一方面,若是一個宗教信仰,打進了一個民族的文化,信仰的宣傳便很快很廣;例如佛教在中國、日本等處，便是這類的史實。

當佛教在紀元後第二世紀，大規模在中國宣傳時，中國的社會已經是儒家的社會，孔、孟的思想從漢武帝以來，成爲一尊的思想，道家也只是民間思想了。然而佛教以一外來宗教，卻能在南北朝幾百年的時間內，傳遍了中國，至隋唐一統中國時，中國的社會，竟成了佛教的社會，中國人民成了釋迦的信徒。

佛教和尙作了什麼大事呢？他們作了兩樁大事：第一是譯經，第二是融合儒家和道家之長，以迎合中國的心。佛教譯經的事業，經過魏晉南北朝，及到隋唐，經過四百年的時期，在長安和建康等處廣設譯經道場，參加譯經事業的，西域印度和中國和尙，前後數百人，唐、宋的中國高僧，又廣作疏義，於是中國佛教乃有五千零四十八卷的《大藏經》，對於中國思想影響很大，以至宋明理學家，多由佛學而創新說，佛教本身又尊重儒家的教道，提倡設齋唸佛，超渡亡人，以建立民間宗教信仰，再又採取道家輕世無爲之說，以解釋物我兩空之道，博取中國文人的同情。於是中國佛教雖來自西域印度，中國人已視佛教爲中國宗教了。

我們天主教傳入中國，不說元代，只說明末，至今已近四百年了。然而中國智識階級，於今還不認識天主教的思想；中國民間也還以天主教爲西洋宗教。基督的信仰，在中國思想界，可以說是沒有發生作用。這一點，是要使我們深加反省的。

三、文化交談

歷史的教訓既然如此，我們身負傳教職責，心中燃有傳揚基督福音的人，不能不使用文化交談，作爲傳教的重要工具。

文化交談，是在文化工作方面，和社會裡各方面的文化工作，互相接觸，互相連絡，互相往來，互相交換學識。在文化交談裡，包含著兩部份重要工作：即是研究和發表，在交談以前，對於所要交談的學術思想，先該加以確實的研究，在交談時，要把自己的思想，好好地發表。

神學知識、哲學知識、教理知識，不僅是神父們應該充分地具備，就是一般願意參加文化交談的教友們也應該具有。而且神父和教友，還應該知道，怎樣把這些知識，向現代不信教的知識份子，適當地發表出來。因此今日的修院教育，要急加改革，使修生所學的，能適應這種需要。

但是在傳教區進行文化交談，還緊先認識各區的文化。若不認識一國的歷史，一國的文藝、哲學、宗教思想，怎麼可以和這一國的人，作文化交談呢？若是不擅這一國的語言文字，又怎麼可以好好發表自己的思想呢？爲有些專長，修院的教育是不夠的；要緊在陞了神父以後，繼續研究學術。每個教區的傳教事業，雖以本堂區的傳教工作爲最要；但是每一個的傳教事業，則應以文化工作爲最要。神父應該做本堂工作；但不能說一切的神父都要做本堂工作。我們應該培植那些做文化工作的天才的神父，讓他們專心研究學術，專心寫作。

文化交談的進行，途徑很多，有天主教大專學校，有天主教書籍出版社，有天主教研究中心，有天主教各種學社，有天主教的報章雜誌，有天主教的各種講習會，有天主教的廣播。這些事業，不是一個教區的力量，可以獨立辦到的，需要全國的教區，團結努力，共襄盛舉，有時還須要天主教的國際力量，協助扶持。

進行文化交談的態度，則要遵守當今教宗在通諭裡所給我們的指示：即是「以禮貌，以愼重，以仁愛」。

「以禮貌」去交談，我們便要尊重交談的對方。對方的傳統道德，生活環境，民族習慣，都要予以尊重。對方文化遺產中，凡是合理的，都要予以保全。而且也要尊重對方的人格，對方的心理。因此我們教會的出版物，在內容、文筆和裝訂各方面，都要力求美好。直到於今，我們教會的出版物，文筆太幼稚，內容太呆板，裝訂不美觀，不能引起外人的注意，更不能提起他們的興趣，在這一方面，務必趕緊力求改善。

「以愼重」去交談，文化工作，不是隨便什麼人隨便什麼事都可以做的。在我們一方面，一切都要愼重。而且我們還要有組織，有計劃。在傳教區內，我們爲文化工作，所有的人力和物力，實在很有限。若是還不能通力合作，或者甚至互相爭勝謀利，一定不能有所成就。

「以仁愛」去交談，便看交談的對方爲朋友。朋友交談，語氣和緩，既不破口謾罵，也不盛氣凌人，彼此作了朋友，彼此便可互相了解；互相了解了，對方因天主的助佑，便更易接近真理。

使交談的人，接近真理，這便是文化交談的目的，也是文化交談的希望。

四、結　論

今天我承大學校長邀請，在開學典禮中，以舊教授的資格，來做學術講演（照例是由大學的一位現任教授做學術講演），我很覺得榮幸，覺得快樂。我今天所講的題目，也是大學校長指定的，因爲我們大學的傳教學院，本學年的課程又有改革，新設了亞洲、非洲的政治史、思想史，和以前原有的儒家思想、佛教史、印度思想史、非洲民族學等科，同爲傳教學院的主要課程，又爲神、哲兩院的選修科，目的就是培植傳信大學的學生們，將來從事文化工作，傳大的神學、哲學、教律三院的課程和教授已經可以和教會各大學並駕齊驅了；今年又新添各種思想史，更足以加增我們大學的聲望。

各位青年學生們，你們一定懂得這種新學制的意義。而且你們住在聖伯多祿大殿附近，每天可以看見出入大殿參加大公會議的主教。你們一定也認識了大公會議的精神。你們的青年心火，不是燃燒得很高嗎？

大公會議對傳教事業的注意

一九六四年十一月卅日在羅瑪西班牙司鐸書院講演

（原文爲意大利文）

十一月九日，大公會議主教們以極大數多的票，贊成傳教委員會報告人的提議，重新編寫一宗更詳細的論傳教事業的議案。這次投票很明顯地表示，大公會議注意傳教事業。大公會議對傳教事業的注意，更因著教宗保祿六世，自動親自開始論傳教事業議案的討論大會，又更加明顯地表現出來。教宗在當天的訓話裡曾說：「既然沒有一樁工作，較比努力宣傳福音，更有益於人靈，更適應天主的光榮，獻身於各種事業中最主要和最有效的事業的人，即是獻身於傳教事業的人，便要竭盡自己最優秀的智力，傳揚宗教的真正精神，傳揚對於天主的依恃，傳揚對於仁慈天主的信心。」

一、教會的自覺

教宗在論教會的通諭裡，說明教會今日對於自己應加增自覺心。教宗曾說：「我們認爲教會今日應當加重對於自己的自覺心，應該加重對於自己所保守的眞理和自己在世界所該盡的職責的自覺心。」（通諭拉丁文本 第十頁）

第二屆梵蒂岡大公會議，便是教會自己對於自己的自覺心。在《論教會》的議案裡，教會深深地反觀自己的本性，很明瞭地認清了自己。議案的第一章論教會的神奧意義，第二章論天主的子民。兩章的條文，說明了教會對自己所有的認識，因此在第二章的結尾，教會很隆重地聲明自己所有宣傳信仰的責任，應向各國人民，宣傳基督福音，使各國人民能享長生的眞福。

教會是在世上繼續基督的神妙生命，負有聖父所賦與基督爲救世人的使命，教會是人類得救的象徵，是天主子民的家庭。全人類的人，都受了天主的召喚，可以進入這個大家庭裡。回想救贖世人的使命，教會在今天不能不看到對於人類成爲天主子民的事實，還差得很遠！因爲目前還有大多數的人，不認識基督，不是天主子民的家人！「禍哉，……余也！設余不宣傳聖道！」聖保祿這句話自己警戒自己的話，也成爲教會自己警戒自己。

二、教會的影響

教會自己觀察了自己，自己對於自己加增了自覺心，教會便檢查自己對於世界人類的責任。在以往教會常努力盡了自己的責任，以真理光照世人；在今天，教會也願努力盡自己的責任，對於現代社會各階層的人，都予以助力。大公會議論《教會與當前社會》議案，討論當前社會的各種重要問題，研究教會對於這些問題所該說的話，使教會在各處都能現身講道，都能發生影響，教會對於任何問題，也不能說自行退出，或是不在跟前。可是目前全球的人，大多數是不信天主的人，教會爲能達到各處都是現身在前，則必定要藉傳教的工作。雖說教會在歐美各國社會裡，所有的影響力，能夠多增一分；間接也能增加對於亞洲、非洲的一分影響力。但是有許多社會問題，更是直接關係亞、非的人民；如人格問題、飢荒問題、和平問題、文化進步問題。這些問題的解決辦法，雖不是由教會作主，但是教會若能有強大的影響力，則可以更快的合理解決。在第三期大公會議時，大會的主教們，都集中了自己的注意力在討論《教會與當前社會》的議案，研究各項主要社會問題，因此便也造成了對於傳教事業的注意，大家都覺得傳教事業的緊急和重要。今天若不加強傳教工作，教會在亞洲、非洲，便不能有影響。亞洲、非洲如今已經不是一塊沉重的石頭，可以由西方政治的勢力拉東拉西；亞洲、非洲如今迅速地在求進步，進步的步驟因爲相當亂，將來可以把西方拖進戰爭的漩渦裡，教會若能在亞洲、非洲發生影響力，使兩洲的進步，有正確的人生觀，有仁愛的精神，世界人類的團結，將來便可以在正義和平之中，陸續造成。

因此，傳教事業在大公會議裡，乃是一樁很急切很生動的問題。

三、阻止無神主義的宣傳

大公會議許多主教們在討論「教會與當前社會」議案時，都主張在議案內，應當提出辯證無神論的問題。這個問題，在當前的社會裡。不是一個暫時的局部問題，而是一個普遍的嚴重問題。爲阻止惡意的無神主義，在各處繼續宣傳，爲抵抗叛變的勢力在各處製造暴動，最有力的工具，是宣傳基督的福音。歐美主教們對於南美和非洲的憂慮，所能有的結論，就是盡力加強在這兩方面的傳教事業，共產主義的陰影，常壓在大公會議主教們的頭上；大公會議在任何一宗議案裡，雖不會直接談共產主義，但是願意加強傳教事業，以作精神的抵抗。僅僅消極地斥責共產主義，還不如指出一種積極抵抗的方策。

四、亞非政治環境的變遷

第二次世界大戰以後，亞洲、非洲的政治環境有了絕大的變遷，這種變遷力逼迫在兩洲的傳教工作也要改變方法。亞、非兩洲的國家都由殖民地變成了獨立國，獨立的事不但是改變了各國的政治組織，而且也改變了人民的思想和人民的心理，在這種新的環境下，傳教工作要有適應的方法。大公會議在討論《論禮儀》，《論教會》，《論教會與當前社會》各宗議案，另外是在討論《論傳教事業》議案時，許多傳教區主教，特別發言，申說教會應適應各國社會。如能適應各國社會，首先該培植一些聖職人員和教友，要他們深深了解自己本國的文化和社會環境。而且就普通一般來說，今天傳教士，在各方面的知識，都要比以往的傳教士爲高。

傳教工作的精神，今日也應該更能表現純正的基督福音精神。以前殖民時代，亞、非的人民，是從殖民制度去看傳教士，今天他們是從國家主義去看傳教士，由尊敬而變厭惡。只有基督福音的精神，纔可以消弭由反殖民而反教會的心理。在大公會議裡，主教們講了許多提倡樸素愛貧之道，以挽救歐美喪失信仰的人，那麼在傳教區裡，更該講樸素愛貧之道。

改革傳教方法，在大公會議主教們的腦海裡，也是一項緊迫的問題。

五、新建的教會

近幾十年來教廷在傳教區，先後建立了教會聖統制，一個傳教區有了本區的主教，便成了一個新建的教會，這些新建的教會，若仍舊由一修會管理，主教爲該修會會士，在組織方面，不會有多的變動，但是若交由本地聖職員管理，本地主教和在區內服務的修會，便有不少問題，亞洲的本地主教乃在大會裡要求制定新的法規，以轄管主教和修會的關係。

在亞、非新興的國家裡，社會事業迅速發達，本國主教對於自己本國的同胞，負有責任，他們應該指導教友們好好參加民族建設工作，引導社會生活，他們該加強基督福音的影響力，使社會新建的制度合於基督的精神；他們應該建立一種合於基督信仰的生活方式，以規範教友的生活。

對於這一些主要問題，亞、非的主教們，期待大公會議予以指導。

六、協助傳教

但是傳教區主教們對於大公會議的最大希望，乃是在於大公會議能夠激發一種普遍協助傳教的熱情，使全天主教會的人，都對傳教事業獻一分之力，傳教區的主教們並不害羞伸手向人乞援，可是因著乞援所耗去時間和精力，又因著援助不一定有，或者根本就不能有：他們總不可以對於教區的工作，作有系統的計劃，總是零星地去做，費力而成效很少。另外是新成立的本地教區，本區內既沒有財產，又不能靠區內教友的捐助，教區的事業，便很艱難地寸步移動。修會管理的教區，背後尚有修會作後盾；本地主教則一切都要靠自己去設辦，歐美一些經濟富裕國家的主教們，近年因著傳教區主教們拜訪乞援，他們都起了驚慌，都覺得不安，也覺得討厭。在我們身為傳教主教的人，我們當然也不樂意繼續四方奔走，找人乞援，我們希望大公會議能夠激動全教會的人，自動援助傳教事業，使我們可以集中精力傳教。

當今教宗保祿六世，在主持討論傳教議案時，已經在訓話裡向全教會人士呼籲，教宗曾說：「我們很高興看到議案的條文裡，重覆地強調整個教會，應該是傳教的教會，每個教友在可能的範圍內應該在精神上和行動上，成為傳教士，凡是享有信德大恩的人，凡是受有福音光照的人，凡是分有基督鐸品的人，都該誠心感謝天主，都該誠心祈禱，犧牲一己，捐助金錢，援助宣傳福音的人，安慰宣傳福音的人。」

在大公會議裡，許多主教提倡教會的神長和制度，應更加樸素更加貧寒，把所餘去救窮人，我想在窮人裡，應該算到傳教士，幾時我們看到為加增祭臺或小經堂或修會住宅的富麗堂皇，耗費大宗的金錢，我們就問為什麼不能把那些大款，用在傳教區內建造本堂，加增教友祈禱的地方，擴張基督的神國呢？那是因為缺乏聖教會大公的精神。

在大公會議已經議定主教團的團體性以後，沒有一位主教只僅僅關心自己的教會，不把胸懷放開，使自己的心，和整個教會一齊行動。

這種大公精神也應該輸入修會人士的心靈裡，每個修會，是為聖教會服務；不是聖教會為修會服務。一個修會若是愈加富有精神方面和物質方面的力量，愈該表現這種大公的精神，使傳教區能有繼續建設的來源。

目前在歐美各國，協助傳教區的熱情，已經高升。因此南美和非洲各地的傳教事業，已經有了長足的進展，我們看了，心中很為愉快，但是我們希望各國協助傳教的表現，能有一個調節的機關，在分配方面，可以兼顧各地的需要，尤其要具有建設性的計劃。

結語

第二屆梵蒂岡大公會議，所標舉的目的和精神，是以牧民爲主，對於分裂的基督信徒，對於遺失信仰的教友，對於尚未信仰基督的人民，大會予以特別的注意。這三項注意點，做成了大會各宗議案的經緯，大會深期能與分裂的基督信徒，重歸一統；大會力求把遺失信仰的教友，重新引回信仰的生活；大會又謀求使尚未信仰基督的人民，能早日獲得信仰的光明，大公會議所表現的，即是教會的願望和努力，則是在現世的困難中，預備全人類歸皈基督，使基督在第二次降臨時，全人類者已服膺了祂的福音，都歌頌祂的光榮。

（善導週刊）

大公會議與合一

—合一祈禱週講道—

五年來，使全球人注意的大公會議閉幕了。大家都問大公會議究竟做了什麼事？大公會議有什麼結果？五年前當大公會議開幕時，有許多人說這次大公會議是合一運動的大公會議，甚至於有些人希望看見在大公會議內，天主教和東正教或是和基督教能夠互相結合，我們參加大會的主教們，開始就知道這種看法是錯誤的，知道這些人的希望和實際的事實距離太遠了；不過，我們也知道教宗若望第二十三世和教宗保祿第六世，是願意把合一運動，作為這次大公會議的一項重要問題，並且希望大公會議對於合一運動能盡力推進，於今我們檢討大公會議的成績，我們可以說大公會議滿全了兩位教宗的希望。

大公會議對於合一運動，做了四件重要的事：第一，頒佈了關於合一運動的法令，指示我們應該採取的途徑。第二，教宗保祿六世在耶路撒冷和東正教首席宗主教Atanagoras會晤，這是第十一世紀兩方斷絕關係以後，第一次會面。第三，在大公會議閉幕前四天，教宗保祿六世率領大公會議全體兩千三百位主教，在聖保祿堂，同基督教派以及東正教派的觀察員，共同祈禱。第四，在閉幕前一天，教宗在大公會議的公開大會中，東正教首席宗主教在公斯當定堡的教務會議中，同時互相聲明，取消第十一世紀時，兩方互相開除對方負責人的教籍的法令，把合一途徑上的一種法律障礙取消了。

這四樁事件，雖然在合一的途徑上，實際還沒有收到很大的效果；可是已經使合一運動，在全世界各方面都發動了，尤其是能表現大公會議的精神。

大公會議對於合一運動所抱的精神，是以耶穌的心，爲合一運動的心，以耶穌的福音作合一運動的原則，以耶穌的工作做合一運動的目標。

第一，大公會議，以耶穌的心爲合一運動的心。耶穌的心，是一顆良善謙虛的心。以往，天主教和東正教，和基督教彼此互相辯論，雙方人士所用的言辭，很嚴厲，很凶。這次大公會議在論合一的法令裡，指示天主教人士，對於凡是信奉耶穌基督的人，都視爲弟兄，不要詆罵，不要責斥。彼此討論教義教規時，平心靜氣，不出惡言。尤其是教宗保祿六世曾在大公會議中，兩次正式聲明，以往天主教對於天主教以外的基督教派，所有觸犯之處，自願認錯，請求原諒。這種態度乃是謙虛的態度，耶穌曾經教訓門徒說：「你們應該取法於我，我是良善謙虛的。」（瑪竇福音 第十一章第廿九節）。大公會議取法耶穌的善表，以祂的良善謙虛之心，為合一運動的心。

第二，大公會議以耶穌的福音，作合一運動的原則，福音四傳用一句話可以包括，就是「博愛」（羅瑪書 第十三章第九節）。耶穌所傳的福音，耶穌一生的行動，都是一個愛字。有愛，便能相結合；沒有愛，一定不能相結合。耶穌在晚餐裡，先囑咐宗徒們遵守祂所授的誡命；祂的誡命，就是彼此相愛（若望福音 第十三章第三十四節）然後祈求聖父，賞賜他們常常相合為一（若望福音 第十七章第二十二節），合一乃是愛德的效果。這次大公會議的合一法令，完全以基督福音為原則，不提到別的神學著作或教會法規；尤其是注意基督的博愛。以博愛為原則，教宗保祿和亞達納各拉宗主教纔見面；以博愛為原則，天主教和東正教纔能取消互相開除教籍的法令。以博愛為原則，今後的合一運動，纔可以繼續以博愛為原則，合一運動在將來纔可以有成效。

第三，大公會議以耶穌的工作，做合一運動的目標。在於使人得永生（若望福音 第十章第十節）基督信徒的互相分裂，今日阻止人得永生，不信基督的人士，看見基督信徒的分裂，他們不會相信基督的福音，是博愛的福音，他們不會相信基督所立的宗教是真的宗教，他們更不相信基督是救主，他們尤其不會相信基督是神，是天主；因為他們看見基督信徒互相攻擊，他們看見基督教派彼此責斥對方的信仰是錯是假，他們看見基督教派中有不信基督是神的。大公會議在論教會的憲章裡，在論合一的法令和論傳教事業的法令裡，都聲明基督教徒的分裂爲不信基督的人是一大壞事，是我們傳教的一個大阻礙，另外是目前無神主義的信徒，有鋼鐵一般的組織，盡力打擊基督的教會，信仰基督的人，若是不知互相團結，互相合一，怎麼樣可以抵擋無神主義的勢力呢？大公會議在論現時代的教會憲章裡，極力呼號信仰基督的人，互相合一，以團結力量，造福現代的社會。現代文明進化的社會，是一個無信仰的社會，是物質人文主義的社會，我們要想使現代社會注意精神文明，使現代社會的人，有精神的快樂，我們信仰基督的人，要同心合力共同工作。

諸位兄弟們，我們今天共同祈禱，我們今天的心情是良善謙虛的心情，今天我們心裡所有的，是基督的博愛；今天我們所想的是爲基督去救人使人得永生。我們便誠心用基督的話向天主聖父祈禱：「父，使我們合成爲一，如同基督和你，合而爲一。」

一、聖瑪德蘭索菲逝世百週年紀念講道

聖瑪德蘭生於一七七九年，出生於法國約亞尼村（Joygny），逝世於一八六五年，享壽八十五歲。從一八〇〇年創立聖心修女會，到她去世的時候，管理修會六十五年，第一次她管理修會時，只有二十三歲，四年後，被選爲總會長，一直到死。開始時只有一座修院，到她去世時，本會修院已經建了二百一十一座。從法國到歐洲各國，從歐洲到美洲，會院一座一座的興建起來；聖瑪德蘭索菲可以說是一生做會祖，一生做會長。

聖瑪德蘭索菲所生的時代，是法國和歐洲的一個最變亂不安的時期，即是法國大革命時期。法王路易第十六世和王后上了斷頭臺，革命首領互相殘殺，社會上有點像中國南北朝的時代，人人自危，身家不保。天主教本是法國的國教，革命黨人卻解散了法國的男女修會，沒收了修會的財產，革命黨以平等、自由、民主相號召，結果則逼出了拿破崙的獨裁。

聖瑪德蘭正當許多修女被革命暴徒殺死的時候，她夢想做一個苦修的聖衣會修女。拿破崙執政以後，法國社會平定了。瑪德蘭的哥哥升了神父，把她接至巴黎，叫她繼續讀書。她讀了《聖沙勿略傳》，她又想做一個傳教的修女，但是天主給她指定了第一個路線，使她遇到了一位耶穌聖心會的神父，從這位神父她學習了恭敬耶穌聖心，得到了一句座右銘：「和耶穌聖心，結成一心一意。」

孔子曾說：「吾道一以貫之。」（論語 里仁）聖瑪德蘭一生的大道，就在於這一句話：「和耶穌聖心，結成一心一意。」她自己的生活包括在這句話以內，她所創立的修會也包括在這句話以內。

二、

和耶穌聖心結成一個心，心是心生命的中心，是我們生命的代表。和耶穌聖心結成一個心，便是和耶穌的生命結成一個生命。聖保祿宗徒曾經說：在領洗時，我們是和耶穌一齊死了，又和耶穌一齊復活。死去的生命是人性的生命，復活的生命是耶穌的神性生命，我們好像一根樹枝，接在耶穌的樹身上，耶穌的生命便週流在我們心靈內。

這端道理本是每個教友，所當信的道理；可是很少人真正能夠體會出來。聖瑪德蘭則每天按照這端大道去生活，而且切實地以耶穌爲自己的生活。她曾在祈禱裡向耶穌說：「我們倆訂一條約，讓我完全死於我自己，讓你獨自活在我心裡。讓我常常緘默不言，有如死人，讓你獨自在我心內說話。」

耶穌的生活是犧牲的生活，是愛人的生活。聖瑪德蘭便以犧牲和愛人做自己的生活。從一八〇六年到一八五〇年，她在各處創立會院，有旅行的困苦，有別人的攻擊，有修女的分裂，有身體的病重。她爲著耶穌聖心，忍受了一切，克服了一切。她心裡所想的，常是修會所辦學校的女學生。當她年老不能走時，她坐著兩輪靠椅，由女學生推著，在園中散心。她對女青年們說：「我渴望常有青年女學生同我在一齊。」她的心和耶穌聖心結成一心，她爲愛女學生願意犧牲一切。

三、

聖瑪德蘭所創立的修會，辦理教育，也是以耶穌聖心爲代表。

在一百年以前，歐洲的社會是一種靜止的社會。修女們是在修院以內，遠離人世的牽連，度著隱修的生活。法國革命，搖動了整個歐洲的社會。從此以後，歐洲的社會變成動的社會了，變成工業的社會了，變成物質享受的社會了。就是在動和進步和享受的生活裡，歐美人士都覺得心裡很空虛；於是大講自由戀愛，高舉人的愛情。在這樣的社會趨勢裡，耶穌聖心的敬禮，應時而起。耶穌聖心所代表的，是代表耶穌的愛，敬禮耶穌聖心，便是敬禮耶穌的愛情。以耶穌的神性愛情，去充滿現代嗜好物質的人心，使人不再空虛。聖瑪德蘭的修會，以這種工作，爲創辦學校的目的。

耶穌聖心會的每一座學校，是代表耶穌聖心。修女們教育女學生，把女學生合成一架聖體光，把耶穌聖心供在中央，使人們朝拜聖體光中的耶穌聖心。聖保祿宗徒曾教訓信友們說：「你們難道不知道你們的身體是耶穌的肢體，是聖神的宮殿嗎？你們要尊重你們的身體，不要犯淫污的罪嗎？」教育女青年尊重自己的人格，尊重自己的身體，使她們心裡有耶穌。女青年便成聖體光，使人在她們當中可以看到耶穌，敬禮耶穌聖心。

聖心女中的同學們，你們無論信仰耶穌或不信仰耶穌，你們都知道女青年像一朵鮮花。鮮花不沾染污穢時，顏色美麗，香氣且人。你們學校的修女們，她們教育你們保持你們的純潔，使你們每個人都是一朵鮮花。鮮花是可以供在祭壇上的，你們看這座祭壇就供有鮮花數朵。你們的純潔，不是可以作耶穌聖心前面供的鮮花嗎？

這座聖心女中的自然環境，也是一朵大鮮花。前有淺淺微波的淡水河，後有連綿的青山，園裡樹木深綠，遍地花草多色。這座學校的自然美景，真像一朵美麗的鮮花，也像一架發光的聖體光，花中和光中，供有耶穌聖心。花的香氣，不是塵世的俗氣，而是精神的清香。光中的光明，不是閃電，不是燈光。乃是耶穌聖心的愛火。在清香和愛火裡，你們同學代表耶穌聖心的教育，我們在清香和愛火裡，讚美聖心修女會愛的教育。

臺南教區傳教會議開幕詞

諸位神父、諸位修女、諸位教友：

因著天主的保佑，因著聖母的扶助，今天我們集合在碧岳神哲學院，舉行臺南教區第一屆傳教會議。

去年七月卅日，教區諮議會開會時，曾經決定今年二月召開本教區傳教會議和聖體大會。去年八月二十日，正式成立了籌備委員會，分爲牧靈、教友協助傳教、教育、禮儀四組，分別研究在傳教會議將要討論的問題，草寫對各問題的提案。今年正月廿八日，籌備委員會把全部提案寄送各位參加會議的神父、修女和教友。在去年冬天，籌備委員會在研究各種提案時，已經徵詢了各位神父的意見。因此今天在開會時，各位對於會中將要討論的問題，必定都很清楚了。

從所有的提案中，大家就可以知道我們召開教區傳教會議的目的。

第一、我們第一屆教區傳教會議的目的，是爲我們臺南教區規定傳教工作的計劃。臺南教區成立已經將近五年了，教區各種事業，因著天主的降福，仗著各位神父、修女和教友的努力，都有很好的進步；尤其是神父和修女的數目，增加很快。所以在組織方面，教區已經有了規模，今後我們可以安心工作了。既然可以安心工作，我們就應該有工作的計劃。這次傳教會議的目的，便是爲規定我們工作的計劃。

第二、這次傳教會議，又是爲遵守大公會議的法令，革新傳教的方法，規定一種適合環境的新計劃。臺南教區的神父，除了李惟添神父和馬西略神父以外，都是在這幾年從六陸或歐美來的。大家對於臺南的情形，覺得生疏。經過這幾年傳教的工作，在各方面有家有了相當的經驗。今天我們聚集在一起，把各自的經驗互相對照。尤其是在大公會議閉幕以後，我們應該按照大公會議的傳教法令，革新我們的傳教方法。我們今天開教區傳教會議，乃是遵照大公會議的規定，研究一種適合臺南教區的傳教計劃。

第三、這次傳教會議，也是爲促進我們教區內各方面的合作：本堂和本堂的合作，修女和神父的合作，教友和神父的合作，第二屆梵蒂岡大公會議指示全教會的人，應該有教會的觀念。凡是領了洗的人，都要知道自己是教會的一份子，自己要和整個教會的人合作，以教會的事業爲重。我們在傳教區擔負傳教工作的人，是站在聖教會的最前線，我們的人數少，我們的工作多，我們便應該互相合作。一個教區內的神父、教友，要結合起來，成爲一個家庭。每個人都愛自己的教區，每個人都爲教區設想，每個人都替教區作事。好些人一起作事時，便有個共的合作計劃，免的力量分散了。今天我們舉行傳教會議，我們是要研究我們合作的方策，使我們工作的力量可以加強，使我們的工作的成效可以加多。

我們傳教的工作，向兩方面進展：一方面使未進教的同胞進教，一方面使教友加強精神生活。這兩年來領洗的數目減少了，同時領洗的教友也不加強自己的信仰，這兩個問題是我們傳教會議所注意的。籌備委員會所草寫的四部份提案，也以這兩點爲中心。我們要盡我們的心，對這兩方面的困難，找得相當的辦法。

各位神父，在開會時，不但是可以自由發言，而且還要踴躍發言。要把會中所討論的事，看成重要的事，大家下工夫去研究。

各位修女和教友代表，也要自由發言。千萬別坐著一聲不響。不然，我們何必請你們來開會呢？會中所討論的問題，有的是直接關係你們的，你們更要說話，不能僅讓神父講你們的事。

在會場裡大家都自由發言，在會場以外，則請加以愼重，不要對會場的事隨便講。會場以外的愼重，乃是爲保障會場以內的自由，加增會場以內的自由。

我因著主耶穌的聖名，於今宣佈正式開會，開始自由討論。

（恆毅月刊）

臺南教區傳教會議閉幕詞

剛才高公使稱讚臺南教區的工作，我從心裡表示感激。高公使這次接受了我的邀請，到臺南來參加我們的傳教會議閉幕典禮，還要參加我們的聖體大會，我很覺得榮幸。

臺南教區的傳教會議，開了三天，所有提案各款，在修正了以後，都已經全部表決通過，三天的會議，可以說是圓滿結束了。結束了以後，我必定設法使所有的決議見諸實行。第一步實行工作，是將所有決議正式用中文和拉丁文公佈，使成爲本教區傳教工作的指南。

參加了三天會議，我所有的感想很多，其中最重要的有三點，我於今願意向大家說一說：

第一、這次傳教會議，使我們更認識了我們的教區。在開大公會議以前，主教們都知道聖教會是怎樣的一個教會；但是在大公會議裡，我們看到全教會的主教聚齊一堂，商議教會的大事，我們主教們可以說是親眼看到了我們的教會，因而可清楚的認識了我們的教會。臺南教區這次開傳教會議，全教區的神父、修女和教友的代表，聚齊一堂，討論教區的大事，我們每個人都覺得我們的整個教區，就在我們的眼前，我們可以看見他，可以聽見他。不僅是我們看到了整個教區的人，而且也聽到了整個教區的需要，我們真正的認識了我們的教區。

第二、這次傳教會議，表現大家愛護自己的教區。這次傳教會議應該出席的神父，和被邀請的修女、教友代表，都準時到會，會議的時間長過我們預定的時間；這是因爲大家看重所討論的問題，每人都注意教區的利益，於是很踴躍的發言。不單單是神父們發言很多，修女和教友們也很踴躍參加討論。假使大家都不說話，假使討論時大家都很冷淡，會議雖然可以提早結束，可是那樣的教區傳教會議，又有什麼意義呢？討論的熱烈，表示大家愛護教區。

第三、這次傳教會議，表現了我們教區的合作精神。大家討論雖然很熱烈，可是會場的空氣，則是很融洽的。參加會議的人，有中國神父和各修會的外國神父，有七個修會的修女，有二十多位男女教友代表。大家發言時，都是就事論事，既不攻擊人，又不諷刺人。各人的意見可以不同，大家的精神則是一致。而且這次會議中所討論的提案，也有特別注意合作的一點，使整個教區的教友、神父，以本堂爲一家庭，以教區爲一大家庭。本堂神父和主教，要成爲這兩層家庭的中心。

諸位，我們在這次會議中，更認識了我們的教區，更愛我們的教區，更努力合作。我們上下是一心，我們感情是一致。這一點，爲我身爲教區主教的人，是一件最可喜歡，最可滿意的事。我因此誠心感謝你們。

於今我們都進聖堂去，在高公使降福了碧岳和達義兩座修院的新屋以後，我們舉行聖體降福、合唱謝主聖詠，我們的傳教會議在聖堂裡開始，在聖堂裡終結，一切都是爲天主的光榮。

（恆毅月刊）

彌撒大祭

——臺南聖體大會彌撒中講道——

祭天的大典，在我們古代是最隆重的典禮，由皇帝親自主祭。天是至高無上的，天是宇宙的創造者，天是天地的主宰，是萬民的天父！因此，天的敬禮是最尊高的，是最隆重的。

天主教所敬拜的是天，是天主。天主教敬天的典禮是彌撒，彌撒乃是祭天的祭祀。中國古代祭天的祭祀，稱爲郊祭。《禮記》上說：「郊，特性。」祭天要用特別的犧牲代表人。然而特別的犧牲，也不過是牛、羊、豬、馬等畜牲。殺牲以祭神，是以畜牲代表人。人常違背天命，作惡犯罪本應遭罰。於是自己認罪，以牛、羊代表自己，殺身贖罪。然而牛、羊究竟有什麼價值？天主難道喜歡聞牛血、羊血的腥味？就是人自己殺身，又有什麼價值呢？孔子說：「獲罪於天無可禱也。」以一個受造的人，獲罪於至上的天主，人又怎樣可以補償自己的罪呢？

天主的慈心，憐憫人的境遇，不願意人認罪而不能得罪赦。乃由天主三位一體的第二位聖子，降生人世，自成爲人，以贖人罪，聖子成人，名稱耶穌基督。基督爲贖人罪，犧牲了自己的性命，被釘在十字架上而死，耶穌被釘十字架，便是宇宙間最大最高的祭天祭祀，而且也是唯一的真正祭天大典。以天主聖子之尊，代表人類而向天主聖父認罪，以自己的身體作爲贖罪的犧牲；這種犧牲是有至高無上的價值，纔可以和天主相配得。

但是耶穌基督只能夠一次犧牲性命，自己一次舉行十字死刑的祭天祭祀；然而後代人類又不能沒有祭天的大典，因此耶穌基督用自己所有的天主神能，在受難的前一夕，建立了聖體，把麵餅變爲他的肉，把葡萄酒變爲他的血。吩咐十二宗徒，以後用他的血肉，祭祀天主。用耶穌的血肉祭祀天主的大典，就是彌撒。

中國古代祭天以後，皇帝赦罪，把祭天的犧牲，分賜臣下。臣子們得了肉，很恭敬地分享祭品。耶穌在以自己的血肉祭祀天聖父以後，也把自己的血肉分賜教友；這就是聖體聖事。教友領受耶穌的血肉，稱爲領聖體。

彌撒祭典和聖體聖事是我們天主教宗教生活的中心；彌撒爲我們祭祀天主的大典，聖體是我們精神的食糧。

從這裡你們可以看出來，爲什麼天主教稱爲愛的宗教，基督的福音爲什麼稱爲愛的福音。不單單是因爲耶穌很迫切地教訓我們要全心愛天主，又要愛人如己；另外乃是因爲耶穌所言所行，都是一個愛字。耶穌爲愛天主聖父、爲愛我們人類，纔降生成人，自作犧牲，奉獻十字架的祭祀，又將自己的血肉，留爲我們的精神食糧。

耶穌曾經親口說過：「人若爲自己的朋友捨掉生命，就再沒有比這個愛情更大的愛情了。」（若望福音 第十五章第十三節）耶穌爲贖我們的罪，甘願被釘死在十字架上。朋友爲朋友而死，友情是達到了最高一點；天主爲人而死，天主的愛情更是至大無比的了。就是十字架的祭祀；每次舉行彌撒，耶穌再以自己的血肉作犧牲，重新奉獻十字架的祭祀。彌撒聖祭便是基督最高愛情的祭祀。

耶穌又曾經親口說過：「天主的食糧，是由天降下並賜給世界生命的……。我就是生命的食糧……我所要賜給的食糧就是我的肉……你們不吃人子的肉，不喝他的血，在你們內便沒有生命。……誰吃我的肉並喝我的血，便住在我內，我也住在他內。就如那生活的父派遣了我，我因父而生活，照樣那吃我的人也要因我而生活。」（若望福音 第六章）

在彌撒聖祭裡，麵餅和酒變成了耶穌的肉和血。耶穌的血肉在祭祀天主聖父以後，分賜教友。耶穌的血肉，是生活，是精神的，是耶穌自己。教友領聖體，是迎接耶穌到自己心裡，耶穌要使教友的精神，和他的精神相結合，要提高教友的生活，參入天主的精神生活內。兩個人的生活結合爲一，是愛情中最密切的。耶穌以天主的生活，和我們的生活相結合；聖體便是耶穌最密切愛情的聖事。

耶穌既然這樣愛我們，我們難道不知道愛耶穌？彌撒是耶穌愛我們的祭祀，聖體是耶穌愛我們的聖事；我們便也把彌撒作爲我們愛耶穌的祭祀，把聖體作爲我們愛耶穌的聖事，在彌撒聖祭和聖體聖事裡，特別表現我們愛敬耶穌之心。

這次我們舉行聖體大會，就是爲著這個目的。我們集合我們教區的同道，公開地，虔誠地舉行彌撒；莊嚴地，隆重地恭奉聖體巡遊街市。

今天，我們整個臺南教區都集合在這座運動場裡，我們集體地同心同口向耶穌聲明我們的信仰：我們信天主是我們的上主，我們信耶穌是我們的救主；我們感激天主耶穌對我們的愛情，賜給我們的恩惠；我們自認違背天主的規誡，願意改過自新。今天，我們在聖體大會裡，當我們恭奉聖體巡遊時，我們另外有許多恩惠懇求耶穌賞賜我們。

四年以來，我們教會舉行了大公會議，圖謀革新教會的生活。今天我們求耶穌，賞賜教會依照大公會議的議案，舉行革新的精神。

十六年以來，我們中國人民，在臺灣島上，努力奮鬥，謀求復興中華民國，發揚中華民族的文化。同時，我們大陸同胞在十六年以來，失去自由，遭受了最大的磨難。今天，我們祈求耶穌，賞賜我們祖國復興，同胞享有自由的幸福。

諸位教友，今天，你們誰不想到自己的親人？你們家庭若是住在臺灣本省，你們可以感謝耶穌在這幾年賞賜你們家境變好，而且能信仰天主。但是你們當中，大多數都被稱爲外省人，大陸人。當然，這裡也是你們的本國，可是你們的家是在海峽的那一邊。今天，你們想起自己親人，心中有無限的辛酸，有萬般的苦惱，辛酸苦惱，有什麼辦法可以解決呢？你們舉心向著耶穌罷！耶穌必定同情你們的痛苦，他用天主的全能，可以安慰你們。

在這座運動場裡，普遍來集會的人，是男女青年們。他們在各種運動裡，代表現代青年人的活潑精神。今天我們特別求耶穌降福臺灣的青年，使他們的意志堅強，目的高尙，心靈清白，精神飽滿。我們求耶穌引導這般青年，走上人生的正道，作爲國家民族的英雄。

諸位教友，我們一同祈禱罷！今天，我們的心要是潔白的，我們的經文要是熱切的。我們的膽量要是大的。用潔白的心、用熱切的經文，大膽地向耶穌求一切的恩惠。耶穌曾經許下過：「你們求，必要給你們；你們找，必要找著；你們敲，必要給你們開。」（瑪竇福音第七章第七節）阿門。

台南教區傳教會議簡略日記

二月八日　星期二

上午，八點半，在修院舉行聖神彌撒。

九點，教區第一屆傳教會議在碧岳神哲學院開幕，全體宣誓，我致開幕詞。秘書誦傳信部長賀函。隨即討論牧靈組提案。這條討論，甚慢。十點半休息，十一點五十分乃繼續開會。秘書朗誦教宗賀電。隨即按討論，進行頗速。一點，閉會，午餐。

午餐後，主持牧靈組委員會，檢討大會所發表之意見，將提案予以修正。

晚，楊推事，請與衡陽同鄉吃飯。

七點半，即離席歸寓。甚疲。少憩，又吐兩三口痰，夾有血絲。郭秘書神父乃請仁愛會修女來看病。

二月九日　星期三

今天，晉鐸三十週年。

九點，開會，繼續討論牧靈組提案，十一點半始討論畢。休會，攝影，牧靈組委員會開會，提對大會意見。十二點，開會。以牧靈組提案交付大會表決通過。

討論傳教協助傳教組提案。到一點一刻，休會，午餐。

午後，兩點半開會，討論畢。教友協助傳教組提案，多付表決通過。討論教育組提案，未完。

二月十日　星期四

上午，八點半，教區傳教會行追悼本區已故神父、修女、教友彌撒中講道。

九點一刻，開會，繼續討論教育組提案。十點一刻，高大使入會場。十二點，結束教育提案。休息二十分鐘。繼續開會，討論禮儀組提案。二點五十分始全部結束。高大使致詞。我另有致閉幕詞，言這次開會後，我們更認識教區，更愛教區，更合作。中飯，飯後，入聖堂，高大使祝聖兩修院。我行聖體降福，祈謝主洪恩。

晚，陪高大使在耶穌會吃飯。

晚飯後，高大使降福教友活動中心，我啓用焯炤館，大公會議展覽會開幕。

二月十一日　星期五

上午，赴主教座堂及市運動場，視察爲聖體大會之預備工作。

中午，宴高大使，請有空軍陳司令、第一軍孟軍長、葉市長、林議長、國民黨李主任、警察局李局長、稅務蔣處長等人作陪。
午後，從主教座堂轉聖堂。教友輪流拜聖體者甚多。
晚，在主教座堂，高大使主禮大彌撒，我主禮聖家會修女發永願禮。
二月十二日　星期六
上午，十點半，赴鹽水，參加盧森堡修女院破土禮。在鹽水用中飯。
午後，四點至五點，守聖體。五點赴德光，向聖家會修女講話。
七點半，在主教座堂，大禮彌撒，祝聖朱修士爲神父。望彌撒者甚多，多爲男教友。
昨、今兩天拜聖體者，很爲踴躍。
二月十三日　星期日
上午，八點半，赴運動場視察。十點，在主教公署舉行台灣主教會議。
午後，三點，在市立運動場舉行大禮彌撒，十位神父共祭，彌撒爲中文彌撒。
彌撒後，遊聖體。
一切俱好，只是風過大。
感謝天主，兩會議俱甚成功。忽得惡耗，驚聞Parninas神父逝世！
在教區最大盛事結束的一天，陳神父歸天！

光啓出版社十週年

（彌撒中講道—民國五十五年四月廿七日）

「在聖教會中，祢開了他的口，祢使他充滿了聰明智慧，又給他佩上了光榮的服裝。」（聖師彌撒 進臺經）

今天是聖伯多祿加尼削聖師瞻禮，彌撒中的進臺經，讚頌聖師充滿了天主聖神的聰明智慧，在聖教會中開口講道，動筆寫書，身後美名，受人讚美。

聖伯多祿加尼削，生當聖教會多難之秋，路德和加爾文脫離教會，英王亨利也因離婚而和羅瑪成仇，整個歐洲都亂了，整個聖教會都分裂了。聖伯多祿加尼削是聖依納爵的忠信門徒，口講兼寫，爲聖教會辯護。尤其是潔身克慾，愛主愛人，聖人的風度，感化旁人。當時他在北歐和中歐，作了聖教會的中流砥柱，和同時幾位聖人擋住了狂風暴雨，使聖教會在歐洲逐漸穩定。

在聖伯多祿加尼削的瞻禮日，我們慶祝光啓出版社的十週年。光啓社是耶穌會士所辦的，聖伯多祿加尼削是耶穌會士，又是聖師，在耶穌會聖師的節期，慶祝光啓出版社，意義很適合。我也便可以把聖師彌撒的進臺經，用爲慶祝光啓出版社。

光啓出版社是我們中國聖教會的口舌。中國上海徐家滙印書館本來已經有百年的歷史，是中國聖教會最大的出版社，曾經出版了許多書和雜誌，可是在共產黨佔據大陸以後，這座印書館就關閉了，像大陸的聖教會一樣，被壓迫到如寒蟬禁聲。聖教會乃隨著政府和同胞，來到自由的臺灣，再起頭工作，再從事教會的建築。於是在十年前，耶穌會士在臺中創立了光啓出版社。十年以來，光啓出版社所出版的書籍，已經有五百八十種，二百二十餘萬冊。十年以來，作了中國聖教會的口舌。

今天，臺灣的中國聖教會，和十五年前的中國大陸的聖教會，情形不同；因爲臺灣的社會環境和十五年前的中國大陸環境不同，我們的傳教工作，也就不能沿用十五年前大陸的傳教方法。

今天臺灣的社會，是一個新興的社會，是一個文化水準高的社會，是一個青年多於壯年的社會，是一個力求科學進步的社會。我們爲傳教士，就應該注重臺灣的青年，注重社會的科學風氣，尤其要注意臺灣天天求進步的精神。第二屆梵蒂岡大公會議指導我們在傳教工作上，要配合時代。在今天的臺灣社會裡，我們傳教，務必要用書籍報章做口舌。廣播、電視、電影，在教會工作上，當然在目前和今後佔最重要的位置；但是報章和書籍，所佔的地位，也不在它們以下。但是爲使書籍報章，在今天的社會上發生作用，書籍和報章應該是有青年的朝氣，有青年的活潑心情，有時代科學思想，有文明社會的美觀印刷型式。在這一方面，光啓出版社都做到了，在臺灣的出版界，真正做了天主教的口舌。若是大家要聽我說一說我對光啓的希望，我便坦白地說一句：我希望臺灣天主教的出版事業，更系統化，更科學化。天主教出版社要研究天主教在臺灣的需要，按照需要擬定出版長期計劃，以教會服務爲一原則；那種書最重要則先出版，那種書爲次要的則後出版，不關緊要的書寧可不出版。出版社有了計劃，纔可以是自動的，自己去找人寫書，而且指定該寫的書；不要常是被動，專靠送稿的人的稿子。教務協進會所召開的天主教出版界負責人座談會，目的就在於協助天主教出版社，擬定長期出版計劃。

光啓出版社的出版計劃，在以往已經表現出來，是聰明智慧的，今後必定更表現聰明智慧，出版書籍要吸引讀者愛讀的心理，又更要使讀者取得學識又取得精神的指導。專於謀利的出版社，他們所有的明智，是迎合社會一般人的心理，一般人的心理是傾向肉慾的，因此肉慾的讀物充滿社會。這種明智是聖保祿所說的世俗的明智。光啓出版社的明智，是引人趨向精神光明的明智。可是天主的明智，並不是輕視社會上好的物質條件，而是好好利用這些條件以求精神的光明；光啓出版社所印的書便是新式美觀，輕鬆有趣，內容高尚，學理正確。雖然在學術方面，學術性的著作還沒有大量印行；今後的出版計劃，必定會向學術方面走。

十年的成績，已經可以使光啓出版社「佩上了光榮的服裝」。我們今天紀念光啓出版社的十週年，不是單單爲慶祝光啓社建築了一座新樓，乃是爲慶祝光啓社十年內所出版的書。光啓社所出的書，沒有一本不是好的，沒有一本不是有益於人的精神。這些書是光啓社的財產，是光啓社的光榮。

光啓社的光榮，將來必會更大；因爲十年的時間，究竟很短，十年所可做的事，也不能太多。光啓出版社的歷史，將要一年一年地延長，光啓社的工作，一年一年加多；光啓出版社的光榮就要一年一年增高。我們今天用彌撒的經文預祝光啓出版社的發達：「在聖教會中，天主，祢開了他的口，祢使他充滿了聰明智慧，又給他佩上了光榮的服裝。」

我和聖家會

民國五十年九月九日，我至台南就主教職的次日，早晨彌撒後，有兩位修女要求見我。我那時住在台南市南寧街美國味增爵會會所裡，會所主任華克士神父告訴我，來見的是高雄聖家會的會長林修女和區會長鐘修女。我跟兩位修女是第一次見面，實際上當時我和台南的人都是第一次見面。我和林會長、鐘區會長坐在聖堂旁會客室談了二十分鐘，修女們表示願到台南來服務，也願意成爲台南教區的修女會。

當天早晨，我的心情非常沉重。前一晚台南就職後沒有自己的住處，臨時接受華克士神父的好意，借住他的一間房間，跟我的中國神父祇有倪幼民和郭潔麟兩位神父，郭潔麟是我從台北帶往台南的秘書。在羅瑪時，我聽到台南教區沒有教區神父，台南教區是個新教區，一切須從頭做起。我便邀請了留在歐洲的中國青年神父，到台南服務。到了台南就職，假成功大學禮堂行禮，場面熱鬧。到了晚餐後，大家散了，留下了我一個人想想教區的狀況，自己赤手空拳，隻身一人，怎樣可以建立一個教區呢？晚響，天氣又熱，久不能成眠。清早，彌撒時，問問耶穌該怎麼辦呢？彌撒後，兩位修女來說要到台南服務，我認爲乃是天主給我一項保證：「祂會給我必要的助力。」我的心雖然輕鬆多了，我立該答應歡迎她們來台南。果然，以後，歐洲的中國神父一批一批地來了，聖功會修女，慈幼會神父和母佑會修女，寶血會修女，都被邀來台南辦學校，方濟會的高神父、馬神父也從南美來台創辦中學。因此，我對於聖家會常懷著一份感激和愛惜的心情，因爲當我束手無策時，她們作了天主願意幫助我的象徵。

第一次，我和林、鐘兩位修女談話，沒有詳細詢問她們修會的情形。過後，我向華克士神父聊天，漸漸知道聖家會是由大陸遷來的修會，在高雄由一位德國聖言會紀神父，協助恢復會院。後來，從台北的田樞機和神父們聽到了許多話，田樞機鼓勵我幫助聖家會，我便決定協助這個中國本地修女團體。

首先，她們在台南市租了一間小房子，住有保守生，院長是洪修女。一年後，在東門外買地辦學校，先蓋教室，洪修女和林會長自己監工。教室造好了，修女們遷居教室內，開始招生，給學校起名「德光」，爲紀念兗州主教舒德祿和台南主教羅光。

我看修女們的精神，非常誠樸耐勞。她們住在德光，隨著校舍的建築往上走，由二樓、三樓到四樓，一切衛生和餐廳設備，則都在樓下。學校夜間鬧蛇鬧賊，她們受驚不淺。

林會長和洪院長時常來看我，陳說關於修會的事。當時，駐華大使高理耀總主教得教廷宣道訓令，凡從中國大陸遷來台灣的教區修會，應暫時脫離先前的教區，而屬於台灣的一個教區。聖家會原先屬於兗州教區，現在願意屬於台南教區，我爲這事呈文宣道部，宣道部部長雅靜安樞機回信照准。當時會中沒有一位發過永願的修女，因爲會章規定在初願後，過了九年才可以誓發永願。我認爲時間過長，而且會長和區會長都尙是暫願修女，修會過於薄弱，乃上書宣道部申請修改會章，宣道部回信批准初願後六年誓發永願。第一批修女誓發初願已滿六年，便在民國五十一年六月十日在台南舉行誓發永願典禮。台南那時還沒有一座大聖堂，台南主教公署適在建築中，下層牆壁已建好，可以形成一大廳。把磚頭、木屑掃淨，用彩色紙條把四壁磚牆加以裝飾，儼然出現一座寬敞的聖堂。在這臨時聖堂裡，我主持了聖家會第一屆六位修女的永願大典，六位修女中有林會長、鐘區會長和洪院長；修會在統制上有雛形的基礎。再過兩年，第二屆修女永願禮則在新落成的主教大祭堂舉行。

民國五十一年八月十五日，在簡單的禮儀中，我正式宣佈聖家會爲台南教區修會。次年二月十一日，我主持了德光女中破土典禮，任命李震神父爲校長。

當時聖家會的修女，都是年輕女子，會長和區會長都不到三十歲。有的主教給我建議邀請一國際修會修女任會長，有的建議由紀神父以主教代表名義管理修會，我都沒答應。中國本地修女會應由修女自行管理。修會內外的事，我不自動過問，會長來報告會務或詢問處理問題的辦法時，我就據實予以答覆。

我在台南的時間很短，在民國五十四年秋，田樞機有意叫聖家會加入台北總教區，成爲台北教區修會，我便贊成，但是問題是聖家會在台北還沒有修院，祇在景美大坪林聖三堂有三位工作的修女。我到了台北，住在田樞機原有的天母住所。聖家會兩位修女幫我經管家務，主管的人爲洪修女，其他五位修女也同住天母，等到景美的聖家修院落成了，聖家會才有總院。

修會復會以後，先由主教代表管理，選舉代理總會長和委派區會長。到了台南後，於民國五十一年八月廿二日召開首屆總會會議我親自監督，大會按會規由總會人員及各院代表出席，選舉第一任總會長，林麗卿修女膺選。全會會務由會長管理。到了台北，於民國六十一年八月下旬召開第二次大會，選舉會長和參議。林會長連任，任期六年。民國六十七年八月第三次大會，林會長又膺選。在第二次大會時我爲徵得更多修女的意見，乃暫時寬免會規的選舉規定，允許全體發願修女都有投票權。第二、三兩屆大會全體修女都投票。

第二屆梵蒂岡會議所造成的風氣，這時已吹到台灣，修會都興起了改革的聲浪：改革會衣、改革會規、改革日常生活、改革修女教育。修女受教育，我很鼓勵。我希望她們都能接受高等教育和事業訓練。如果有機會，也遴選修女出國留學。

聖家會的改革，由會長和總參議會負責，也常請神父充顧問。修女們年輕，又在神學院讀書，容易接受新的智識，在神修方和禮儀生活上，年來都能有新的氣象，顯出年輕的活力。但是聖家會在台灣建立不久，沒有修會的傳統，我常囑咐她們要建立一種聖家會的精神，作爲修會的根據。聖家會的精神是中國家庭的精神，數代同居。每人都有相愛、相助、容忍的善德。每座會院爲一家庭，院長形同母親，照顧同院修女，患病者予以特別照顧。全會更形成一大家庭，會長是母親，關心愛護修女，照顧她們的工作，使她們身心愉快。

我所求的，則在天主賞賜聖家會出聖女。普通每個修會都靠會祖的聖德塑定修會精神的模型。沒有會祖長期培育的修會，則靠從會士中出有聖者，同他們的祈禱和克苦，爲修會爭取天主的寵佑，爲會友建立聖善的模範。

我求天主賞賜聖家會能有不求學識、不求虛榮，埋頭做人所不稱讚的事的修女，時刻和天主相結合，達到聖人的境界。

在我年已七十歲的老人看來，修會的興盛和光榮，不在有高深的學識的會士，也不在有多才多能的修女，而是在聖德出眾的聖人。我現在年歲老了，想住在修女的會院旁邊，就是想協助在聖德上前進，也藉她們的祈禱，使我自己步步走近天主。

民國七十年八月廿九日聖若翰殉道節天母牧廬

賀德光二十五週年校慶

德光建校二十五週年慶，鄭校長來信索文作賀，我以創校主持者和首任董事長的身份，當然義不容辭，何況德光兩字是集合舒德祿和羅光兩位主教的名字以作紀念，雖然我到台北以後，很少到德光學校，但是近年學校校舍增建，校外環境改良，學校聲譽增高，這些都是可喜可賀的事。當時聖家修女會創辦德光時，我給她們的目標是培植有中國美德的青年女子：外柔中堅，純雅有禮，愛家愛國，相信鄭校長在相近廿多年的努力中必然光輝了這些女子美德。

羅光　民七十七年八月廿二日

附註

我到台南任第一任主教，教區一切尚在草創時，我邀請舒德祿主教幫助聖家會創辦德光女子中學，又邀請慈幼會香港區會長創辦慈幼中學，方濟會創辦黎明中學，聖功會創辦聖功女子中學，四校都在近年慶祝創校銀慶。

賀台南主教座堂建堂二十五週年

台南主教座堂主任司鐸蕭文元神父來信，索一文稿為他紀念建堂二十五週年。二十五年前三月十九日，中華主任聖若瑟節日，台南主教座堂舉行了祝聖大典，以正式祝聖聖堂禮儀，和台北主教座堂一樣，爲台灣的第二座正式祝聖的聖堂，這座聖堂的建築在我當時的構想，須有兩項特點：第一、地點要在台南市中心；第二、建築圖樣要含有中國和羅瑪的建築傳統，感謝天主大恩，使我在台南市鄭成功祠的對面，買得了建地，鄭成功祠和孔廟爲台南的名勝，在成功祠對面建堂，地位適當，建堂圖樣、形體採中國宮殿式，內部採羅瑪聖堂式，台南主教堂外形爲台灣唯一純正中國宮殿式的聖堂，內部則是台灣原來建築，而不是後來改建的羅瑪式聖殿，主禮的座位，在正中牆壁的中央祭台，在座位前面，面向參禮信友，祭台上爲一圓形穹頂，在這座聖堂內開面向信友，舉行彌撒的先例，也開多數神父共祭的先例。羅瑪聖殿內的聖像，古老者多爲碎石鑲嵌，我就請一位德國方濟會修士，作了主教座堂的中華聖母石嵌像，這座中西合璧的聖堂奉中華聖母爲主保，表示我爲中國教會工作的心願。

我離開台南已經二十三年，很少次數回到台南，更很少次數再至主教座堂，祇是我知道前後兩位主任司鐸逯寶瑛神父和蕭文光神父都熱心於傳教和牧靈工作，主教座堂常有教友熱忱地參與聖祭，我心中乃充滿安慰，誠心感謝天主，祝賀主教座堂的教友，因中華聖母的助佑皆能「日進於德，日見增廣。」

羅光　台北天母牧廬　民國七十八年七月廿九日

賀思高聖經學會三十紀念

現在我們有一冊聖經，是中文新舊的合訂本，由思高聖經學會於民國五十七年出版，這冊聖經代表思高聖經學會二十五年的辛苦勤勞，今年我們又有了一冊《聖經辭典》，由思高聖經學會在今年四月出版，代表思高聖經學會五年來的埋頭苦幹。

三十年的工夫，完成了新舊約的翻譯和注解，編完了《聖經辭典》，在中國各色各門的學會裡，乃是工作最認真，成績最高的學會。

三十年的時間，爲中國教會最困苦的時間。思高聖經學會，在北平經過日本人的烽火，遭遇了共黨的蹂躪，由北平遷到香港；但是參加工作的神父，誓志不懈，沒有一天放下自己的工夫。不但學會能夠屹立三十年而不散，而且所有的工作計劃都能完滿地結出了果實。參加這項艱辛工作的神父們表現了很高的堅忍不拔之精神，我們對於他們表示深刻的欽佩。

主持這項艱辛工作的雷永明神父，是我的衡陽同鄉。雖然他是出生在意大利最南部的西西里島，但他是在衡陽受培植。當年他是一位年輕的神父，來到衡陽充作衡陽教區的傳教士，他的興趣則在研究中國文學。衡陽柏長青主教器重他的天才，延請老師給他教中文和中國文學。他的中文進步神速，因此，柏主教每年給他更換老師，幾年以後，他讀了《四書》《五經》，竟把屈原的《離騷》譯成意大利文，由意大利政府津貼出版費，版本非常華麗。雷神父苦幹的精神在那時已經養成，後來他主持《聖經》的翻譯和辭典的編輯，一生常是「天行健，君子以自強不息。」而且又是埋頭苦幹，心中從沒有名利兩字，見了人常是合掌微笑。他這種精神成了思高聖經學會的精神，凡是參加工作的神父，都是謙遜誠樸，努力工作，不分彼此。思高學會便洋溢著祥和的快樂。一同工作了三十年的神父，所有兄弟情誼，隨著年月而加深。這種情景，爲思高聖經學會三十年來的特徵。

思高聖經學會的特徵，也就是方濟會祖的精神。

民國六十四年七月十日天母牧盧

附錄

陸徵祥神父信札

（從民國二十五年到民國三十七年，十二年之中，我和陸公徵祥信札往來，我那時是一個年輕的神父，陸公得信必覆，每信必親手書寫。民國二十九年初和民國三十年，因德國軍隊佔領比國，檢查郵件，信件只許用德、法、英、意文字，陸公乃用法文給我寫信也親手寫。我現在把陸公的信件發表。所有法文信則請施安堂神父譯成中文。）

羅光修士雅鑒頃奉六號
惠書欣譜

神兄將於二月九日晉陞鐸品預致賀意並悉貴校將於本年舉行留學傳大百週年紀念發刊紀念專號尤爲慶賀致囑書封面題字一節亟願遵行唯祥新病之後目蒙手顫苦難報命倘尊處必須祥寫可請貴校張潤波神父代書代署名之無不可也㈠尚祈大酌施行爲禱匆匆奉復只請

學安

同邦弟　陸徵祥拜啓　廿五年一月十日

註：

㈠　傳信大學中國留學生百週年紀念專號，由杭州我存雜誌發行。專號由我主編，出版時，沒有陸公的題字，因不願只用他的名字而不是他的字。

敬啓者

連日報傳國內消息異常緊急讀之令人心悸㈠國難重疊而來當局處境在萬苦千死中打出生路回想　先總理一八九五年誘禁倫敦使館時援救乏人全賴祈禱始得脫險故祥自去歲六月二十九日忝晉鐸品以來每晨六時進堂獻祭不忘爲國內領袖要人虔誠祈禱於平時加誠祈禱於危急存亡之

際區區之忱當蒙上主垂鑒默許佑庇也特以奉告藉慰
廑系務望
神父暨傳大同胞同聲祈禱尤爲至禱耑此只請
公安
陸徵祥拜啓　二十五年十二月十七日
惠復拜讀謝謝我人同心同德團結一致更不可一日鬆暇彼此努力死中求生方濟於事也祥又及

註：

㈠　七七事變後有上海抗戰，陸公故謂國內消息異常緊急，指示留學羅瑪的中國神父和修士，爲國祈禱。

羅光神兄惠鑒前日奉到三月九日
手教領悉壹是欣譪
神形健康爲慰爲頌茲有懇者劉符誠君號蓋忱前外交部參事交通部政司司長現充南京財政部代

表在巴黎中法工商銀行董事乃祥之至好朋友且係在祥手領洗禮現往羅瑪面請剛總主教行堅振禮㈠約十五六日偕夫人「外籍」姑娘行抵永城如荷
神兄向剛公探悉客店地址函邀參觀傳大並說明由祥提議劉君必十分願意識荊並認識留羅全體修士祥面懇蓋兄代表晉謁宗座面請聖安如能辦到喜出望外全視宗座聖躬能否接見外賓爲限度茲附贈劉君受洗紀念二十四份以便分贈惜爲數不足未克全體分送尙祈尊酌施行爲禱劉君新由國內回到法至南京晉見于斌主教亦係舊友也不久仍須回國一行劉君在永城過復活節約四月初離羅回巴黎併以附及以資接洽匆匆只請
道安

陸徵祥拜啓　二十六年三月十六日

註：

㈠ 堅振，爲天主教的七件聖事之一，領洗以後，再領堅振。剛總主教爲教廷駐華第一位代表剛恆毅總主教，當時任教廷傳信部次長。

焯炤神父　惠鑒兩奉
手教領悉壹是承
示意政府承認南京僞中央一節同一過慮倘外交當局及預防即以前充賀加冕專使暫爲兼任駐教
廷大使㈠藉以聯絡而免教廷暗受意政府牽制亦一應付目前之辦法質諸
神父以爲何如我神父學期後回國一層爲計甚得深佩㈡剛公遠見但傳大中文教授之替手亦甚重
要如無妥員接替亦不得不暫緩東渡諒
剛公亦必慮及祥度此嚴冬幸無疾病惟有感冒牙痛小累堪以告慰
錦注耳匆匆只請
道安
陸徵祥拜啓　二十六年三月復活節
附上刊件一奉
神父一懇轉交同胞修士作念祥又及

註：

㈠　加冕專使，爲參加教宗庇護第十二世的專使，爲當時駐法顧維鈞大使。

㈡ 我當時計劃回國，後因大戰，海路不通，乃留羅瑪未歸。

羅光神父雅鑒奉八月二十六日
惠函暨 玉照拜領感謝月之八日適逢南文院長㈠掌院二十五週年銀慶前日接到王寵惠部長祝賀詩匾現正配框屆期代呈致賀南文院長每到永城必親往拜見傳大全體修士其和藹鼓勵之處令人可感如荷
神兄發一拉丁賀電代表全體修生言賀彼必十分快愉心感也遲到一日亦無妨也國難重重曷勝痛憤求主佑庇得最後勝利當蒙垂鑒上主仁慈不棄我也匆匆只請
道安

陸徵祥拜啓 二十六年九月三日

註：

㈠ 南文院長爲比國聖安德肋隱修院院長，即陸公徵祥隱修院院長。

羅光神父雅鑒　以南文院長銀慶典禮我
神兄惠電祝賀同深榮幸茲附上謝函紀念各乙
登收是幸南院長二十五啓程赴羅瑪參加選舉本會駐羅Primat（首席院長）承示海門區比籍司
鐸日前來院晤面並交到陸伯鴻宗兄來信敦囑歸國一節令人感激無地南文院長之意只要賤軀能
耐遠行之勞亟願令祥回國工作一切靜候上主默示我輩惟有敬遵主旨也知
附及尙祈
代禱是幸耑此祇請
道安
陸徵祥拜啓　二十六年九月二十二日

同胞修士均此問候

羅光神兄惠鑒
茲奉到　于野聲主教由航空郵遞到「告全國教胞」偉論一篇拜讀之下且佩且感特速附上台閱
可否

分神譯登觀察報此篇文字獨具慧眼非于主教不克發揮教宗通電之精神之愛華熱誠非我神兄代譯意文恐非他人所能盡量推測，野聲主教之懷抱之遠大目光也瑣事瀆

神不安之至尚祈　鑒諒是幸匆肅祇請

道安

陸徵祥拜啓　二十七年十月五日

倘能

抽暇譯登觀察報亟願得該報二三張並以懇及祥識

羅光神兄雅鑒晨間奉讀十月十五號惠示藉悉壹是承

示各節均關係要甚感　于主教來信原囑譯登比報如荷

神兄分神譯成意文用打字機寫出擲下本院愛德華修士兼通意文亟願擔承譯法則祥省此翻譯之勞感荷不盡矣不情之請尚祈鑒原近過目力日就衰微所幸寐食照常當不致另生出枝節堪以告慰遠注耳附上國際第四屆和平祈禱會通告一件拉丁誦三十份望

分贈同胞屆期同禱尤感前寄贈比京La Soivillustr'e二份又意文畫報八份至時

哂存作念此間連日清理舊日刊物撿出寄上免作廢紙拋棄耳明年假期中惠然肯來甚爲歡迎並承

代禱感極匆復

祇請

道安

同道弟陸徵祥拜啓　二十七年十月十九日

羅光神兄惠鑒承蒙

惠書及意文譯件感感謝謝現拜託受鐸代譯法文當可在法在比同日發刊承

示陸祺女士晉謁宗座一節讀之心感宗座愛護中華出於至誠致梵蒂岡外交方針各方面都有信徒

傳教士或外交代表或宗座代表所處地位迥出尋常不可以普通眼光窺之即有事實之承認於我無

傷於傳教有益不可與德意之波蘭承認有邦交之作用同日而語也質諸神兄以爲何如附贈人先人

先師先室紀念一束

哂存作念此請

日安

同道弟陸徵祥拜啓　二十七年十一月三日

另封寄上紀念五十份留存尊處但缺文定紀念耳祥又及

羅光神父尊鑒今午另封寄上《益世報》海外通訊第一號

野聲主教此次來比小作勾留悉機委託愛德華神父分神經理惟不露面任其勞耳茲有懇者第二號

正在趕　蔣委員長紀念週訓話原文久候始到祥目力腦力日衰醫戒用心苦思故不得不奉懇

神兄代譯意文倘能於月之二十一日寄下一部分尤為感禱緣此間須譯法故耳值此聖父歸天㈠普

世慟哀永城空氣緊張可知未知尊處加忙到若何程度甚念此間復以譯件忙上加忙抱不安尚祈

格外原諒是幸　于主教月之一上搭法公司巴黎赴美八日抵紐約頃來電囑受譯擬追悼聖父簡篇

寄美歐正發刊野聲主教經比約十一一手栽植受恩厚猶祥之受許公竹篔之一手提攜前後一轍來

電一節主教之知感尤令人欽佩不置自院長以下無不以中華民族之特點加入一等者「飲水思源

受恩必報」八字為知　念附及匆匆奉懇

祇請

道安

同道弟陸徵祥拜啓　二十八年二月十五日午後

附剪報四頁用後擲還祥又及
再啓者值此世界出軌人心浮動非有三代以上人物挺身而出不足與言治國平天下蔣委員長及野聲主教兩人異其地位職責而同其懷抱環顧國內未見他人故能同心同德猶比之亞爾倍前王與梅西愛主教㈡攜手同行共同維持危局卒到凱旋舊都舉行感謝勝利大彌撒以報合全國士兵不愧保國保民保土之領袖些二人者殆將復見於東亞五千餘年之古國耶拭目俟之敢告。
知己不可爲爲人道也再頌
日祉

弟祥再拜　同日

註：

㈠　聖父歸天乃教宗庇護第十一世逝世時爲民國二十九年二月十日

㈡　比王亞爾倍，比國總主教梅西愛樞機，爲歐洲第一次大戰比國之領袖。

羅光神父惠鑒晨奉二月二十一日
尊函暨譯意文稿三分之一感謝海外通訊進行順利
神兄訂閱面告愛鐸矣每遇宗座繼任問題言論紛擾歷來如是足證地位人選之重要虔心祈禱最有
效用茲奉贈追亡禱文六紙望代分贈並懇
同禱哀啓印就再寄匆復鳴謝祇請
道安

陸徵祥拜啓　二十八年二月二十三日

附禱文六頁

羅光神父惠鑒近接國內友人來信得本年四月八日爲　相伯老夫子百歲大慶　相老爲公教耆宿
創辦震旦大學及種種慈善事業功在國家自瀋陽事變喚起國人奮發自救有不還我河山不止之呼
聲　相老實爲共起救國加緊努力之楷模聞國內自政界以至門生均有電致賀祥業已上函剛總主
教並贈以絲織相老肖像乃馮副委長贈品懇請賜賀以增老人心神之感快而　表公教相親相愛之
團結倘剛主教採納愚見有所表示祥亦有　榮特以奉告以資接洽　神兄能率全體修士短電致賀
必增老人愉快尙祈酌行是幸　尊處寄愛鐸相片顧專使偕全體同仁相片祥處亟願得之以作紀

念
如荷賜寄一葉尤感匆匆祇請
道安並祝
復活佳節

陸徵祥拜啓　二十八年四月五日

相老地址：Ma Liang Uission Cathologice Lanson Indockine
全體同胞代爲問候並賀佳節尤感
附上相老墨蹟肖像印本　哂存作念

羅光神父尊鑒奉到四月十三日
惠書暨顧專使等相片感感謝謝相伯老夫子地址係Lang Son華名諒山前信誤寫Lansos甚爲歉仄
承示陳君一事本院與Solesme修院前係合作嗣因派遣修士反生意見停止往來久矣本院年內感
受經濟恐慌免費住宿亦經取消未能爲力深抱歉仄尙祈
鑒諒是幸祥處郵費一節亦須向親友捐募減政之影響也叨在同胞用敢直陳不可爲他人道也
匆復祇請

道安

陸徵祥拜啓 二十八年四月十九日

附新宗座紀念二紙

羅光神父惠鑒接奉

尊札拜讀之下且佩且感佩我

神兄愛國熱誠思慮周密感

兄屢屢垂念每以永城外交方針梵蒂岡重要情報隨時

撥冗見示俾緊閉索居之苦修士不致茫然於世界時局猥以目蒙放棄閱報工作將半年矣年歲迫人

服從較諸長上命令之順服更加嚴厲稍違即發生枝節矣

尊函條陳一節適合時宜新宗座加冕機會亦不多得所擬人選尤屬確當且顧、錢兩大使外交傑出之人才以任使命壇玷增光可預卜也祥處發電中央偶有出位之舉懇託少川階平老友代擬發此電有人選關係未便發自巴黎或布魯賽爾故快函拜託駐波蘭王代石孫公使代擬發大約該電於八日當可發遞 于斌主教關懷教廷遣使亦有年矣或亦想到致電中央條陳此節正可與去電互相引證其重要性朱代使論其地位亟應發電條陳論其資格駐外人員久居意邦者獨占先驅未免過於拘泥反失絕佳機會建白於中央深爲惜之蓋祥前駐俄都三充代使三電中央反爲中央重視亦全在各人善自爲之耳（許任一次年二十六揚任一次三十胡任一次三十五、三十六歲任駐荷欽使友人來函均以少年欽使之簡放得力於三代使之稱職耳）匆匆奉復只請

道安

陸徵祥拜啓　廿八年五月六日

附呈哀啓比約十一世箴言六紙望　分神贈送幫譯訓詞同胞尤感

人微言輕四字發生無數不稱職之服務員既在其位應行其職即一最低地位之隨員充代使亦應發此百年難逢之電報倘我

神兄晤面朱代使婉言密告亦可有益使事且有益於個人也尙祈順機代致尤感祥又及

羅光神兄愛鑒奉五月十七日

惠書猥以主保節日辱

賜賀代禱感謝不盡海外通訊四期出版較緩因南文院長新從非洲視察回院之故非爲

尊譯遲到且由意譯法在愛鐸二十四小時工作耳承

示各節面告愛鐸深佩

卓見正在通函楊修士安然設法補充按教廷外交主維世界和平調停國際紛爭確係宗座天職
全在各國當局利用之而承受之耳
茲有懇者附上剪報二紙可否
撥冗將國府明令林主席賀電及于右任先生論相師一節譯成意文連同剪報一併擲下深爲感盼屢
瀆
清神不安之至尚祈
鑒諒是幸寄使團與傳大修士合影拜領謹謝並當珍藏作念
耑復只請
道安

陸徵祥拜啓　二十八年五月二十二日

羅光神父惠鑒奉五月二十九日
手示暨譯件原文各紙拜讀謝謝譯乙事欲求信雅達實非易事法文有語曰：Traduce c'est traher非靈語也　愛德華神父現辦第五期通訊正在忙碌中且親到印書局校對及整理全版其忠誠熱心令人深感

神兄今夏來比稍事休息歡迎已回明南文院長Dom Oh'codorc Meve並與Dom Eemmouruel de Uecster迎賓館副主任（受鐸係正主任）接洽妥帖確定日期後示知以便預留房間致宿住費以每日十方計算

此間彌撒獻儀十方一台倘

神兄留住一月即獻三十臺彌撒亦已與副主任說妥竊念

神兄此來有意練習法語似宜長時留住滿乙月不無練習機會祥亦得與神兄每日談話一小時亦天假之緣也茲另郵寄贈　前宗座肖像暨　宗座謝信抄稿此像特別處一係陳、英、沈、張四位特請溥君筆繪作晉鐸紀念現四位均得　前宗座誥命授以勳爵二係祥割愛轉獻宗座俾宗座之像歸奉宗座親賞以表我五人孺慕並尊敬我主在世代表之私衷細讀謝函宗座心悅神溢於言表函內措詞格外濃厚如gratitrde一字似不常見質諸。

神兄以為何如敝意此幅肖像既係華繪師作品由輔仁四位中華教授見贈本篤華修士現原本已歸宗座入收保存梵蒂岡其相片副本一份連同謝函抄稿似應留存傳大圖書處永作紀念特以奉贈尚祈將敝意

代達傳大各同胞修士以作比約十一世熱愛中華表證之一據何如耑此奉懇祇請

道安

陸徵祥拜啓　廿八年六月二日

羅光神父愛鑑茲密啓者昨午南院長通知全院修士歐局緊張情勢不減於一九一四年宣戰前之危險本院修士中在一九一四年曾徵調軍中服務者餘均未被徵調尚能繼續經課祈禱工作然最後半年敵軍強佔屋後亦不得不分散暫時寄居安全地云云祥意我
神兄擔任傳大重要教職值此時局不穩妥之際寧可今夏不離職守區區愚見尚祈　大酌叨在知己用敬直陳諸維心照不宣耑此奉聞祇請
道安

陸徵祥拜啓　二十八年七月三日

焯炤神父惠鑒避靜七日心神頗感靜默樂處講道師爲多明我會修士發揮ST. Calderine de Sienne平生精修道理令人神往追慕不置蓋聖女若納達爾克德肋撒略知事蹟而聖女喀他鄰未之前聞也茲有懇者附上大公報剪報計四紙一係　蔣委員長告友邦書二爲告日本民眾書可否勞

（譯件未識能於二十五前趕辦否匆迫祈諒之是幸祥又及）

神譯成意文充下期海外通訊寶貴材料蓋此二書之蘊藏偉大包含深遠足以震動人魂不獨動人聽聞已也告民眾書未完先譯其半何如此間尚未接到其續也匆匆只請
道安

同胞修士均此問候恕不另啓

陸徵祥拜啓　二十八年八月十三日

焯炤神父惠鑒前日奉到
來示暨譯件相片感謝譯件面交愛德華神父最近因爲歐戰爆發後比境全體動員本院修士徵赴邊界者三十四人之多一切停頓進行海外通訊暫時減爲四頁長篇文字留爲他日發刊矣茲交郵寄贈
貴校許先師文肅公銅章肖像一枚鐵匠章一枚到時祈代轉交爲感附上許像序鐵匠章序又和蘭外部大臣轉呈女王銀章公文一件一併轉交又另封寄上美總統羅斯福氏就職宣誓引詞小冊二十本
望
分送同胞修士作念元首就職引用新經誓宣近代罕聞足證羅氏懷抱令人欽佩殆有大作爲耶拭目
俟之匆匆奉復
祇請
道安
同胞修士均此問候

同道弟陸徵祥拜啓　二十八年十月五日

焯炤神父惠鑒奉十月十二日
手札藉悉郵遞各件均登
記室文肅銅章係駐和任內敬獻使俸兩月製此紀念以誌感師一手訓練之苦心鐵師章係在外交總長任內恭獻先師五月薪俸製成以誌追念文肅民國外交正途及外交官領事官之創設乃文肅生前之期望我國今日有外交之正途文肅之賜也為
神父述之以證老成謀國之遠見足令人感念不忘而馨香祝禱之不已也承示山東田主教加入十二宗徒之列不獨祖國之光亦中華公教之榮異日政教會作前途之燦爛當不減於Consta ntin大時代也預賀顏駿人大使曾充民國第一次內閣外交次長後歷任駐德國公使外交總長國務總理暨攝政總理我國第一流外交家素所欽佩者
神父因避靜而交臂失之甚為惜之以待後會當不在遠蓋顏雖不在政界而其協助政府社會之處不可忽視也茲有懇者比約十二初次通牒求
分神代購英法文各十份寄下為感所費若干示知奉上不悞匆匆奉懇祇請道安

同道弟陸徵祥拜啓　二十八年十一月六日

郵寄《飲冰室叢書》四冊未知何日始能遞到念祥又及
愛鐸日來部署一切頗覺忙碌囑代致候

孫院長前次蒞臨敝院偕夫人子女以及同仁一行十餘人全院之光榮也爲聞之也作談話資料可也
兄告之愛鐸必樂

焯炤神父惠鑒昨日由比京大使館轉至諒山
來電驚悉相師於四日仙逝老成凋謝曷勝痛悼除電唁家屬並獻祭三十台untrentair 外特以奉
聞並懇通知駐意全體同胞修士祇請
道安

同道弟陸徵祥拜啓　二十八年十一月十七日

馬宅地址：madame Ma' Mission Catholi geu Langson
再奉懇者竊查祖國政府社會民眾重視喪祭歷歷可考在官者朝廷上諭內「茲聞溘逝震悼良深」
等語有輟朝三日賜卹賜祭予謚八祀照忠祠賢良祠生平事實政蹟宣付國史館任內一切處分悉予
開復（此十字祥最重視）賜恩賞給子孫舉人員外郎主事等職銜等等以上各項恩典在俗眼觀之
固屬光榮異數在祥反重視特別圈出十字者一示朝廷之寬大優容一示眷宗念忠良有加無已之仁
意兩者均合公教界我主我天主無限之仁慈救贖世界罪人之無上寵恩茲附上致剛總主教法文函
稿乙件望

神兄親舉玉趾面告以中華歷代政府優待已故官吏之存案並商請　總主教面陳　宗座援引此十字之辦法發表一函或一電以免日後萬一遇到列品之舉可無阻礙蓋　相老一生事業如興辦學校醫院等等不一而足詳前居北平訪問閒談中叩以宣佈公教與辦公教事業之良策今日想到相老之答詞甚簡而揭要曰「信主愛主高山可移而無不辦之事矣」然則老師與Don Bosco相像矣　相老微笑而不答今日回想此會問答異日列品之舉或有相當之希望萬一提到教廷而生阻礙不獨全國公教界之失望且令外教人認識教廷之寬大優客反不如世俗政府之善體悲天憫人之宏旨則必同聲浩嘆曰相老一生與世無爭光明磊落通國皆知致於過失聖人難免此次列品之案尚被教廷拒絕我人實難諒解且我國政府在官出缺有任內一切處分悉予開復之或例列品之舉猶我國之予諡辦法我輩從未聞有予諡被拒之奇事則我人之入教問題無庸研究大可少此一舉矣此乃祥鰓鰓之過慮並非過甚其詞敢懇婉陳利害於　剛總主教之前倘不以愚慮爲唐突則請總主教全力協助作萬一之防備免公教之受累此非爲相老計實爲公教謀蓋相老答詞中謙遜態度已令祥欽拜倒地豈敢違師訓而作此無謂之舉動耶望我

神父善爲措詞轉達敝見致事之成否有無結果悉聽　主命

神兄與祥乃主之器械而已耳再懇密告剛公者一九一九年凡爾賽和約祥以山東青島不交還中國突欠允故未敢簽字政府雖有簽字訓令祥於良心上深感不安故寧違政府命而受責未敢違背天良

而貿然簽字德希特勒之決心毀約殆有他項不公允條款之甚於青島條款者在乎深望後之訂約者
深加注意焉未知剛公以爲然乎日再頌日祉　祥又啓

焯炤神父惠鑒日前奉至二四日
手教領悉臺是承
詳示晉謁剛總主教情聊形甚感教會當局業已免除先師昔一切處分聞之慰之日後國葬時倘由
尊處發起率令全體駐羅瑪修士奏請宗座表示哀悼已足鼓舞策勵全國公教界信徒屆時務望大酌
進行Ag Fides通訊一節望
便中剪示尤感　宗座初次通牒可否
分神續購英文十冊法文十冊所費若干
示知奉趙晤　剛總主教時懇代伸謝悃爲禱另封寄贈《六十年來中國與日本七冊》
晒存瀏覽又任公《歐戰史》一冊一併寄贈惜無《續編益世報》隨
于主教遷諭由主教就近指導必日見發展預賀我國政教合作全賴　蔣委員長與野聲主教二人同
心協力當可復見Coustantiv大時代於祖邦拭目俟之引領望之祥年歲加增精力遠不如先師未知
能目睹此盛況乎雖不得見而心已嚮往矣匆匆奉謝祇請
道安

附件二紙

焯炤神父惠鑒茲有懇者Ageuce Fides所登載，相師相片可否分神向前途索取一張擲下以便作追思紀念

匆匆奉懇祇請

道安

同道弟陸徵祥拜啓　二十八年十二月一日

焯炤神父惠鑒前奉寸箋及刊件兩包諒登記室昨由愛鐸見示羅瑪觀察報十二月六日登載乙節與相老預料之未來列品案大有助力可否

同道弟陸徵祥拜啓　二十八年十二月四日

神兄抽暇譯漢寄回祖國公教益世報及其他雜誌發表爲禱譯稿亦請抄示爲感十二月六日觀察報求代購六份寄下尤感匆匆奉懇祇請

道安

同道弟陸徵祥拜啓　二十八年十二月十一日

再　剛公愛華熱烈又見一班令人感念不忘晤時代致感忱祥又及
焯炤神父惠鑒疊奉十二月十五及二十七兩日
惠書領悉壹是　相師照片業經信德通訊社逕寄來比並已函謝　宗座首次通牒英法文本如有再版尚懇代購各十份寄下緣贈送中央當局版式堂皇較他國譯本美觀多矣二十七日　手書提及聖誕前夕曾發一信謝書云云迄未遞到或阻留中途或遺失洪橋所云畫當係「六十年來之中日」承
示　宗座與美總統爲促進和平取同一步驟一層深佩
卓見諒中央外交主持有人自有權衡索居海外者勢難測知一二方面蓋非全局洞燭難於進言而建議也前者遣派員賀使事關禮節往來越俎代謀毫無關係涉及政策未便代庖且影響全局失之毫釐差以千里公私兩害先師文肅公戒出位之言迄今牢記敢以直告當荷
諒解也相師身後事承于主教親赴諒山料理聞之快慰附呈
蔣公夫婦親筆署名紀念一份日內稍暇擬檢寄多份分贈同胞修士作念兩年來以我國奮勇抗戰惹起外人注意中央重要人物時有西友函索領導Autographcs月前設法將前寄益世海外通訊相片墨印成郵片加以蔣夫人墨寶頗得外人歡迎一時有紙貴之嘆西人搜集紀念之癖誠我人所不及而不解其好除景仰偉人外當無他心也匆匆只請
道安並祝年禧

同道弟陸徵祥拜啓　二十九年一月一日

傳大同胞修士代爲致賀並祝健康尤感祥又及
焯炤神父愛鑒今年郵局遞到十二月二十三晚
手札暨譯稿拜讀謝承
示傳信部頒發「敬孔敬亡人」訓令將一切誤會一筆勾消此等氣慨態度令人欽仰不置致函剛公時必當提及教廷外交史昔年無暇研究迄今引爲遺憾徐代辦年富力強前程遠大從事考察可佩之至
神兄盡力協助伊必深心感激圖報於後日也匆復祇請
道安

同道弟陸徵祥拜啓　二十九年一月二日

附贈未能記憶特補乙份
羅總統就職宣誓引用聖經小啓昨函曾否

焯炤神父愛鑒奉正月二十一日
手書領悉壹是承
示各節甚慰甚感自抗戰以來祖國國際地位漸漸增高外人對我表示同情此一明證也我國前途光明能善自爲而利用之前程不可限量堯、舜盛世復見於今日亦非過分奢望質諸
神父以爲何如昨交郵寄　徐代使對聯乙包到達時請伊代收
代送尊處茲計開如下
徐東海親筆對聯一匣
陸伯鴻宗兄對聯乙包
另有各件現在裝配洋鐵筒一俟齊全即行續寄茲計開如左
徐東海親筆橫匾
徐文定公中堂一幅
陸伯鴻兄仙鶴中堂一幅
湘繡山水中堂一幅
以上四件又對聯三副先行檢出寄上致寄贈　剛總主教各件分存各處當一一收拾完齊方能裝箱交寄現值天時不正畏寒畏風惟有靜候夏季慫恿收拾交寄矣稽遲之處猥以無人分勞非本人動手收檢不可尚祈鑒諒是幸匆匆祇請

道安

同道弟陸徵祥拜啓　二十九年二月二十八日

可敬可愛的神父：

由於郵局只接受德、法、英、意文的郵件，我不得不用法文來和你通訊。

我於五月六日與八月廿一日，先後接到你的大札，以及三張中國美術照片，非常欣感！

我已把這些照片，給我院長神父，以及我的加祿修士（Charles Martial de witte）看過。加祿修士，將於十二月十日，前來羅瑪讀書。他會來拜訪你，並會告訴你有關我的院長以及我的近況。至於書院新院長白利士（Brize）蒙席的信，我也給院長神父和加祿修士看過了。

今年夏天，我已訂製了一些晉鐸紀念品：在我的書齋裡，我也懸掛了一些對聯（捲軸）字畫，煥然一新；在入門處，我安放著陳籙所寫的一張橫匾，上書四個大字：「入德之門」，可惜，我的這位朋友，在外交界裡，頗負聲譽不幸竟受仇敵的欺餌，真是痛心！

拙著有關我師馬良的作品也隨函寄上六份，請查收後贈於梵蒂岡圖書館、傳信部圖書館、負責敕封真福與聖人的聖部圖書館、以及你的書院的圖書館，以外，我再附上五十件的紀念品，請你分贈給我的年輕的國籍司鐸，我相信：他們一定要為我老人祈禱。

而且，在這同一信封裡，稱可找到：「（St. Yves）有關聖以物的一頁歷史」，我很希望國籍司鐸，以及意國的朋友們，大家閱讀一下；這在一方面，也算是一個紀念品吧！來年你要來一次；我希望將來不會再有什麼阻擾，使你難於成行，再事拖延！目前時局艱難，氣候陰濕，但我的健康情形，非常滿意，勿念是幸！我靜候你的消息；請你代候各位國籍司鐸，敬可愛的朋友！祝你安好！

本篤會士天士彼得陸啓

一九四〇年十二月二日聖安德肋會院

可愛的神父：

這裡比國郵局，只接受法、德、英、意文的郵件；因此我不得不用法文來和你通訊了。我國駐莫斯科大使邵力子的夫人，是一位集郵者；她要搜集一些梵蒂岡郵票，以及教宗庇約十二世的一些紀念郵票煩您代購一下，未知方便否？如蒙慨諾代購，則請投郵寄下；我將匯寄所費之款，決不失誤！

我的會友加祿神父（D. Charles Martial de witte）的旅航證件，業已收到；將前來羅瑪，完成他的學業。

這裡一切如常，即使在佔領時期，也總算平安無事。愛德華神父（D. Edouaud Neut），正在學習中文，非常用功，他的恆毅精神，真使我驚訝不已！我們每天唸一頁西安半月記；這使我們，對蔣委員長的遇險情形，與對張學良的辜恩負義，陰險惡毒，更能一目了然。

可愛的神父，我在這裡，先向你致謝並祝您一切順利！

本篤會士 天士彼得陸啓

一九四一年三月七日

附上庇約十二世所撰的一些求賜和平禱詞，祈查收爲感！

可愛的神父：

一九四一年十二月二十七日的大札，非常可愛，我已收閱，真使我欣感萬分，欽佩不已！

如今戰雲，瀰漫各地，竟佔全世界五分之一！各地郵路不通；除瑞士與荷蘭，尙有一些朋友，不時給我一些音訊之外，整個祖國，以及其他各國，均無法通訊；我願跟你一樣，把我們祖國，以及整個世界，全心託於天主的上智，任祂隨便安排吧！

目前，我的健康，風燭堪虞，但賴好天主的保佑，竟達七十高齡，實感欣幸！愛德華神父，常爲我的知友；最近向我建議，攝影留念；我也樂於接受他的可愛建議，拍了幾張相片，贈予二三知友，聊作紀念而已。

剛恆毅總主教，曾爲我授予鐸品；這是由於你的協助，我真感激萬分！回憶當年，你曾不遺餘力，特請剛主教，不遠千里而來，親臨聖安德肋會院，授予鐸品，使我成爲基督的聖職人員，真使我銘感無既，沒齒不忘！如你遇見老總主教懇請代致謝忱與敬意！

啊，老了，疾病叢生，勢所難免！我呢，正視之爲年老人的「專利」，何足憂慮？因爲這種「多病」的專利，惟有老年人，才得享受！我國俗諺說「送老」；但我認爲，與其說：「送老」，倒不如說「近老」爲愈；這好比是一所學校，該爲老年人學「耐苦」，學習智慧而聖賢，像我的會祖本篤一樣，何幸如之！其實，這所老人學校較諸青年人的學校，更爲艱辛；青年人的學校裡，有他們的老師去教導他們；但在老年人的學校裡，則他們自任老師，而自我學習！西歐學人說：「青年人在於求知，老年人在於求行」；這就是說：青年人，貴有（求知的）熱情；老年人，卻貴有（行事的）經驗，這種老年人的經驗，在老年人的學校裡，依我看來，是最好的老師；可敬可愛的神父友人呀！這種看法，你以爲對嗎？我希望你自己，並代我轉請我們年輕的國籍神父們，爲我祈求天主，賜我在這老年人的學校裡，力自奮勉，終於賴好天主的協助，再考到一次「很好」或「好」的考試成績吧！

至於你所寫的，有關於我的幾篇大作，承蒙過獎，我實在「當不起」。我深信，且我永遠深信我的祖國——中國，必將因著戰爭而自力更生，發揚光大！

可愛的神父！願經過瑪利亞而在基督內祝你

神形康樂

本篤會士 天士彼得陸啓

一九四二年一月廿日

可敬神父：

承辦所託之事，實深欣感！如有餘暇，尚祈代向 畢翁第樞機（Fumazoin Biondi）致賀；所呈薄禮：納氏式小十字架一個，已由佈魯撒爾郵局寄上，但不知何故，竟退回原處；不得已，改由比政府皇家郵差帶上，諒於耶穌復活節前後，定可抵羅瑪；轉輾遲延，實深惆悵，敬請代向樞機大人，表示歉意爲荷！

此外，尚請，閣下函告馬里奧樞機（L. Maglione）：（一）上述專差抵達羅瑪之大約日期；（二）專差將帶來之小箱內，除將呈上教宗之禮品外，尚有上述之納氏式小十字架一個，請代呈予畢樞機；至於中國扇子，則請代贈予本篤會盎色馬之總院長，該院院址：Badia di s. Anselmo, monte Avengion敬請函告該院總院長：臺端及以僕之名義，呈上中國扇子，作爲總院長進會發願金慶之賀禮，並請　臺端代告　總院長：該項薄禮，因比國郵局之拒絕收遞，故改由專差送上，將於復活節前後，抵達羅瑪，絕不失誤；諸多稽延，出人意外，尙請代向大院長，深致歉意！

最後，再有一事，煩請閣下，代轉馬里奧樞機：即蔣委員長，以及林森主席所題書之二匾，不日可送至聖京，準備將懸於聖歐日尼（S. Emge' ne）堂中，以示敬意；該堂係普世信友，爲紀念教宗晉陞主教銀慶而建造者，落成後，請馬樞機負責，飭人將上述二匾，懸於該堂顯要之處；尤其是後者——即林森所題書之橫匾，飭以蘇流，切勿倒置爲禱！

可愛神父，際茲戰爭時期，諸多不便；回憶往昔太平時，郵遞來往，或由郵局，或由火車轉運，均可指日抵達；如今則轉輾稽延，實感惆悵，對　閣下之多方協助，費神費力費時，尤感坐臥不安，奚止芒背而已？尙祈鑒諒爲感！

好天主真好！恩賜僕良機，得以藉比京佈魯撒爾皇家之專差，送上羅瑪禮品，聊表敬意，回憶一九二七年室臨終時，蒙現任教廷國務卿馬里奧樞機，頒發宗座大赦，實深感激，按馬樞機，曾任教廷駐瑞士大使，凡四載，而爲外交使節團之團長，態度溫良和善，富同情心，實令人贊嘆不已，五體投地！

盎色馬之總院長，曾於上次旅比時，屈駕聖安德肋會院，幸獲一晤而領受教益；爰請臺

端,除向畢樞機外,亦代向院長特致敬意爲盼!諸多瀆神,實深感激!敬掬赤誠,祝

可愛神父

神形康樂!

本篤會士天士彼得陸啓

一九四二年二月二日

可愛的神父:

二月廿日,我很樂意地,寫信給你,請你在馬利奧樞機與畢翁第樞機,以及本篤會總院長臺前,多多幫忙;而且我希望這封信,能及時抵達尊處,不致延誤!

我覺得非常惆悵:我所能呈送總院長的中國扇子,並沒有妥善地用厚紙包紮好,安置在小箱子內;因此我怕:這個扇子,將有所損壞!無論如何,我希望你在羅瑪,用我的名義,儘可能,在一種可愛的情形下,把這扇子,呈予總院長,未知可否?如蒙慨諾照辦,我真銘感無既了!

目前風燭殘年,謝天主保佑,我的健康情形,還算不錯!我希望漫長的嚴冬,快些溜過而春天到來,令人鼓舞!至於愛德華神父的健康,經過病後長期有效的調養與滋補,業已完

全恢復原狀，勿念爲幸！諸多勞神，特此預申謝忱；並祝可愛神父

諸事如意！

本篤會士天士比得陸啓

一九四二年三月七日

附：

在我的祈禱中，總不會忘掉傳信大學裡的許多國籍修士；他們在你的照拂之下，得以安心讀書，穩步進修，真是難能可貴！假設我是名青年修士，我必竭力設法，在永聖城進修，可愛的神父呀！可惜我已年邁力衰，永沒有這種機會了！事實上，要做一名傳信大學的修士，而在那裡讀書，爲我已是不可能的事了！可是誰也不能阻止我「心嚮往之」，這種返老爲童的痴想誠如我國人所說的：可發一笑呀！

天士彼得陸又啓

可愛的神父：

四月十三日我收到你於三月廿九日所寫的可愛大札，非常欣感！對於你到教廷國務院秘書處去查明禮品的事，與代呈禮品予畢樞機事，以及你的費心，代爲致書於敝會總院長的

事，尤使我感激萬分，五體投地！此外，煩你費神，把我送給總院長的中國扇子，好好包裝，好好地把我的薄儀，轉呈總院長，亦將使我感德無既，欣慰莫名！

我希望專差，不久即可抵達羅瑪，也許在下月（五月）十三日左右。按羅瑪觀察報兩載：教宗庇約十二世的（晉陞主教）銀慶，也就在這一日（五月十三日）呀！

感謝天主：際茲兵荒馬亂，聖安德肋會院，亦在疏散之中，而我的老年健康，還算滿意，真是難得！如今我和愛德華神父，同住在黎朗伯爵家裡（la fami lle du Baron Ryelaudt）看，我們的新地址：N. 12 Boulevard Philiphe le Bon, Bruges.

你說你有頭（暈）病；這顯然證明：你的精神耗損，需要休息呀！努力工作，固然很有功榮；但使健康受損，確是危險無比！許景澄老師常常吩咐我，注意身體的健康，唯有健全的身體，才能爲天主，爲國家，爲眾人服務；反之，誰若沒有健全的身體，即使他有學問，有本領，有愛國的熱情，有赤誠的信德，也有什麼用處呢！

我和愛德華神父，真是喜出望外，得悉吾國政府，將與羅瑪教廷，正式通使建立使館，但其名稱，尙未公佈啊！這個問題，人家早已談了五十年之久！迄今才獲解決，真是興奮！真該感謝天主！整個天主教會，看到我國政府的使節，駐在梵蒂岡，莫不歡欣雀躍，我相信：我們中國人，對此也都感到榮幸。切望我們知道駐教廷的首任公使是誰？你若探獲詳情，迅即告訴我們，那我們真正感恩無既了！

大家不忘代禱，祝您

康樂

本篤會會士天士彼得陸啓

一九四二年四月十六日

請代候羅瑪的年輕國籍司鐸們！

可愛的神父：

你在五月裡寫的大札，我已收到；我也因此而欣悉：我的禮品，業已送達羅瑪；米格拉總主教處，你也代我去拜訪過，我真由衷地感激萬分！米總主教的地位很高（駐比國大使），我真不敢去打擾他哩！但望你以我朋友及國人的名義，爲我去問候一下就好了。

這裡在布魯塞爾的中國友人，願藉米格拉總主教的手，代替我們，呈獻我們的微薄賀禮於至聖聖父，畢翁第樞機，以及我們的總院長，未知可否？

我也非常高興，得悉剛恆毅總主教，榮膺教廷國務院政務顧問。愛德華神父告訴我說：

這個職位，非常顯要，至於我國與羅瑪教廷建立正式外交關係的事，按你所告訴我的是：由瑞士新聞記者所透露；而且你也信以爲真；可是羅瑪觀察報，態度謹慎，還是保持緘默；這該是一個好的信號，表示這事，正在佈署的途徑，其實，在我方面，我對這事，一無所聞，只有爲這件事，默默祈禱而已。

目前剛恆毅主教，對於這事，也保持緘默；我認爲這事，相當微妙，尙不是函告剛總主教的時候呢！依我看來，我國與教廷正式建立外交關係，將在大戰之後；可敬可愛的神父，不知你以爲如何？

我們大家一起爲我國抗戰而祈禱，爲世界和平而祈禱吧！

敬掬赤誠，祝您

康樂！

聖本篤會會士天主彼得陸啓

一九四二年五月廿九日

可愛的神父：

去年六月十三日，我曾作過一次演講，講題是：「中國過去與現代的宗教信仰」，我想這個問題，你和傳信大學的國籍司鐸們，都很關心，因此我很樂意地附下一份演講稿，祈查收爲幸！

至於馬里奧樞機，畢翁第樞機，以及本篤會的總院長處，我都寄去一份，爲請求他們予以核准。承當他們厚愛，非但予以核准，抑且給我鼓勵——讚許，使我愧感萬分！其實，我常捫心自問：好天主，對我這樣的年齡，是否真的指示我，可能當一名聖道的宣講員呢？

本篤會的總院長，曾寫信給我說：至今爲止，他還沒有收到我寄給他的銀慶賀禮，我想：這項賀禮，曾由專差送上，和呈予畢樞機的賀禮，一起裝在一個小箱子裡，託教廷國務卿代收；故煩你勞駕國務卿辦公室，代爲查詢，並告以該箱所裝之賀禮，分別送至上述各處，以免錯誤！

對不起，又來一次麻煩你；我特向你，預爲此事而道謝；並在主內，虔祝

可愛神父，

一切順利！

本篤會會士天士彼得陸親筆簽名

一九四二年九月廿四日

(該信由"Monastère de Béthanie, Lophem lez Bruges"轉致傅信大學教授羅光神父收)

焯炤諮議神父惠鑒去歲由教廷轉到十月廿三日信內有剪報兩紙均早拜讀感感謝謝昨日忽奉本年四月十五日
華函欣悉
神父榮任駐教廷公使館諮議喜出望外曷勝羨賀教廷外交因素未經歷聞諸老手獨屈一指爲世界冠我
神父隨謝使增此閱歷絕妙機會天付之也公教國外交官如法比意奧等每以派駐教廷爲畢生之榮祥對教廷設使一節希促其成亦希得派經前駐仰瞻聖師表以伸敬慕私惜生不逢時事未實現爲之憾憾距料上智別有主張晉以鐸品以代表政府之資格充我主耶穌傳揚公教之使徒其貴其妙更無可言敢告執事代爲禱謝尤感承
示子長世兄重蒞羅瑪舊地知交必甚歡迎欣慰之至茲附上赴馬林大修院演講詞四頁陳腐之言幸勿見笑今日談到堯、舜、禹、湯、文、武自知不合事宜文肅公生時嘗以宣揚中華老祖宗如堯、舜、成、湯等爲囑亦克遵師訓耳耑復只請
大安

同道弟陸徵祥手啓

三十二年五月十三日

謝使前代致意爲感子長世兄片懇代交謝之祥又及

焯炤神中惠鑒接奉八月十三日

手札欣悉

起居健康爲無量頌竊念民國初設教廷公使徵聘

神兄充補諮議開政教合作之先聲政教前途無限希望賀羨

來示詳述各節讀之悲慰交集誠如

尊論普天聞轟炸聲遍地見哀鴻惟有求主垂憐早拯斯民於水火之中耳頃在舊書中撿得八賢手札

一部寄贈作念（另封寄上內央有刊件多種作念耳）此祥五十年來隨身攜帶物件以備平日翻閱

倣行之楷模現

神兄既涉政界似應悉心觀察官場禮節言動久之習慣異日歸國於政教合作上大有關係蓋我國神

職班缺乏上等社會之經驗不可諱言也質諸

高明以爲何如匆匆祇請

道安

陸徵祥手啓　卅二年八月廿四日

費神轉函並懇代謝尤感

次彭公使前代爲問安　慈明世兄均此候　同胞神兄處代爲致候

焯炤諮議惠鑒月之十四日接到去年九月廿四日

賜寄第一封毛筆手札展誦之下藉悉國內名流都喜見毛筆書而少看鋼筆字書法一門確係本國美術之一種歷代名人莫不攻習數百年後保存其墨跡者職是故耳前次寄贈八賢手札愚意以神兄現爲次彭公使調用日與官場周旋手札爲官場辦公往來必不可少之工具務望於八賢中擇其一而效則之一生受用不淺矣祥承先師文肅之指教所惜書法一道絕少練習迄無成就難辭其咎之徒奈嘆奈何耳年歲日增手顫目矇毛筆則東塗西抹鋼筆尙能成字實出不得已而用之爲之一嘆承示羅瑪近狀及國內近信讀之快慰蔣委座之演詞如此切實當有把握深望其言之中而和平早現也吾

兄敬暮文定祥亦有同心也詳細傳記回國後集同志而成何如年前愛德華司鐸向比都圖書處借到玄奘傳讀之深感力勸作公教中之玄奘祥何人斯豈敢自居竊思玄奘居印十七年祥現居院亦十有七年以此一端之相同前後相對擅放引以申告於宗座之前竟忘其老而不自量函發後而追悔之嗣

思愛鐸之相勸實出於愛主愛人之真誠非有意以重擔加我孱肩之上倘以後悔直告恐傷其心而冷其一番熱忱故未之告臨穎憶及敢告吾同胞神兄幸勿笑其老狂而失常度祥既以身靈獻主亦不敢有所吝而求自全後人然我否我非所計拉雜附聞祇請

道安

陸徵祥手啓　卅三年正月十七日

同胞修士致意爲感

焯炤諮議愛鑑前奉九月十六日

手書領秀壹是猥以回憶錄譯成意文一節再四思維面託本會駐永城坐辦神父Reverend Gere

Dom Place de Ueestev, Grocurar Geueral de laCongregation Belge向

尊處妥爲接洽現伊面允分神經理約於下月初離比回意特乘伊回意之便帶上短簡以資接洽祥近體畏寒目蒙手顫時好時劣年歲關係非病之可以藥料治療者休息靜養爲獨一方法耳少看書少作字一切均由愛鐸幫忙法文信件由伊代復亦一大幫手也可感之至南文院長已許伊允祥秘書酬從

兄處來信能用法文或意文當可從速奉復不至延緩以勞

廑念爲歉矣于主教海外重逢快慰之至年富力強正值大有爲之際將來爲國爲教建功立業前程不可限量祥每晨上祭必代虔禱不置也匆匆奉復祇請

日安

陸徵祥手啓 三十四年十月二十七日

再者晉鐸者十週承

神兄念及特請聖座降福鼓勵甚感並作論登入永城半官報尤屬榮幸貫例廿五年爲銀婚今十年可謂水晶婚何如茲將十週年紀念全份附贈作念幸甚 祥再拜啓同日

焯炤諮議愛鑒月之一日拜奉五月十九日

航空手札接悉壹是承

示 謝使款待田樞機殷殷熱情及各方面對我新樞機感想田公道儀謙懷眾口一詞既蒙不遠千萬里重洋跋涉枉駕來比復承殷殷勸歸祖邦共同工作曷勝感激惟年歲加增精力日就衰微爲憾耳

宗座寵眷有加無已益深惶悚不知何以仰慈恩於萬一授職禮節現定八月十日如有更動臨時電告屆時如荷賁臨曷勝盼禱久別極企把晤一室促膝談心客中樂事曷有過此者耶 宗座加

兄榮稱Monseigneur聞之快慰二年以來國步進展一日千里命耶運耶人力耶天賦耶二者並進始克逢此順境二者缺一勢難作此夢想所謂自助天助者古人此語不我欺也

神兄旅意求學求國祥旅比求道求善死今我二人所得非所求或出求之外惟有遵主聖範聽命二字

耳

尊意何如耑此復謝轉以奉賀祇請

道安

陸徵祥手啓　三十五年六月五日

道家思想出版後望賜一冊拜讀爲快

附上文定公及許夫人禱文二紙尚祈代禱俾早列聖品以榮主名祥又及

焯炤諮議神兄愛鑒前奉五月十九日

惠書當即奉復寸牋諒登

計室祝聖典禮現確定於八月十日請帖日內當可發出教廷大使允來參預馬林樞機主教允派代表

觀禮　次彭公使親臨觀禮無任歡迎比都金大使屆時奉令前來代表中央參預錢大使允來瑞典謝

公使亦允前來顧大使調美恐不能來繼任鄭天錫大使或能前亦未可知國內舊友由劉蓋忱先生通

知在上海徐匯大堂舉行彌撒慶祝在北平陸公墓堂舉行彌撒慶祝羅瑪傳信大學可否於八月十日

Sauis Laurans舉行彌撒俾全體祖國修生代禱並領聖體以資鼓舞並懇請　剛大主教蒞臨該校

以作紀念何如尚祈

代酌辦理爲禱此次祝聖主教原擬函請 剛大主教來此嗣以交通尙未照常旅行困難又念主教年高細酌之下未敢煩擾作罷現請Brssgs主教主禮祝聖矣七月七日 宗座頒諭列品Traucor' se Koviev cobrini盛哉大典令人艷羨不置今晨另包寄上徐文定行實四十冊一九三四年在本院雜誌內登載請

神兄斟酌分贈羅瑪當局如E' observotove Romani允許全譯全登必可令意人注意如是則意文行實無須另譯另印矣將來英文德文及其他文字亦可照此辦理先盡人力之能爲後待上智之恩寵此乃入手辦法致頒諭列品全賴我主之亭毒笑

神兄來院可否多留數日俾得暢談一罄積懷亦海外難得之機緣也

神兄可向次彭公使得一相當假期何如匆匆祇請

道安餘容面罄

陸徵祥手啓 三五年七月十二日

附上文定禱文五十份

年來目蒙手顫腿軟不若前十年之健爽矣

神兄年富力強正直有爲之秋羨羨祥又及

焯炤諮議愛鑒七月廿八日接奉七月廿三日惠書屈計此信五日達到可謂迅速謝使回國一節按照部電似覺隨便細思政府用人定必鄭重考量況駐外公使如次彭公者不可多得值此人才難得之際敝意懸測國內各部暨主座諸公亟願與謝使當面慰勞並面詢一切外情敝意以謝使居外年久亦應東歸目擊國內進步並與當局各位接洽共計國是祥之極願內渡亦爲此計現值國內一切改革之秋無論何人當以國事爲己任神父離國十六年理應東歸俟新使蒞任見機辭職甚妥八月十日舉祭一節我神兄斟酌行之爲禱祥晉陞名譽院長一事比國士民極爲重視殊出意外謝使親蒞觀禮榮幸之至徐文定列品事望兄分神宣傳尤感此間教廷大使生長Macerate才與利瑪竇同邑亦難得因緣伊對徐文定行實極表同情將來列品工作擬與耶穌會分工合作雙方進行盡人事冀邀天寵何如匆復

祇請

道安

次彭公使何日啓行念念金大使已赴巴黎

陸徵祥拜啓　三五年七月廿九日

Pere Edouard　囑筆問候

焯炤諮議愛鑒猥以性懶加以年歲久未肅函奉候歉甚罪甚知己如
執事者必能相諒也南長由羅瑪歸述及
盛情全院同感　新使何日可到謝使近在巴黎念念但不知地址耳竊念神兄既入我國使館服務如
祥前在俄館從役歷十有四年此中經歷畢生難得倘新使堅留似宜通知剛大主教免允所請而能久
留羅城使署十年之後我國公教之進行暢達全境實有令人不可思擬焉未識
尊見以爲何如尚祈
大酌爲幸匆匆祇請
旅安並頌
聖誕佳節順賀
新禧

同道弟陸徵祥拜啓　三五年十二月廿三日

謝使前代爲致賀恕不另啓

焯炤諮議愛鑒近接上海友人寄贈吳公使筆譯聖詠（蔣主席手訂）拜讀之下手舞足蹈不知老之將至以示本院同仁驚喜莫名本會修士修女修生口誦心維之大日課也經會祖分排爲七日日課一共五十端限七日念畢週而復始異日准用此文言譯本作中國國內修院每日日課本會受賜多多矣此等工作不獨爲本會之榮亦公教之光同胞之幸也質諸高明以爲何如先師許文肅公所希望者在此耳新舊聖經等譯本不少所缺者文言之譯本耳錢大使金大使來信均以爲佳譯足見有目共睹名不虛傳祥年歲加增目力日衰精神遠不如前所幸寐食照尚堪以告慰遠注復活節擬偕愛鐸赴永城晉謁　宗座面謝一切並擬前往Macerota城利子出身地瞻仰其祖墓並誌感忱前奉寸箋諒登計室倘新使堅留幸勿卻之附上一函懇面致爲禱匆匆祇請

道安

同道弟陸徵祥拜啓　三六年一月十四日

焯炤諮議惠鑒敬啓者今冬格外嚴寒而延長賤體頗受影響目蒙加甚腿軟加以腰軟醫囑靜處不宜遠行不得已將預是臥車位退去羅瑪之行改緩再作計議好在南文院長業與剛大主教接洽一切—宗座處亦已晉謁道謝祥之跋涉似可寬免現服補劑以資調養數月以後當可恢復元氣所幸寐食照常堪以告慰遠注耳　德生公使遞書禮節隆重演詞答詞親睦異常拜讀之下爲救國額手稱賀祖國公教界開此新紀元非天主安排曷克臻此哉惟有感謝天主日頌主名於無窮期耳　執事得此長

官獲益不可限量如祥在俄之得許文肅預賀專此祇請

道安

陸徵祥拜啓　三六年三月十四日

焯炤諮議愛鑒頃間交郵寄贈徐文定集作刊作發寄七八日後諒可達覽茲有懇者本篤會祖千四百年紀念週　宗座發表通牒敢懇分神代購英文六冊法文亦六冊拉丁文二冊交郵擲下以資宣揚而盡弟子之職聊表感忱於萬一耳所費若干示知奉趙不悞　此次文定公十三世孫徐少將懋禧赴意Macerate拜訪利瑪竇後人此行頗有意義不無相當影響便中晉謁剛大主教望將敝意告之爲禱祇請

道安

陸徵祥拜啓　三六年四月廿三日

焯炤諮議愛鑒廿二奉十九日

大札領悉壹是廿四日接到福音若望傳譯稿手抄本展閱抄本曷勝欣佩抄寫清晰易讀不費目力佩譯文信達且雅令人深味耐玩傳計廿一章昨晚今晨已讀十章明日當可讀畢此爲初讀廿七八兩日

作二讀廿九卅作三讀三讀之後再爲詳加注意如遇欠明之文句與名詞當遵
囑點註以備德生公使之參考譯經之舉重要可知我國由舊經跨入新經開一新時代民國萬年之計
即此奠定雖日譯經實乃是國基羅瑪末葉之Constantin及其母后Tl'elene皈依公教而求國定國
基Tu Nos signo Vinces而已質諸
高明以爲何如諒不以祥爲過遠也先復數行以資接洽祇請
道安

陸徵祥拜啓　三六年六月廿五日

德生公使前代爲致候恕不另啓
焯炤諮議惠鑒前奉寸牋諒登
記室近維
優游海濱呼吸新鮮空氣以資休養爲慰以頌德生公使新譯若望福音拜誦三遍深得我心極願執筆
隨讀隨記（略作劄記）遇有欠明之文句與名詞注以報命距料於捧誦時愈讀愈順口誦心維之下
敢置直言之並未遇有欠明文句或者因我對於此福音早已熟讀之於法文本三讀之後未便久留當
即掛號寄繳德使以便從速刊布以快讀者但於寄出之前私願竊抄全文苦無抄手本院原有以照相
翻印之法試辦之下異常清晰已將全文偷抄事前未得　德使同意唐突之處深爲歉罪未知能蒙

德使格外原宥否尙祈（抄本僅留在院為作每日默想之助謹守秘密萬勿洩漏於外也特注）
代達歉忱是爲至禱竊思譯經一事　德使執筆聖神執手無思無慮一筆揮成德使確有求工之慮而
聖神執手以代工之故文思之來如泉源之流筆到功成至精至妙回想當時若望宗徒作傳之時諒亦
如是質諸
高明以爲何如致名詞音義雙收傾瀉而出作定本亦無不可致用我國古文之成語即溝通中西之樞
紐既能吻合復冶一爐非聖神默啓曷克臻此哉所惜者精力日衰看讀作三者不獨費力且一看一讀
一作即假寐奈何奈何德使所囑未克稍盡棉力爲歉疚耳尙祈代達苦衷爲感爲禱上海文定公十三
代孫徐潤農兄作故詳情已詳上德使函未及匆此祇請
道安

陸徵祥拜啓　三六年七月七日

附上文定公禱文十四份乞呈　德使分贈世兄妹

焯炤諮愛鑒巴黎十字報載：本月十八日　聖座親臨Saint Paul horsles murs躬獻聖祭禮畢尙有訓詞宣告　世界永城樞機全體暨外交團均被邀恭預典禮云

執事躬逢其盛羨賀會祖本篤在歐六世紀時狂瀾之中救護羅瑪舊文化而宣佈甚多新文化洽於一爐本篤會之特點在此或者上智有意於本篤公之特點而使之服務於遠東耶拭目俟之以觀後效遙想

大駕於海濱呼吸海氣飽儲之以禦長期之勞辛實爲良得而爲快慰德使此次攜祖禹、叔平兩世兄蒞院全院久聞駐梵蒂岡新使之品德亟盼一睹手儀爲快故不獨歡迎且爲心迎南文院長以駐比公使之例待遇同餐一桌邀祥伴伺雖屬虛文亦以表示敬意而貴德也　謝、吳二使壇炤析俎不辱君命深得駐在國元首社會民衆之同情我國外交史上不多見也

臺端襄助二使之力亦可見矣佩羨祥在俄從役十有四年除駐俄法大使Marquis de Montebello外賓不多見去年比駐英大使Baron deCartien駐英十有餘年歿後遺囑「欲葬英地」英王室政界人民之表示同情出乎尋常其哀悼之親切令人永久不忘比國議院議長於開會時特別追悼近代外交史上亦不多見之一頁也先師許文肅公俄人口碑稱之曰「中國白鳥」即清白之謂也南文院長於明晨啓程赴意同行有三位院長約計在永城作三星期之居留竊思本篤鼻祖十四世紀週期聖座發表通牒復以隆重禮節躬親表示其重要性實世界二次大戰有以默示而居發也質諸高明以爲何如故祥私願懇請　德使將此通牒譯中文以紀念之並擬將譯漢由祥專函恭呈　宗座

收納以示感激孺慕之私已將通牒英譯面託　南長轉交德使矣如荷
便中將敝意轉達並從旁吹噓以玉成之尤感值此世界之大變化我人得目睹之何等所幸乃上智所
賜之宏恩也惜
祥精力衰微未克追隨
左右而善用之惟有贊嘆而心慕耳附上剪報一件以貢
一粲耳又許馬二師紀念晒存作念耑此於維祇請
道安

陸徵祥拜啓　三六年九月四日

焯炤諮議愛鑒頃由南文院長交下九月廿三日
惠函領悉壹是去歲今夏渥承　次彭德生兩使枉駕海外相逢作客海外者承蒙　疊恩惟有感主謝
主至午窮期耳執事隨駐永城自神職而晉陞政界正合政教合作之宏願羡賀　德生公使有古君子
風一見如故促膝談心快樂忘老之將至適值本會鼻祖千四百週年宗座特別舉行親祭典禮以表示
譽揚本篤鼓勵本會弟子無以復加祥忝列弟子與有榮焉致譯聖座譽揚本篤通牒一事　德生公使
目下公私瑁集難以撥冗擬日內寄託上海徐匯王叔若、吳秋江兩神父代覓譯手稿成敢懇轉呈德

使斧正並撥數語以增價值祥今秋患皮膚發癢就醫診治內外兼治頗有進步不久當可脫身此係老年人通病幸寢食照常堪以告慰
遠注耳拉雜奉復祇請
軺安
陸徵祥拜啓　三六年九月廿九日

月之十一日巡遊世界Fatima聖母塑像蒞院全體修士出院恭迎接入大禮堂停館一小時祥幸得此良機加誠爲世界安全祖國實行民治人類文化保存祈求之再並爲
諍議健康加強工作高明禱之順頌
春祺
陸徵祥藉識　三六年十二月廿九日

正發函間奉
大札欣悉臺是　德使熱心盡忠公教敬佩之極惟有奉爲模範耳
焯炤蒙席愛鑒昨日連接好音德使掛號函十月九日大札十月十日一午前到午後到讀之興奮如是
佳音平生罕得感謝主不盡矣海外相逢之

神兄復在海外重晤日昨一書德使略述入院蒙寵者三晉受鐸品一九三五陞受名譽院長一九三六
拜讀新經漢譯一九四八且此譯文經
神父親攜來院復得良晤樂而忘病而忘老矣非上智安排曷克臻止哉德使以全副精力心血貢獻在
天大父孝感動天忽得最高貴Imprimatur足證傑出之工作既悅主心復得在世聖牧之賞鑑羨賀羨
賀出版後之影響祖國更不知流行之如何迅速感化人改良風俗行將目睹一牧一棧之實現引領望
之虔祈之爲不獨中華民族之福利且爲世界人類之大幸質諸
執事當不以誇誕見責也幸甚承述剛總主教之關愛代理國務卿之垂青尤感本篤會祖在六七世紀
羅瑪垂亡之際盡力保存其殘餘文化增益以基督常新之垂訓世界新文化之產生本篤實爲其乳母
剛公屢次宣揚並謂本篤會士行將刷新東亞文化一如其所爲於六七世紀之西歐耶爲我
神兄一述並懇轉告　德使先師許文肅有此希望祥入會後即以文肅之希望爲希望二十年之祈求
不出此一點耳適與孟公之所望若合節符剛城見贈之基石或即孟公所望歸國設院敷教之預兆耶
一喜一笑兩副繡匾如列入新築紀念大堂內或即祖國元首皈依公教之先聲耶在院兩旬之促膝談
心惜未克盡罄積罄爲憾
神兄二十二年修道苦工根深蒂固畢生享用不盡艷羨艷羨文肅遺聯敢以奉錄以代面述　書到用
時方知少　事非經過不知難先師口頭禪非師之作乃述古顏耳匆復祇請

道安
德使前代爲致候
附上晉鐸紀念分送同胞　內有祥手抄比約十一通電英法文
陸徵祥拜啓　三七年十月十五日

焯炤諮議愛鑒國難重重不知何日主心厭亂極救斯民於水深火熱之中耶今日郵呈傳信部樞機剛總主教又代理國務卿行實比約十一世覆諭又相師倘張紀念略備簡單小啓略說赤禍臨頭並懇代禱倘三處有所表示懇代陳敝意一心感謝教廷爲我預籌各節並表示同情一以懇求繼續多多代禱也荷將小紀念內中文一段詳譯告知則不勝盼企之至附上分送小紀念三十份內十二月應改爲十一月目蒙手顫不盡欲言諸帷　心亟不備祇請道安
陸徵祥拜啓　三十七年十一月十六日

田耕莘樞機的遺信

轉載《傳記文學》第十二卷第四期

本年二月二十二日，行政院院會，通過呈請總統褒揚田樞機耕莘。褒揚的理由，是田故樞機備位教廷中樞，爲我國及本亞之第一人，且擁護國策，宣揚中國文化，對國家貢獻甚多。

我對於田樞機，不敢說是認識很深，因爲我從沒有追隨在他身邊，替他做過事。只有在民國四十六年陪他來臺灣訪問，共處了二個月。就是從這次訪問中，我認識了田樞機的性格。

田樞機在民國三十五年，被封爲樞機，升任北平總主教。民國三十八年，共黨竊據了北平，田樞機便再不能回北平了。他先住在香港，民國三十九年赴羅瑪，轉往德國，後乃定居美國芝加哥。

在政府遷來臺灣最初的幾年，政府和社會人士，都希望田樞機來臺訪問，以增加國際上對臺灣的注意。但是因爲中共正在迫害天主教，驅逐外籍教士，監禁中國主教神父，羅瑪教廷害怕田樞機來臺觀光或久住，將加增中共仇教的惡心，便勸田樞機暫時不要動，在美安居等候時機。

民國四十六年二月，外交部長葉公超訪問教廷，晉謁教宗，向教宗庇護第十二世面請允許田樞機赴臺訪問，教宗面允可以考慮。於是我國駐教廷謝次彭大使，急函田樞機，促他和教廷國務院函商。我那時在駐教廷使館任顧問，便數次上書田公，呈告函商的步驟。田公後來得了教宗的許可，乃能在當年的九月十三日來臺灣，居住了兩個月，環島旅行了一週，受到朝野的歡迎。從美動身以前，田公邀我陪行，我乃由羅瑪赴東京，等候樞機，陪他來臺，然後陪他往羅瑪。

現在翻閱田公當年的來信，可以看到他早已謀求來臺，因事不成，他的苦衷不爲世人所知。我現在將他關於這件事的幾封遺信發表，以明田公的苦衷，也藉以說明那次來臺的意義。

民國四十六年三月十五日來信云：

「光弟鑒」：二月八日及十九日兩函，均已拜讀，謝你對中國神職之關懷。本擬早日回信，因聖部（教廷）始終沒答覆，所以拖延至今。聖部不答覆，可知他對此事加愼重考慮後才能定我的行止。按我推想緣故能歸綜於三：一、我在臺灣沒事幹，只去閒住，不像句話。二、或者我在該處妨礙孝連公使及總主教（臺北郭若石總主教）的尊嚴。三、經濟問題，我若去臺，當然需要住所及生活費，想聖部不願出這筆款。他知我在美有聖言會擔負一切生活醫藥費。若許我去臺，聖言會當然不出該款，又不能擱置不問。為以上種種，他不急於回信。我去臺的可能性，全在黎公使。若他肯與聖部陳明我去臺之利益，聖部必不阻我去臺。我已兩次想去臺，都未能成行。一九四九政府派前北平副市長張伯瑾先生去港，敦請我去臺。飛機已訂妥，明早起飛，當天晚十點，葛秘書（教廷使館）去醫院通知我說聖部來信不准擅離香港。我很奇異，怎麼聖部能知此事，因當時未曾告知任何人。我疑惑臺灣有人報告聖部。第二次在一九五四年，我渴望為國人服務，求聖部准我去臺，但回信說去臺不相宜，請留美等語。如今是第三次的請求，可惜至今沒答覆。說句實話，我非不願意去臺，只是得不到許可。奈何！這是我們內部事，不願告知局外人。謝公使也來信關懷我，並勸我給陳副總統、葉部長去信。但我再三體思，決不可給他去信，掀動政府對教會有誤會。我的處境，是求生不得，尋死無路，局外人不知我的處境，不斷來信催我去臺，好像我完全自由行動，其實我被限制很嚴。最後，說句實話，我對國民政府始終擁護，在演講時，沒一次不反共保衛國民政府。這次的謠言，可能是共黨詭計。在美國時報週刊載有一篇說我在美毫無意義，失去樞機權位，聖座(教廷)將另選日本樞機代表亞洲等語。其中暗示我當回大陸。這明是共黨的攻勢。寫至此，聖部的回信來到，結果是沒緊要理由去臺，並囑在修院安心靜住。請您暗示謝公使，使他明瞭我的處境。近聞中共擬組織主教團去羅瑪，計說服教宗，命一總中國流亡神父回國工作，中共願出路資，若回國後願回歐美，任其自由。中共想玩什麼把戲！祝你康健。

田耕莘啓　三月十五日

信中所說謠言，是當時中共在國外散佈謠言，說田樞機要回北平，葉部長過羅瑪時也提到這事。信中所言聖部屢次不批准赴臺的三項理由，乃是由田公自心所推測，其實都不是教廷所考慮的理由。教廷的理由，乃是顧慮中共報復，加倍迫害中共教會；一九四九年教廷公使黎培理尚留在南京，郭若石主教還沒有升任臺北總主教。一九五四年，則黎公使已在臺北，郭若石主教，已任臺北總主教了。他們兩位，決不阻止田樞機來臺訪問。信中所提聖部最後回信，是教廷傳信部所發。信發於三月七日，田樞機曾抄了一副本給我。傳信部覆信除上述無緊要理由去臺外，另一段云：「至云外交部長葉博士曾向教宗談及鈞座赴臺之便，教宗之決定必將由國務院通知。本人以爲在未知教宗之決定以前，不便起程也。」

同年三月廿三日，田樞機來信云：

光弟偉鑒：月初寄去一信，想已收閱。葉部長過芝加哥，飛機只停三個鐘頭，不能來訪，但交凌總領事一名片問候，我已去信致謝。並說謠傳盡是無稽。除非羅瑪出命，我決不回大陸，希望他能消除一切疑惑。此處報載五月十三日為教宗陞主教四十週年，波蘭樞機將去參加慶祝。是否在羅瑪將舉行隆重慶祝，請便中示知，以便去電。近來我的健康不太好，胃口及膀胱時常麻煩，據大夫說是老人的現象。我已六十八歲，將近古稀。想二三年內，將結束我的生命。死我不怕，只是沒多為中國教會造幸福，是我永世的遺憾。請多代禱。祝您康健。

田耕莘啓　三月廿三日

傳信部雖然答覆田樞機，說沒有緊急的理由赴臺，但是說明一切都聽從教宗定奪。駐教廷謝大使乃加緊和教廷國務院接洽。四月間，得國務院政務副國務卿答覆，說田樞機可以赴臺訪問，我立刻函告田公。田公回信說：

光弟大鑒：接得四月十日信，使我萬分感激。並請代謝次彭公使，對我一切的關懷。再請副國務卿總主教來一書面許可。不然，無法對付黎、郭二位總主教。得到書面許可後，在六月中，即起程。因有幾處大學，請我在六月初為他們行畢業典禮。至於旅費不需要政府幫忙。我向來對政府無貢獻。在這國難時期，更不願煩勞政府。請轉告次彭公使可也。今復活節在即，希望得勝的救主，賞我們平安能及早回國工作。祝復活快樂。

田耕莘敬復　四月十五日

駐教廷使館乃再向國務院副卿商量，請以書面通知田公。田樞機於五月廿七日來信，告以教廷之書面許可已收到。

光弟鑒：今天得到撒慕肋總主教（教廷政務副國務卿）的復信，我可去臺一趟。為人及為我的神父帶東西起見，只得乘船。來回需三個半月。希望你能告假，一同前去。何時有船，不知一定。請你轉告次彭公使，並代為謝他一切關照。我急等快起身去西岸，等回來再詳細報告。祝你平安。

田耕莘五月廿七日

六月三日，田樞機因眼睛不好，請人代書一信，告訴我船程不合，或過早或過晚，因此改乘飛機。飛機的日程如下：「九月四日自芝加哥起飛。九月六日到達日本東京。九月十三日去臺北。請在日本東京會面。」

我於九月五日抵東京，次日，在機場迎候田公，陪侍來臺。

從上面的四封信裡，可以看出田樞機愛國愛政府的誠心。也可以看出他平日樸素謙虛的德性。至於民國四十六年的訪問臺灣，也可以說是我國外交的一次勝利。

田樞機那次在臺住了兩個月，九月十三日到達臺北，十一月八日離臺赴歐。在臺灣時，訪問了全省各地的天主教士，所得的印象很深。到了羅瑪，他吩咐我草寫向教廷提出的報告書。報告書上有兩項建議：第一項是建議臺灣五教區，聯合創辦修院，培植青年教士（神父），第二項是建議恢復輔仁大學。他由羅瑪轉往德國，在德國住了一年多，爲這兩項事，常掛念不忘。

一九五八年四月廿日來函云：

光弟大鑒：接得十五日信，深謝你對中國教務的關懷。我很怪異臺灣五教區不能合辦一座總小修道院，省錢省人，又能集中教育，將來在一大修院，有一樣思想。按我愚見教會傳不開，不是外界的阻礙，而（是）內中不（大）合作。可惜！至於輔大復校事，我早已給大會（聖言會選舉大會）去一公函，請大會批准。舒神父沒被選前，極力推動，不知如今有何思想及主意。聖言會老幹部總說沒錢。大會討論的結果還不得知。復活前，拉德雅化蒙席（教廷國務院常務副國務卿）代教宗答復咱的要求輔仁復校的信說：因現時惡劣環境，不便命聖言會復校。我以為這是傳信部的授意。……我的身體好些，但時常該小心。說話太久，不行，勞碌過多，也不行，眞是一個補贖的好機會。代問謝公使、王神父及諸同仁好。

田耕莘敬復　四月廿日

教廷接到田樞機的報告以後，由傳信部函詢臺灣五教區負責人，是否可辦聯合小修院。負責人都以爲分別各自設小修院爲宜。輔仁大學在北平由聖言會主辦，在臺灣復校，當然要由聖言會負責，田樞機因此向教廷和聖言會大會，提議請他們復校。

同年六月四日又來信云：

光弟鑒：接得五月廿九日信，萬分感激，已遵囑去電弔慰。對輔仁復校事，起頭，大會不大願意通過，後看Ralph神父的賬，即擱淺，因他欠百餘萬美元。但是舒總會想各種方法，預備復校。我提議在德國成立一機構，為輔仁募捐。同時囑Ralph神父，開始在美活動，雙管直下，不難得到捐款。教宗對輔仁復校事，因傳信部之冷態，已答復我的請求。「因環境惡劣，不便命聖言會復校。」對借款買房事，我很願幫忙，但請等待六個月後才能支出。不週之處請原諒。代問次彭大使好。祝你平安。

田耕莘復　六月四日

舒總會長將於九月間去菲視察，繞道去臺灣看情況。我們於五月廿七日在Steyl開會，參加的是中國傳教的主教（聖言會），大家一致合作出款，在臺找一處傳教，並設文化機關，做翻譯等工作。請通知輔仁校友，設法使舒總會長得到良好概念，努力復校。將來嘉義的（輔仁）中學也託聖言會辦理，因蓋校，一時；維持學校，是常久責任。我年近古稀，不知那天歸主。想到此處，必須託會辦中學，不使中途停辦。

這一年的八月，田樞機在德國遇車禍，折兩臂。十月教宗庇護第十二世駕崩。田樞機抱病來羅瑪參加教宗選舉會。新教宗若望第二十三世登位，一改前教宗的作風，傳信部長畢翁蒂樞機於一九六〇年七月去世。新部長雅靜安樞機會來臺灣觀光，很看重臺灣的傳教事業。因此，教宗若望第二十三世，決定派田樞機來臺灣，主持教務。一九五九年三月十四日，田樞機由德國給我一信，信係用左手所寫，且是在開始練習用左手寫字，字跡很歪斜，信云：

光弟鑒：接得來信，萬分感激。傳信部代長（雅靜安樞機）在臺備受盛大歡迎，視察了四位教區並各分堂，一定得到良好印象，希望對臺教務有新的改革及推進。黎公使陞為大使（駐愛爾蘭），為他是大光榮。希望去一位愛護中國及有傳教精神的（繼任）公使。郭總主教如辭職，閣下有繼任之可能。

如能實現，臺灣教務之發展，無可限量。這是天主愛護中國的最大表顯，

次彭公使來電賀主保節，請代謝。

祝平安。復活節我開始做彌撒。

田耕莘敬復　一九五九年三月十四日

實際上，當時所傳郭總主教辭臺北總主教職，乃是爲預備田公來臺北久住，他故意謙虛提到我。當年冬，教宗發表田樞機署理臺北總主教。次年初，即來臺北履任。先立臺北小修院，爲臺北、新竹、嘉義三教區的聯合修院，後設臺灣七教區聯合大修院，又促成了輔仁在臺北新莊復校，成就了他在民國四十六年臺灣訪問時所提的建議。

民國五十七年三月三日